城市轨道交通振动及噪声预测、评估与控制技术丛书

地铁列车振动环境影响预测及其不确定性

马 蒙 李明航 等 著

科学出版社

北 京

内 容 简 介

本书系统介绍地铁列车振动环境影响预测的各种方法，以及振动源强和地层参数的不确定性。第 1 章为绪论。第 2～5 章按照地铁建设阶段对预测精准度的不同需求，阐述各类预测方法，包括初步预测方法、确认预测方法、精准预测方法。第 6～10 章介绍预测不确定性的两类因素及其对预测结果的影响，通过跟踪试验、轮轨耦合激励模型、多因素联合作用下的不确定性和概率预测方法等讨论地铁振动源强的不确定性，阐述地层参数不确定性对振动预测结果的影响。

本书可供轨道交通环境振动领域的科研人员和工程技术人员参考，也可作为相关专业研究生的教学参考书。

图书在版编目（CIP）数据

地铁列车振动环境影响预测及其不确定性 / 马蒙等著. —北京：科学出版社，2024.5

（城市轨道交通振动及噪声预测、评估与控制技术丛书）

ISBN 978-7-03-075569-8

Ⅰ．①地… Ⅱ．①马… Ⅲ．①地铁动车–列车振动–环境影响–研究 Ⅳ．①U482.4

中国国家版本馆 CIP 数据核字（2023）第 088261 号

责任编辑：孙伯元 / 责任校对：崔向琳
责任印制：师艳茹 / 封面设计：陈　敬

科学出版社 出版

北京东黄城根北街 16 号
邮政编码：100717
http://www.sciencep.com

北京富资园科技发展有限公司 印刷
科学出版社发行　各地新华书店经销

*

2024 年 5 月第 一 版　开本：720×1000　1/16
2024 年 5 月第一次印刷　印张：22
字数：440 000

定价：175.00 元

（如有印装质量问题，我社负责调换）

前　言

随着中国城市轨道交通的建设发展，地铁列车振动产生的各类环境影响问题受到人们的广泛关注。例如，对居民舒适度的影响，对歌剧院、博物馆、实验室等有特殊功能要求建筑的影响，以及对文物建筑可持续性保护的潜在影响等。轨道交通环境振动作为一门新兴的交叉学科，包含预测、评估和控制三类问题。预测既是环境影响评价必需的工作，也是控制措施设计的基础。

长期以来，地铁环境振动预测方法种类繁多，有环境影响评价广泛采用的经验预测法，有科研工作者建立的各类半解析法或数值法等参数预测模型，也有服务于各类实际工程的复杂数值建模，以及为提高其准确性补充的各类辅助预测手段。这些预测方法虽然在特定情况下都能发挥积极的作用，被特定的测试结果验证，但是每一种方法也有其局限性。本书的第一个目的是，将各类预测方法置于轨道交通建设全过程的背景下，明晰其可适用的建设阶段和发挥的积极作用。按照建设可行性研究阶段、方案设计阶段和施工设计阶段划分模式，这些预测方法的服务目标可以归为初步预测、确认预测、精准预测，并加以详细介绍。除传统的经验和数值预测模型，本书还总结了作者团队近年来针对不同预测目标的最新成果。

预测结果的不确定性是地铁环境振动近年来逐渐受到关注的另一类问题，包括振动源强的不确定性和地层参数的不确定性，每一类问题都非常复杂。传统的预测方法和预测模型并没有考虑这些不确定性，通常假设参数化模型中地层参数的取值是确定且真实的，同时将模型的振源输入视作确定的，因此这样假设下的模型输出也是确定性预测结果。随着环境振动领域基础研究的发展和长期振动监测实践的积累，人们逐渐意识到这种确定性预测不仅与实际结果差异甚大，还直接影响着控制措施的选择与设计。以振源不确定性为例，由于每一辆车的车轮磨耗状态是不同的，因此即使同一天观测的振动响应也具有很强的离散性。又如，车轮和钢轨的磨耗都是动态发展变化的，因此在整个轮-轨养护维修周期内，不同时间节点监测的振动响应也显著不同。

在国家自然科学基金面上项目"基于混合预测方法的地铁列车振动环境影响参数不确定性研究"(51978043)的资助下，作者团队近年来对上述问题开展了较为深入系统的分析，并将最新的研究成果加入本书。

全书由马蒙制定大纲，完成统稿和定稿工作，并撰写第 1 章、第 7 章和 2.3

节、4.3 节、6.3 节；李明航撰写第 5 章、6.4 节、第 8 章和第 9 章；曹艳梅和李喆撰写第 10 章；张厚贵撰写 6.1 节和 6.2 节；吴宗臻撰写 2.1 节和 4.1 节；刘卫丰撰写 2.4 节和 4.2 节；徐利辉撰写 3.1 节和 3.3 节；梁瑞华撰写 2.2 节；马龙祥撰写 3.2 节。孙烨、张中帅、周梦帆、徐卓晟、张凯军、李东伟参与了相关章节的研究工作，在此一并致谢。

　　为便于阅读，本书提供部分彩图的电子版文件，读者可自行扫描前言的二维码查阅。

　　限于作者水平，书中难免存在不妥之处，恳请读者指正。

作　者

部分彩图二维码

目　　录

第1章 绪 论

1.1 轨道交通振动环境影响及预测的基本概念

1.1.1 轨道交通振动环境影响简述

伴随中国轨道交通建设的发展，城市轨道、市郊铁路和高速铁路等各类钢轮-钢轨式轨道交通车辆运行引发的环境振动问题近年来受到广泛关注。在轨道交通环境影响评价时，通常关注的是地表振动(ground-borne vibration)，有的文献也译作地传振动。这是一种常见的振动形式，在轨道交通环境振动领域特指由列车和轨道(包括地基土)之间的相互作用产生的在地表面可测定的振动。这种振动通过地层传递可达到建筑物基础，进而引起建筑结构响应。随后，振动通过建筑结构传播，在各层楼的房间内成为人可感知的振动。地表振动的频率范围大约在 1～100 Hz。振动不仅会引发建筑结构的构件共振，还会诱发二次结构噪声。二次结构噪声主要通过砖、钢材、木材、混凝土、石材等固体结构传播。在固体结构中，大部分能量以弯曲波的形式传播，其传播速度与空气中的声波不同。当其传至人耳前，振动的固体结构会将噪声辐射到像房间这样的空间中，因此其辐射效率取决于结构的辐射强度。最后，振动的空气以声音的形式传到耳中。在轨道交通振动噪声领域，结构噪声也称二次辐射噪声。它被视为可听噪声，通常具有很强的低频成分(因此有时称为低频噪声)。即使是一个训练有素的听众，也很难区分可听结构噪声和可感振动，因为二者通常是同时发生的。

随着人们环保意识的增强和现代化工业进程的发展，高要求的减振降噪已成为城市轨道交通发展面临的一项重大挑战(翟婉明等，2016)。在线路规划初期，居民对噪声振动环境影响评价(以下简称"环评")结果尤为关注，科研院校实验室内精密仪器对振动环境的极高要求与地铁线路规划的矛盾也十分尖锐。此外，一些历史文化名城古建筑、历史文物建筑的微振动保护也对地铁近距离穿越提出极高的要求。例如，京沈高铁和北京地铁 6、8、15、16 号线等均因振动问题而被迫调整线路。

为满足振动控制的需要，轨道交通线路大量采用不同等级的轨道减振措施，而且采取减振措施的铺轨里程不断攀升。在北京、上海、广州、深圳等城市轨道交通线路中，减振措施占全线的比例大多在 40%以上。另外，利用车辆段上盖开发高品质住宅的规划和案例也在快速发展。然而，减隔振措施投资的增加并没有达到预期效果。近年来，各大城市新线开通后环境振动超标与居民投诉的情况仍然存在(周鹏等，2019；吴崇山等，2018；刘力等，2015)。这不由得使人们重新审视环境振动的核心问题，寻找症结和应对措施。

1.1.2 预测、评估与控制的概念

列车产生的环境振动影响可归结为振动激扰强度与敏感目标承受振动能力(以下简称"承振能力")之间的关系(马蒙，2012；刘维宁等，2014)，进一步可细分为预测、评估和控制等子问题。

在界定预测问题之前，需要明确轨道交通环境振动传播链的概念。传播链是基于振动从振源到受体单向传播假设而提出的。虽然轨道交通环境振动问题涉及若干相互耦合的子系统，振动的传播也异常复杂，但是为了简化分析可将其抽象为"振源""传播路径""受振体"三个子系统，并且假设这三个子系统构成一条振动单向传递衰减的传播链。这既是国内外广泛接受的假设，也是众多经验预测公式中对振动级进行代数和运算的前提。列车环境振动影响问题涉及的子系统及研究内容如图1.1所示。为了阐述轨道交通引起环境振动响应预测的本质，本书进一步将传播链分为闭合和未闭合两种状态。如果这三个子系统都完备且短期内不再发生大的变更，则称为传播链闭合状态；反之，称为传播链未闭合状态。

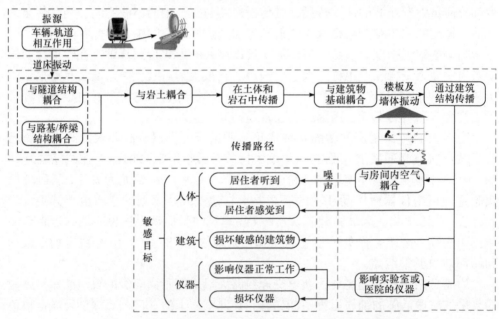

图 1.1　列车环境振动影响问题涉及的子系统及研究内容

预测，在汉语语境中是指对未来发生的事情进行预估和推测。例如，预测明天的天气、预测一场足球赛的比分。预测总是需要一个尚未发生但在未来某个时间点可能发生的场景。

对于轨道交通环境振动问题，预测的场景则是尚未闭合的传播链。根据工程的需求，我们需要通过计算、分析、测试等一种或多种手段，预先定量化地了解传播链闭合后评估点位的振动响应情况。具体地，未闭合的传播链可能是振源、传播路径、受振体中的一个或多个缺失，也可能是一个或多个在短期内变更。一些常见的情况如下。

(1)振源缺失，即未闭合的传播链为"[?]-传播路径-受振体"，例如在既有敏感建筑附近新建轨道交通线路。

(2)受振体缺失，即未闭合的传播链为"振源-传播路径-[?]"，例如在既有轨道交通线路附近新建敏感建筑。

(3)振源和受振体同时缺失，即未闭合的传播链为"[?]-传播路径-[?]"，例如轨道交通线路和敏感建筑都处于规划阶段。

(4)传播路径短期内会发生变更，即未闭合的传播链为"振源-[?]-受振体"，例如预测采用传播路径隔振措施后的振动响应。

(5)振源在一段时间内会发生变更，即未闭合的传播链为"[?]-传播路径-受振体"，例如考虑轮轨磨耗发展或打磨干预对环境振动的影响。这通常涉及全运营周期的环境振动问题。

上述基本情况还可以进一步组合为各种复杂的场景，但是未闭合的传播链这一预测对象本质上是不变的。

除了预测，轨道交通环境振动的另外两类研究问题是评估和控制。

评估是指合理量化敏感目标承振能力，并与预测值或测量值比较获得正确决策判断的过程。由于离不开承振能力的量化取值，因此如何确定合理的敏感目标承振能力、如何制定合理的标准限值都是评估研究的核心。在振动传播链闭合或未闭合时，都可开展评估工作。如果传播链已经闭合，只需要将测量的激扰强度与反映承振能力的标准值相比较，即可给出评估结论，而无须开展预测工作。如果传播链尚未闭合，则需要先进行预测，然后将预测的激扰强度与反映承振能力的标准值比较，得出评估结论。

控制是当测量或预测的激扰强度超出敏感目标承振能力时，采取措施以降低振动激扰强度或提高敏感目标承振能力，以最终通过再评估。

可以看出，预测在列车环境振动影响研究中具有举足轻重的作用，对控制起着指导性作用，因此历来是本学科领域的研究焦点。

1.1.3　预测体系与方法

ISO 14837-1:2005 中重点提到 2 类传播链未闭合的情况：第 1 类是新建铁路线路周围既有敏感目标的振动预测；第 2 类是既有铁路线升级改造或既有铁路线路旁修建新敏感建筑物的振动预测。

针对第 1 类问题，根据不同的允许误差，ISO 14837-1:2005 建议了 3 阶段预测模型(全局排查模型、初步设计和环境评估模型、详细设计模型)的允许误差及适用阶段(图 1.2)。全局排查模型应用于铁路线路建设的最早阶段，判别新规划线路环境振动的影响范围，筛选并确认敏感目标。初步设计和环境评估模型用于初步设计阶段，更准确地量化铁路系统的环境振动影响程度，初步设计较为合理的减振方案。详细设计模型需要给出详细的预测结果，用于减振措施的方案设计阶段，一般用于决策车辆及轨道型式。根据不同的预测需要，可以采用参数模型、经验模型、半经验模型(混合模型)开展振动预测。

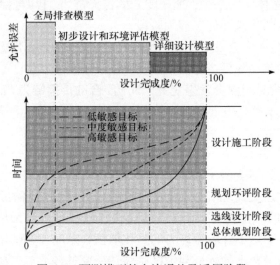

图 1.2　预测模型的允许误差及适用阶段

针对第 2 类问题，ISO 14837-1:2005 也给出了 3 阶段预测程序，即全局排查阶段、初步设计和环境评估阶段、详细设计阶段。全局排查阶段的目的是确定新建建筑是否为敏感目标，或者明确既有铁路系统升级改造的必要性。环境评估阶段的预测结果主要用于支撑、确定新建建筑的敏感程度，以及一般减、隔振措施，或拟升级改造铁路系统的一般内容。详细设计阶段是为了决策新建建筑所需的减、隔振措施，或者既有铁路升级改造的技术方案。

类似地，美国联邦交通署(Federal Transit Administration，FTA)(Quagliata et al.，2018)同样提出了包含 3 阶段的预测评价体系，即全局排查阶段、总体环境影响评价阶段、详细振动分析阶段。全局排查阶段主要判断交通振动的环境影响范围。总体环境影响评价阶段参考一个用于经验预测的数据库表格，根据实际情况选择适当的振动基准值，并对振动传播链中的振源、传播路径、受振目标在各环节中的多种影响因素进行修正，从而计算获得敏感目标处的交通环境振动预测值。详细振动分析阶段需要在既有线路中选择类比测试断面，通过实测法获得振源力密度级（force density level，FDL），通过原位地表锤击（地面线路）或深孔锤击（地下线路）获得的振动线传递率级（line-source transfer mobility level，LSTML），从而获得 1/3 倍频程域内的详细预测结果。

由此可见，轨道交通振动环境影响预测涵盖工程建设可行性研究、方案（初步）设计、施工设计及其运行的全周期，包括新建线路对既有敏感目标影响预测、既有线路沿线新增敏感目标影响预测。预测点的位置可以是建筑物外的环境场地和建筑物室内，也可以是古建筑结构自身或仪器设备的安装场地等。预测指标根据敏感目标的特性可以采用位移、速度、加速度。预测分析域可以为时域、频域、1/3 倍频程域。预测结果的统计形式可以是峰值、均方根值，也可以是四次方剂量值、运行均方根值等复杂形式及其衍生的数学描述方法。

目前，对轨道交通振动环境影响的分类方法主要有两种。一种方法是，按照预测计算方法本身的性质进行分类，可分为经验法、半解析法、数值法、混合法等（刘维宁等，2013）。另一种方法是，结合工程项目开展的不同阶段，按不同的精准度要求分类。结合我国城市轨道交通建设的实际情况，刘维宁等（2016）将预测方法分为初步预测、确认预测、精准预测三个等级（表 1.1）。

表 1.1 预测方法等级划分

预测等级	适用阶段	预测方法	预测成本
初步预测	可行性研究	经验法、解析法、人工智能方法	低
确认预测	方案设计阶段	数值法、半解析法、测试校准模型方法	中
精准预测	施工设计阶段	实测传递函数法、混合法	高

（1）初步预测。一般情况下，初步预测仅用于敏感目标的识别及线路振动影响范围的判断，无须给出频域内的精确预测结果。初步预测主要服务于项目可行性研究阶段，可选用经验或半经验的预测方法，因此预测精准度和可靠性较低。

（2）确认预测。确认预测主要针对不同敏感目标设计轨道减振措施，需要较高的精准度与可靠性。确认预测主要应用于项目建设的初步设计阶段，具体的预测手段包含解析及半解析方法、数值方法、基于实测的预测方法等。

（3）精准预测。精准预测主要针对极敏感的评价目标，如精密仪器、古建筑等。为了获得精准度高、可靠性强的预测结果，往往需要综合应用理论分析、数值仿真、现场测试等预测手段开展专项预测研究。预测结果可以直接用于指导综合减、隔振方案的设计与施工。

　　预测的根本任务是在消耗有限预测成本（包括经济成本和时间成本）的前提下，尽可能提高预测结果准确程度，协调预测成本与预测结果精准度之间的矛盾。因此，本书采用第 2 种分类方法，总结用于 3 个等级的预测方法和模型在近年来的研究进展，并在第 2～5 章详细介绍。

1.2　三类预测方法的研究进展

1.2.1　初步预测

　　初步预测用于项目可行性研究阶段，承担沿线批量振动敏感点的初步筛查，因此要求快速、方便，但是精准度不必很高。目前普遍采用的是基于链式衰减公式和经验数据库的经验预测公式法。

　　经验预测模型通过大量工程类比测试，建立振源、传播路径、敏感目标等 3 个子系统内各个影响因素引起振动传播规律的数据库，在遇到新的问题时通过已有的数据库进行快速预测。以 ISO 14837-1:2005 给出的频域经验预测模型为例，有

$$A(f) = S(f)P(f)R(f) \tag{1.1}$$

其中，$S(f)$ 为振源子系统；$P(f)$ 为传播路径子系统；$R(f)$ 为受振体子系统；$A(f)$ 为预测振动响应；f 为频率。

　　若将幅值谱 $A(f)$ 换算为振级 $L(f)$（参考振级为–20 μdB），则式（1.1）可写为

$$L(f) = \tilde{S}(f) + \tilde{P}(f) + \tilde{R}(f) \tag{1.2}$$

其中，顶标"~"表示振动级，单位为 dB。

　　据此，该标准可以针对某一特定频率或频段给出振动级的预测结果。代表性经验模型，如 FTA 第 2 阶段整体评价模型（Quagliata et al.，2018）和我国《环境影响评价技术导则　城市轨道交通》（HJ 453—2018）中的经验模型（中华人民共和国生态环境部，2018）。由于修正项取值是对有限个经验样本的回归拟合，因此在预测复杂地层和复杂建筑结构振动传递特性上存在较大局限。王另的等（2013a）、Sadeghi 等（2019）讨论了美国 FTA 模型用于当地地铁振动预测时存在的可靠性问题，并提出改进建议。其他经典的经验预测模型可参见刘维宁等（2014）的总结。

　　除了对经验预测公式的修正完善，更多学者近年来关注对既有数据的挖掘，尝试利用机器学习等方法构建智能预测体系，以期提高预测结果的精准度。用神

经网络法预测列车环境振动拓扑结构示意图如图 1.3 所示。Paneiro 等(2015)提出基于测试数据的多元线性回归模型。Connolly 等(2014a，2014b)利用机器学习法，考虑土的影响，建立了适用于初步预测阶段的针对高速铁路环境振动的预测模型，并基于神经网络方法建立了预测精准度高于 FTA 经验预测公式的快速预测模型 ScopeRail。Chen 等(2015)和 Yao 等(2014)引入支持向量机(support vector machine，SVM)方法，Paneiro 等(2018)和 Fang 等(2019)引入人工神经网络方法解决列车环境振动的预测问题。Chen 等(2016)对比分析了多种不同机器学习法在预测高速铁路环境振动时的效果。

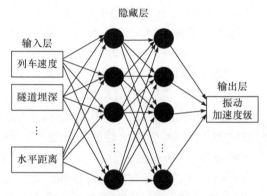

图 1.3 用神经网络法预测列车环境振动拓扑结构示意图

另一种快速预测的尝试是引入成层半空间地层的解析解，以便更加准确地考虑预测场地地层参数的输入。吴宗臻等(2014a，2014b)基于车辆-轨道耦合模型的解析解和成层半空间的格林函数解析解，在忽略隧道空洞的情况下快速预测了自由场地的振动。Galvín 等(2018)基于神经网络法和土体的格林函数模型，提出一种考虑多种参数的初步快速预测模型。

总体而言，近年来针对初步预测的研究趋势向着智能化和定制化发展。尤其是，机器学习方法的引入，在既有数据挖掘和灵活模拟不同类型非线性关系等方面具有相当可观的应用前景。但是，机器学习方法目前面临两方面的问题。一是，模型输入工况的组合有待进一步优化；二是，缺乏足够的测试数据样本。Connolly 等(2014b)以数值计算样本作为输入，会在一定程度上增加数值模型参数取值带来的不确定性。如果远程智能离线采样设备能够普及，基于机器学习方法的环境振动预测未来将可能突破初步预测等级的局限，甚至取代数值方法成为贯通设计全过程的精准预测方法。

1.2.2 确认预测

确认预测中广泛使用的是参数模型，如半解析法、数值法、测试校准模型方法。参数模型的实际应用往往建立在初步预测工作的基础上，即筛查沿线全部敏感点后，采用预测精准度较高的参数模型，参考不同敏感目标的控制标准，给出相应评价指标的定量预测结果。与经验法相比，参数模型预测成本较高。受限于预测模型的输入参数、截断边界、前提假设等，不同预测方法的准确度差异较大。

1. 地层模型

初步设计阶段的一个核心问题是计算振动在地层中的传播，以及地表或建筑内的振动响应。由于移动列车的作用，振动在地层中的传播是一个3维问题，并且因为轨道、路基、隧道、桥梁的几何不规则性，通常需要引入有限元法或有限差分法解决2类问题，即人工截断边界效应、大尺度多网格计算带来的计算耗时问题。对于第1类问题，可采用施加人工边界、利用有限元-边界元耦合、有限元-无限元耦合等模型。对于第2类问题，可采用3种方法对3维模型进行算法优化（Wang et al.，2018）。假设轨道和土层沿纵向是均匀的，沿列车运行方向进行傅里叶变换转换到频率-波数域（François et al.，2010），形成2.5维计算法；引入周期性理论，沿列车运行方向用 Floquet 变换代替傅里叶变换，将3维问题映射到一个单位厚度的周期单元中求解（Degrande et al.，2006），这种方法可以解决2.5维模型无法考虑轨道结构周期性支撑和参数激励特性的问题。交叉采用上述2类问题的不同解决策略，组合形成各种经典的数值方法。代表性数值模型在轨道交通环境振动中的应用如表1.2所示。

表1.2　代表性数值模型在轨道交通环境振动中的应用

模型	沿列车行进方向维度的处理		
	3 维	2.5 维	周期性
施加人工边界	Xu 等（2015），Yang 等（2019）	谢伟平等（2009）、袁宗浩等（2015）	—
有限元-边界元耦合	Galvín 等（2010）	Sheng 等（2006）、冯青松等（2013）、Jin 等（2018）、He 等（2018）	Gupta（2008）、刘卫丰等（2009）、Germonpré 等（2018）
有限元-无限元耦合	曹艳梅等（2017）、崔高航等（2019）	Alves Costa 等（2010）、Yang 等（2017）	马龙祥等（2015，2016）

除上述经典模型外，Amado-Mendes 等（2015）用基本解方法代替边界元，Zhu 等（2019）利用完美匹配层法与有限元耦合解决人工截断边界问题；Cheng 等（2018）利用2.5维有限元法建立复杂的轨道模型，通过动态传递矩阵法建立成层地层模型，提高计算效率；Ma 等（2019）提出移动荷载作用下轨道-隧道-地层系统

在曲线段的 2.5 维求解方法。这些研究进一步拓展了 2.5 维法在轨道交通环境振动预测中的应用。同时，周期性方法也被进一步改进，以适应研究各类具体的工程问题。Germonpré 等（2018）提出可用于分析过渡段、轨枕空吊等引起的附加参数激励问题的计算模型。Liu 等（2023）将周期性有限元-无限元模型扩展到求解曲线段地铁振动问题。

一些解析法和半解析法亦可用于环境振动预测，如 PiP 模型（Hussein et al.，2007）和薄层法（蒋通等，2007）。近年来，Hussein 等（2014）将 PiP 模型扩展植入成层半空间，使其可更真实地用于预测计算。Kuo 等（2011）提出考虑双洞隧道的求解方法。Jones 等（2012）采用薄层法考虑土的非均匀变化特性。上述研究均对经典的半解析法进行了发展和完善。此外，Zhou 等（2020；2018）提出车辆-轨道-隧道-地层的解析模型，Yuan 等（2019；2018）等提出可以考虑成层饱和土半空间内隧道动力响应的半解析模型和可以考虑成层半空间内双洞隧道的半解析预测模型。

以移动荷载作用下结构-地层模型的动力求解为核心，上述研究体现出求解方法的多样性，在解决实际工程问题时在模型细节、计算效率等方面取得极大地进展。

2. 移动列车荷载与轨道不平顺激励

对移动列车的处理目前有两种方法。一种方法是将车辆-轨道和结构-地层视作 2 个可解耦的子系统，在不同的分析域中求解时，由车辆-轨道模型计算得到列车荷载，再施加到结构-地层子系统。另一种方法是利用 UM、Simpack 等多体动力学商用软件与有限元耦合分析，或直接利用 ANSYS、ABAQUS 等商用软件建立有限元车辆模型，计算完整的列车行进过程。考虑计算效率，仍有不少研究只利用多体动力学软件求解列车荷载（Qu et al.，2019；马利衡等，2015），再将荷载施加在有限元模型中。由于激励方式的差异会对轨道和地层的动力特性响应求解造成影响（秦冲，2019；李林峰等，2018），上述两种处理方法的差异性问题仍有待进一步研究。

由于城市轨道交通曲线段线路占比高，并且有限的区间长度使列车处于加减速运行的情况更为普遍，近年来更多学者开始关注列车在曲线段上的运行状态和列车进出站时的加减速响应。刘维宁等（2019）通过建立曲线段车辆-轨道耦合解析模型求解曲线段振动源强特性。杜林林（2018）研究了地铁列车加减速通过曲线轨道时振源动荷载的变化特点。

轨道不平顺模拟是列车环境振动中的另一个关键问题。列车荷载可视作准静态分量和动态激励的叠加，而轨道不平顺直接影响动态激励，通常在高速铁路或客运专线的环境振动计算中采用较成熟的轨道谱或实测轨道不平顺。冯青松等(2015)、马骙骙等(2019)采用德国高低不平顺谱作为输入激励。马利衡等(2015)采用实测沪宁城际谱作为输入激励。在分析城市地铁列车环境振动时，由于缺少广泛可接受的轨道谱，不少研究仍借用干线铁路的轨道不平顺(崔高航等，2019)，或者采用美国谱(马龙祥等，2019；Yang et al.，2017；石文博等，2015；Hung et al.，2013；Gupta et al.，2008)作为车辆-轨道模型的激励。由于地铁轨道不平顺的短波成分显著区别于干线铁路，为了准确模拟地铁振动荷载或振源特性，近年来有大量对该问题的研究。Xu 等(2016)采用 Sato 提出的轨道不平顺谱描述 0.02～1.00m 的短波不平顺，以美国 6 级谱描述 1～80m 的中、长波不平顺。Lopes 等(2016)基于实测钢轨竖向速度谱优化不平顺。王平等(2017)以波长大于 1m 的美国 5 级谱与波长小于 1m 的中国石太线短波谱作为不平顺激励。Jin 等(2018)采用钢轨波磨分析小车(corrugation analysis trolley，CAT)测试的钢轨表面粗糙度作为短波激励。马蒙等(2021)基于对北京地铁实测钢轨表面短波不平顺数据的统计，提出普通整体道床钢轨短波不平顺谱的分级表达，并结合车辆-轨道刚柔耦合仿真分析不同磨耗状态下钢轨和隧道壁的振动响应。目前，城市轨道交通环境振动预测研究中仍然缺少具有普适性的不平顺谱。此外，上述研究几乎只考虑轨道不平顺，鲜有涉及车轮不圆顺度的环境振动预测模拟，亦未见车轮不圆顺谱在轨道交通环境振动中的应用。

3. 建筑结构响应预测

建筑结构响应预测是受振体振动评价的关键。其预测难度大于自由场地响应预测。受建筑结构与基础形式差异，以及土-结构动力相互作用与耦合损失的复杂性影响，结构模型的简化方法、考虑因素与地基的耦合处理都十分重要。近年来，随着车辆段上盖建筑的开发、轨道交通结构与建筑共建、各类站桥合一的高铁站房结构的建造，环境振动的传递路径更加多样和复杂，振动经地层耗散衰减再传入建筑的传统单一路径模型在应对上述复杂问题时的适用性受到限制。

建筑结构振动响应预测的传统思路是，建立隧道-地层-建筑整体有限元模型(Ma et al.，2021；邬玉斌等，2018)，但是这种方法在处理庞大的计算模型和复杂的传递分析时存在局限且计算效率很低。为解决这一问题，Lopes 等(2016)采用动态子结构法进行分析；Hussein 等(2015)基于子结构法，采用 PiP 模型计算隧道-土体部分，采用直接刚度法计算二维桩基建筑结构部分，在波频域内计算列车振动引起的建筑振动。针对动力土-结构相互作用问题，姚锦宝等(2014)分析了有限元模型中采用不同接触模型的影响，Kuo 等(2019)分析了结构的耦合损失。

根据测试结果，建筑结构中的垂向振动占主要成分，因此在建筑结构理论分析中，大多数模型主要关注振动的垂向传播。蒋通等(2012)将楼板简化为单自由度体系，提出预测地铁引起邻近建筑物楼板振动的简易预测方法。Sanayei 等(2012)假设相邻柱子之间的振动传播相互独立，并将建筑框架结构简化成一维单一承重结构，建立轴向波竖向传播的阻抗模型。Zou 等(2018)在此基础上将建筑剪力墙结构简化为二维单一承重结构，建立剪力墙面内波和横向弯曲波沿高度方向传播的阻抗模型。这种简化从振动传播的原理将结构抽象出来，通过解析模型的计算从原理上掌握振动的竖向传播规律，并以此提出结构减振措施。为了考虑楼板的振动特性和相邻承重结构之间的相互作用，Clot 等(2017)将振动简化为多柱-楼板模型研究振动的竖向传播，考虑柱子的轴向振动和楼板的平面外垂向振动。

可以看出，随着复杂建筑结构精细化预测需求的提升，更多的研究聚焦于将结构模型与地层模型分开研究，并重点考虑二者的耦合关系和振动在结构中的传递模型。简化的结构模型在分析振动传递路径和规律上具有优势，但是在模型复杂性和工程适用性方面仍有提升的空间。

4. 提高预测结果精准度的方法

方案设计阶段的核心工作内容是模型的建立与求解。各类数值与半解析预测模型的发展旨在解决计算效率问题。另一个至关重要的问题是，模型输出结果的准确性。目前提高计算精准度的具体做法主要包括两方面。其一是，尽可能使模型结构、基本假设和输入参数与实际接近。韦凯等(2015a；2015b)从扣件橡胶刚度和阻尼频变性出发模拟扣件垫板参数，从而提高环境振动预测的精准度；dos Santos 等(2016)、曹艳梅等(2020)采用表面波谱法获取地层动力参数，较钻孔取样实验室方法获得的参数更为准确。其二是，基于实测数据对模型的校准。刘维宁等(2013)、Ma 等(2016)提出在模型输入端和输出端采用实测数据的两位校准法(图 1.4)，并将其用于地铁振动对古建筑、精密仪器等的响应预测中；张允士(2019)提出利用实测模态参数校准建筑物模型的方法，并将其用于铁路沿线邻近建筑的响应预测。

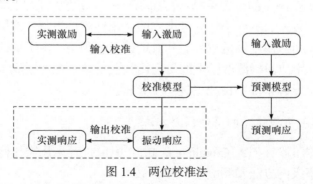

图 1.4　两位校准法

1.2.3　精准预测

由于计算模型自身和输入参数的不确定性，用于精准预测等级的方法通常需要现场实测场地土或建筑结构的振动传递特性。实测法具有预测结果准确度高的优势，但是存在受测试场地条件制约、测试成本高等问题。数值/解析法预测成本相对较低，对任何问题均有良好的适用性等优势，但是采用数值法对具体案例进行分析预测时，其预测结果的准确性直接依赖输入参数的准确性，准确给出全系统的各项物理参数是十分困难的。模型包含的传播介质种类及相互耦合关系越多，这种不确定性就越大。为了发挥现场测试及数值/解析法的优越性，并有效降低预测成本，近年来国内外学者广泛采用混合预测方法，如实测传递函数预测方法和基于 FTA 框架体系的混合预测方法。

1. 实测传递函数预测方法

针对建筑结构振动传递模拟的不确定性，马蒙等（2011）提出先利用数值模型求解自由场地响应，再实测建筑楼内/外传递函数，预测室内振动响应的方法。针对场地土振动传递模拟的不确定性，吴宗臻（2016）、刘维宁等（2017）提出地铁列车环境振动的深孔激振法，并研制了深孔激振设备。Jaquet（2015）报道了钻孔激振传递函数测试在北京地铁 8 号线中的应用。

为了进一步核验前期预测结果的准确性，可在地铁隧道建成但尚未铺轨时实测隧道-自由地表的传递函数，并辅以实测列车荷载，从而更加准确地预测振动响应。王文斌等（2012）通过在隧道内锤击获得隧道-自由场地-建筑物系统的实测传递特性，将地铁列车引起隧道壁振动的实测数据作为输入，提出基于脉冲实验的地铁振动响应传递函数预测方法。Zhang 等（2011）在预测成都地铁 2 号线对成都博物馆的振动响应时，利用逆向地面锤击和在隧道内布置测点的方法，获得隧道-自由场地系统的实测传递特性。

实测传递函数法在实际工程案例研究中已得到应用，但是仍存在如下问题有待完善：由于激振/测点的位置选择和传递函数的描述方式不尽相同，不同预测方案之间的可比性较差，不利于建立可推广的通用性测试方法；有的研究没有考虑点源激振与列车荷载激励间的差异；针对地铁振动预测，由于缺乏钻孔激振的条件，有的研究采用地面振源激励下的传递函数代替地下振源激励的传递函数，由此带来的预测差异和不确定性缺少进一步分析。

2. 基于 FTA 框架体系的混合预测方法

在精准预测阶段，FTA（Quagliata et al.，2018）推荐采用类比测试力密度级和现场实测传递率级的方法预测响应，即

$$L_V(x_b) = L_F(\boldsymbol{X}) + TM_L(\boldsymbol{X}, x_s) + C_b(x_s, x_b) \qquad (1.3)$$

其中，$L_V(x_b)$ 为建筑物内点 x_b 的振动速度级；$C_b(x_s, x_b)$ 为建筑物内外两点 x_b 和 x_s 间的振动传递；$L_F(\boldsymbol{X})$ 为道床上一列测点向量 $\boldsymbol{X}$ 的等效力密度级；$TM_L(\boldsymbol{X}, x_s)$ 为道床一列测点向量 $\boldsymbol{X}$ 到建筑物外点 x_s 的线源传递率级。

　　基于 FTA 框架的混合预测方法的提出、发展和被广泛接受应用经历了漫长的过程。Bovey(1983)提出采用锤击法实测土层振动传递特性的轨道交通环境振动预测方法。在此基础上，Nelson 等(1987)提出以等距离多点锤击等效列车线荷载(对于地下线路建议采用深孔锤击方式)激励模式的环境振动影响预测模型。该研究成果构成 FTA 推荐的详细振动分析预测流程。此后，为了给圣何塞地区的轨道交通系统制定合适的轨道减振措施，Saurenman 等(2006)在旧金山湾区捷运系统测试了浮置板轨道、弹性支撑扣件和高弹紧固扣件的振源力密度级，并给出力密度级的插入损失(insertion loss，IL)。Rajaram 等(2018)详细介绍了 2007~2015 年北美 Sound Transit(普吉特湾中部地区公共交通署)系统不同轨道型式、车辆/轨道养护维修状态下的力密度级测试结果，并对其中包含两种轨道型式 3 个断面的测试结果进行了详细分析。Glickman 等(2010)采用地面锤击地下拾振的方法测试传递函数，并与有限元法及解析法进行结果对比。Nelson 等(2014)为了研究地铁运行对华盛顿大学的影响，在具有相似断面形式的灯塔山隧道进行了力密度级测试。为了解决隧道结构在低频振动响应较低的问题，20 Hz 以下采用扫频激励，较高频段采用锤击激励，他们对比分析了线路形式、轴间距、轮轨磨耗对力密度级测试结果的影响。

　　基于 ISO 14837-1:2005 和 FTA(Quagliata et al.，2018)推荐预测方法的理论框架，比利时鲁汶大学研究团队系统拓展了适用于地面线路的混合预测模型。

　　首先，基于力密度级和传递率级可解耦的假设，Verbraken 等(2013;2011)将数值方法引入 FTA 框架，明确提出数值法求解力密度级、数值法求解线传递率级、数值法修正锤击点差异等预测方法，并分析了不同锤击位置、锤击等效线源长度、锤击间距等对力密度级和线传递率级的影响。针对新建地面线附近建筑振动的混合预测法示意图如图 1.5 所示。在此基础上，Kuo 等(2017;2016)进一步考虑建筑物的振动响应，将混合预测方法的使用工况分为既有建筑物邻近新建铁路和既有铁路邻近新建建筑物两种情况，并详细讨论了 3 种工况条件下土层条件、结构存在与否、激励点与建筑结构距离等因素对建筑结构与土体耦合损失计算结果的影响。Kouroussis 等(2018)参考 FTA 的详细预测程序，结合实测线传递率级与车轨耦合模型获得轮轨接触力密度级的混合模式，预测了自由场的振动响应。

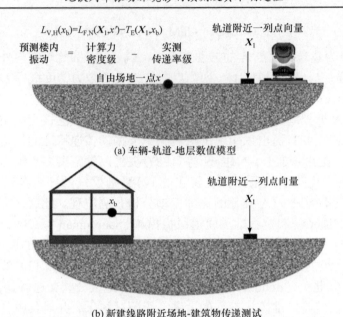

$$L_{V,H}(x_b)=L_{F,N}(X_1,x')-T_E(X_1,x_b)$$

预测楼内　＝　计算力　　－　实测
振动　　　　密度级　　　　传递率级

轨道附近一列点向量 X_1

自由场地一点 x'

(a) 车辆-轨道-地层数值模型

轨道附近一列点向量 X_1

x_b

(b) 新建线路附近场地-建筑物传递测试

图 1.5　针对新建地面线附近建筑振动的混合预测法示意图

相比实测传递函数法，基于 FTA 框架的混合预测方法的物理概念更为清晰，比较完善地考虑实测点源传递率级与列车荷载线源传递率级间的换算，是近年来发展较完善且可用于精准预测阶段的方法。若将该方法引入地铁地下线环境振动预测，会带来两类问题，即钻孔锤击时由于隧道尚未建成，测得的传递率级需要考虑隧道结构影响而做出修正；力密度级会受到隧道结构和地层条件的复杂影响，轨道附近一列点向量 X_1 所在位置亦与地面线的情况有明显差异。这两类问题在以往研究中鲜有提及，本书第 5 章会对此详细讨论。

1.3　预测不确定性问题

1.3.1　预测结果精准度与方法可靠性评价

针对上述 3 个等级的不同预测方法，目前对预测结果精准度和预测方法可靠性的定量评价和系统研究还十分匮乏。预测结果的精准度包含准确度和精确度两个层面，是对预测模型输出结果的双重概率评价。准确度是反映预测结果与真值接近程度的定量评价指标。精确度是反映预测结果相互间接近程度的定量评价指标。预测方法的可靠性是针对某一预测方法在不同工况、不同条件下给出的预测结果在精准度上的相对一致性。若相对一致或近似一致，则说明这种预测方法可靠性高，反之说明其可靠性低。

　　如图 1.6 所示，要对精准度进行完善评价，预测输出结果和测试结果都应是以某种特定分布呈现的概率统计结果，而非简单的定值结果（如单一的振级预测）或定值函数结果（如 1 条倍频程曲线）。

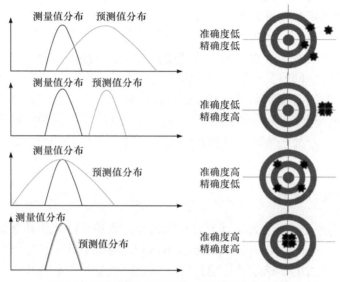

图 1.6　概率预测及准确度、精确度含义示意图

　　有关预测结果的概率特性和专门针对结果评价的研究较少。Kuppelwieser 等（1996）针对铁路附近建筑物内的振动预测，提出在经验预测模型中考虑传递特性的不确定性。其方法是除了给出建议的传递函数平均值，还要基于统计数据给出传递特性的标准差。de Wit 等（2003）、Hölscher 等（2003）研究了某铁路线大量列车运行引起环境振动的实测值与预测值之比的频次分布。Villot 等（2012）也研究了考虑传递特性标准差的方法。Gjelstrup 等（2015）针对列车引起的环境振动和结构噪声，在链式经验公式的基础上，基于大量传递函数测试的统计分析，提出一种可以分析预测误差的经验模型。在考虑预测的不确定性和概率问题方面，Lombaert 等（2014）利用蒙特卡罗方法分析了考虑不平顺变化因素的列车振动预测问题；Paneiro 等（2015）基于大量环境振动测试建立了多元线性回归模型，分析不同因素对城市区域场地振动响应的影响，同时进行了预测残差分析；dos Santos 等（2016）在测试葡萄牙铁路网环境振动时，考虑轨道在不同断面上的位移导纳差异，给出导纳均值和方差，同时在分析列车引起地表振动时也考虑不同列车样本引起的振动数据差异；Kuo 等（2016）考虑不同车速引起的样本差异，给出预测地表振动速度级的倍频程带宽；Cao 等（2020）提出一种考虑土参数不确定性的高速列车环境振动概率预测方法；孙烨（2020）应用响应面法（response surface methodology，RSM），给出依托经验链式预测公式的区间预测结果，并定量评价

了预测结果的精准度；Liang 等（2021）开发了一种基于贝叶斯神经网络的列车振动环境影响的随机预测模型；Li 等（2021）以实测地铁列车数定荷载样本为激励，对地表环境振动进行概率预测，并提出一种新的针对随机预测结果、随机测试结果间精准度评价的定量指标。

尽管上述研究在一定程度上考虑预测随机性与结果的精准性，但是在实际预测评估过程中，不论在哪个预测阶段或者用什么方法，预测者都无法定量估计其预测结果的精准度。同时，对于其预测方法的可靠性也无法给出定性或定量的评估。一方面，目前没有预测结果精准度的标准计算方法，大多数预测分析没有考虑轮、轨、养护管理水平和传播路径的不确定性。这使给出的预测输出都是定值描述而非概率描述。另一方面，针对预测方法自身可靠性的评价，目前尚未见到有相关研究。

1.3.2　预测不确定性来源

在预测学领域，预测结果与真值之间的差异主要源于随机不确定性（aleatoric uncertainty）、认知不确定性（epistemic uncertainty）。随机不确定性指物体本身的自然变异和随机性造成的不确定性。通过增加实验的数量并不能减少这些变异和随机性的出现，但是可以更加准确地描述这种不确定性的分布特征。认知不确定性指缺乏对研究目标相关知识导致的不确定性。技术手段不断完善或思考维度获得突破，都可降低认知不确定性，因此也可称其为主观不确定性。

近年来，虽然预测不确定性问题在列车振动环境振动预测领域逐渐受到关注，但是综合考虑各类预测模型，长期以来绝大多数列车振动环境影响的预测结果仍属于定值预测。然而，这与真实情况存在显著差异。Hunt 等（2007）探讨了地铁列车振动环境影响预测模型中不确定性的具体来源。考虑多种不确定性来源的性质，预测不确定性可分为振动源强和地层动力参数取值的随机不确定性、预测者对预测模型的认知不确定性。

本书相关章节主要讨论随机不确定性。由于列车运行产生的振源本身具有随机性，而且随着运量的增加，源强随轨道与车轮接触状态的变化而变化（这与养护管理及技术水平密切相关）；振动能量在传播路径中的衰减与轨道基础结构（隧道、桥梁）、地层、建筑基础、建筑结构振型特征等有着必然的相关性，即使不考虑运量增长随机影响的时间过程，对某特定阶段的定值预测结果也无法定量评估其准确度。马蒙等（2020）对多年来测试数据的分析发现，预测模型输入参数的随机不确定性（图 1.7）主要有车辆间差异引起的不确定性、轮轨磨耗发展引起的不确定性，以及输入地层参数引起的不确定性等 3 类来源。前 2 类属于振动源强的随机不确定性。

图 1.7　预测模型输入参数随机不确定性示意图

1. 振动源强的随机不确定性

振动源强的随机不确定性首先包括车辆间差异引起的不确定性。

由于每辆车的车轮磨耗状态不同、实际载客运货轴重不同，客货混跑线路的车速也存在较大差异，因此即使在同一天对同一测点进行监测，得到的各趟车引起的振动响应也有很大的差异。户文成等(2010)发现，在车速微小波动及不同运量条件下，同一列车通过的振动源强差距超过 5 dB；李宪同等(2012)统计分析了北京地铁 4 种轨道型式 1 天内 200 多趟列车的振动源强，发现隧道壁测点各趟车之间的振动水平差异达 5～7 dB。刘力等(2015)在北京地铁 4 号线测得 1 天内左右线 20 趟车通过时地表点最大 Z 振级差距分别达到 16.3 dB 和 15.4 dB。李明航等(2020)发现隧道壁的振动响应与列车编组呈现明显的周期性，不同列车间分频振动加速度级(vibration acceleration level，VAL)差异超过 20dB。图 1.8 所示为马蒙等(2020)测试统计得到的北京地铁某区间全天 200 趟车隧道壁振动响应。可以发现，这种不同列车引起的振动源强不确定性是普遍存在的，而且不同频率的样本离散特性差异较大，低频较高频离散性更大。

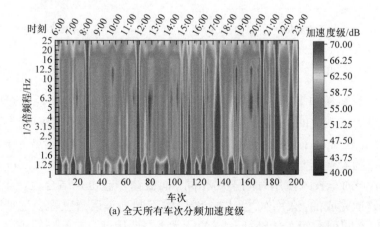

(a) 全天所有车次分频加速度级

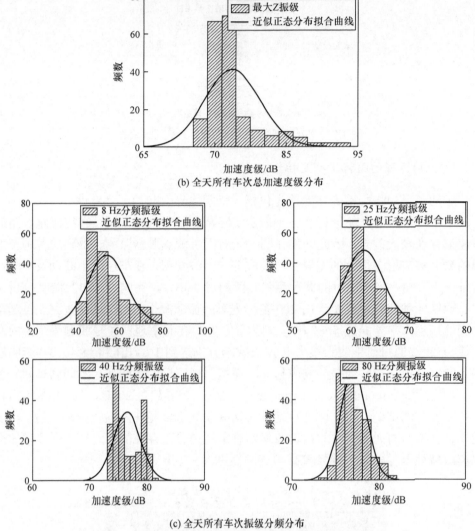

(b) 全天所有车次总加速度级分布

(c) 全天所有车次振级分频分布

图 1.8　北京地铁某区间全天 200 趟车隧道壁振动响应

　　除随机载客量和车辆动力参数的差异，不同列车间车轮磨耗状态的显著差异才是造成上述现象的关键因素。Qu 等（2023）通过对影响振动源强不同参数进行计算分析，也证明了上述观点。同一线路所有上线运营的列车型号一致，相同运营条件下随着运营里程的增加，所有列车具备相似的车轮磨耗发展趋势。然而，由于不同列车投入使用时间不尽相同，而镟修作业也是结合运行里程、轮径差等指标分批完成的，久而久之，同一线路的不同列车运营里程会呈现明显的随机性，导致不同列车间车轮磨耗状态的巨大差异。因此，在不同轨道状态下，短时间内不同列车触发的连续监测的样本差异即可反映列车状态差异引起的源强不确定性。

振动源强的随机不确定性还包括轮轨磨耗发展引起的不确定性。为分析车轮磨耗状态对环境振动的影响，马蒙等(2020)对一列固定地铁列车进行了振动源强跟踪监测。在这列车的车轮镟修前后分别在某区间断面的隧道壁安装测点进行 24 h 连续振动采样，并根据运营单位提供的运行图将这列车引起的隧道壁振动响应单独提取分析。如图 1.9 所示，车轮镟修后 20～315 Hz 范围内，隧道壁振动响应大幅度衰减,在环境振动关心的 20～80 Hz 范围内平均衰减量超过 10 dB。这在一定程度上反映了较理想和最不利两种状态下车轮磨耗对环境振动的影响。

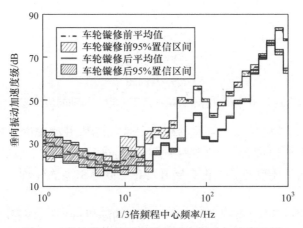

图 1.9　车轮镟修前后隧道壁垂向振动加速度比较

钢轨短波波磨通常被认为不会对低频环境振动造成影响。近年的研究发现，对波磨严重的区段进行钢轨打磨可以显著降低环境振动水平。王另的等(2013b)统计分析了北京地铁 10 个测试断面，发现钢轨打磨后，隧道壁振动响应最大 Z 振级平均减小 6 dB。张衡等(2013)在北京地铁 10 号线的测试结果表明，钢轨打磨前后地表振动 Z 振级的减少可达 8.7 dB。针对这一问题，马蒙等(2020)在一段钢轨波磨严重区段进行了隧道壁振动响应跟踪测试。图 1.10 所示为 3 次测试响应比较，每次连续监测 24 h。可以看出，10 月 20 日～12 月 8 日，由于钢轨波磨的发展，隧道壁最大 Z 振级平均值增加约 3 dB；12 月 8 日～12 月 11 日，对钢轨进行打磨可以使隧道壁最大 Z 振级大幅度降低。这与王另的等(2013b)和张衡等(2013)的测试所得的规律一致。

由此可以看出，车轮和钢轨磨耗对环境振动影响显著，如果忽略一个养护维修周期内轮轨磨耗发展的影响，只能预测得到短时间内的振动响应，无法反映一个养护维修周期内环境振动的真实水平。目前，有的城市地铁已出现运营初期环境振动情况良好，但运营一段时间后反而出现居民振动投诉的情况。这很可能与前期预测评估忽视了轮轨磨耗发展有关。

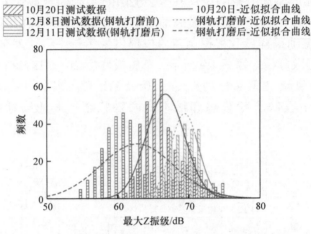

图 1.10　不同钢轨磨耗状态下隧道壁振动响应比较

　　近年来，考虑随机激励及结构参数随机性的随机振动理论分析在"车辆-桥梁耦合"、"车辆-轨道耦合"领域取得了长足的发展，形成了以随机模拟方法(蒙特卡罗方法)、随机摄动方法、正交展开理论、概率密度演化理论等为主的随机振动分析方法。

　　以车轮、轨道不平顺为例，作为一种典型的随机过程，在新建轨道交通环境振动预测研究中是无法得到确定的不平顺样本的。通常的解决办法是，采用不平顺谱或测试其他线路的轨道不平顺。夏禾等(2002)采用蒙特卡罗方法，证明了若干条实测或模拟的轨道不平顺激励样本产生的车辆-轨道耦合系统动态响应具有很大的离散性。Lombaert 等(2014)采用蒙特卡罗方法，分析了随机不平顺对振动响应预测结果的影响。Kouroussis 等(2015)和 Xu 等(2016)分析了轨道不平顺、钢轨局部损伤、车轮非均匀磨耗对环境振动的影响。赵岩等(2018)建立并发展了高效精确的虚拟激励法，通过构建虚拟输入激励，可快速得到响应功率谱和统计信息。此外，赵岩等(2018)和 Wang 等(2018)采用虚拟激励法分析了车辆-轨道耦合随机振动对环境响应的影响。徐磊等(2018，2018a，2018b)通过统计分析实测的高速铁路不平顺谱，建立了概率轨道不平顺谱，并以此为基础结合数论选点法，系统分析了概率轨道不平顺谱、车轮磨耗发展引起的车辆-轨道耦合随机振动问题。

　　目前，对随机车辆参数引起的随机振动问题的研究相对较少。在列车振动环境影响预测领域，尚缺少引入综合考虑随机轨道不平顺谱、随机车轮不圆顺谱及随机车辆参数的随机预测模型。

2. 输入地层参数的不确定性

振动波在地层中的传递特征依赖土体的动力参数(压缩波速、剪切波速、阻尼比等),在实际工程中可通过实验室试验(如弯曲元试验、共振柱试验、循环三轴试验等)或现场测试(如单孔法、跨孔法、表面波法等)来确定土层的动力参数。计算模型输出的准确性与输入地层参数密切相关。地层动力参数取值的不确定性会影响预测结果的精准度。Lombaert 等(2006)在预测分析铁路引起的环境振动过程中发现,输入地层动力参数难以反映场地实际的动力特性是造成预测偏差的重要因素之一。Hunt 等(2007)发现,地层动力参数的微小改变可能引起超过 10 dB 的预测差异。

与其他交通运输方式相比,轨道交通引起的环境振动响应具有振幅低、频带宽的特点。由于表面波的频散特性,频率越高、波长越短,因此更容易受到土层动参数变化的影响,造成确定单值土参数输入条件下的预测误差。

目前,有关参数不确定性影响的研究主要采用概率统计的方法,将不确定参数建立为随机变量或随机过程,通过均值、方差、协方差、概率分布、联合概率分布等特征值定量表达。参数随机分布的检验常采用贝叶斯估计法,即从已有的工程经验或先前实验数据出发,构造一个随机变量的先验随机模型,然后利用实测数据更新该模型,得到相对精确的后验随机模型,降低地层模型认知不确定性引起的预测误差。Schevenels(2007)在分析地层动参数对环境振动响应预测影响时便采用以上两种方法,假设地层为水平均匀一致、竖向随机的成层半空间,将地层关键动参数建立为与距离相关的随机过程,采用蒙特卡罗方法分析不同动参数(控制变量)随机性对振动传递特征的影响。Papadopoulos 等(2018)采用随机有限元的蒙特卡罗随机模拟法研究土层随机性对建筑结构振动响应的影响。目前,国内环境振动领域绝大多数预测研究对地层参数的取值依赖文献或地勘报告,鲜有研究针对预测场地开展现场地层参数的实测工作,针对地层动参数随机特性及其对预测结果影响的研究更加缺乏。

随着地层动参数反演技术(曹艳梅等,2020;dos Santos et al.,2016;Schevenels,2007)的进一步发展,采用实测地层动参数作为数值模型的输入参数,可有效降低其引起的不确定性。此外,为了达到精准预测的目标,结合分区、分类、分阶段的预测思想,在方案设计阶段及技术设计阶段采用原位锤击试验的方法,可直接获得敏感目标所在场地土层真实的振动传递特征,从而彻底解决该问题。

3. 预测者对预测模型本身的认知不确定性

预测者对预测模型本身的认知不确定性主要体现在以下方面。

首先,预测者在列车振动环境影响预测一般程序中需要考虑哪些具体因素的不确定性、是否有必要考虑预测结果的不确定等方面并没有一致的认知。例如，Gjelstrup 等（2015）、Paneiro 等（2015）、Cao 等（2020）的研究重点考虑传播路径的不确定性；Kuo 等（2016）、Li 等（2021）的研究只考虑了振源的不确定性；Liang 等（2021）以大量实测数据为基础，通过贝叶斯神经网络建立的随机预测模型，一定程度上可同时考虑振源及传播路径的不确定性。

其次，在不同的预测模型中，预测者对各种具体预测方法的基础理论、模型假设等科学知识仍存在较强的认知不确定性。以参数模型中的数值预测方法为例，目前绝大多数数值模型都是依据线弹性材料本构和小变形假设建立的。然而，振动传播路径中的某些系统实际存在较强的非线性，例如橡胶制品的减振材料、道砟和靠近振源的土体等在较大幅度振动过程中呈现明显的非线性；饱和土、非饱和土在振动传播过程中的非线性特征等。2012 年，Jones 等详细计算分析了 PiP 模型中简化双线隧道、桩基础、土壤不均匀性、倾斜土层、隧道结构-土体不规则接触等因素对预测结果的影响。分析结果显示，考虑每一项因素的简化都可能导致预测值出现 5～20 dB 的差异。此外，针对不同的数值方法，对微分方程的求解方法与求解域（频域或时域），以及计算模型在空间、时间和频率上的截断边界等方面的认知不足也会造成预测结果的不确定性。

认知不确定性的改善需要环境振动预测相关科研工作者的共同努力。随着对该问题相关基础理论研究的逐步深入、细化，有望逐渐降低认知不确定性。此外，更加值得注意的是，随着测试传感技术、工业大数据、物联网、人工智能技术的飞速发展，通过大数据驱动的地铁列车振动环境影响预测评估的技术方案逐渐变得可行，有望解决科研工作者认知局限性带来的预测不确定性问题。例如，Liang 等（2021）结合实测数据和神经网络提出的预测方法，虽然数据样本量有限，但是仍给出了比较理想的预测结果。

1.4　振动预测现状

目前国内环境影响评价推荐的经验预测公式仍是初步预测阶段采用的主流方法。近年来，机器学习法及成层半空间地层解析法在初步预测阶段的引入，使预测精准度提高并可实现多指标振动量值的输出。随着对预测智能化和定制化要求的提升，机器学习在环境振动既有数据的挖掘和灵活模拟不同类型非线性关系等方面具有相当可观的应用前景。为适应智能化预测的发展要求，应进一步发展具有远程智能离线采样功能并可在建筑结构上长期便捷安装的小型振动采集装置。基于机器学习方法的环境振动预测如果得到大数据的支撑，将突破用于初步预测阶段的局限，成为颠覆环境振动预测方法的全新手段。

近年来，国内外关于数值和解析模型的研究成果呈现百花齐放的态势，对模型细节的考虑日益完善，预测效率日益提高。但是，目前很多针对城市轨道交通环境振动预测的研究仍借用干线铁路的不平顺谱。尽管有不少研究尝试构建或实测地铁短波不平顺，但是仍缺少被广泛接受并能够描述钢轨短波磨耗状态等级的粗糙度谱。车轮不圆顺对环境振动预测的影响鲜有文献考虑。

随着地铁车辆段上盖建筑的大量开发、轨道交通结构与建筑共建、站桥合一高铁站房结构的出现，建立包括地层、结构在内的庞大有限元模型不但计算效率低下，而且难以考虑土-结构相互作用的复杂性。因此，应当进一步研究振动传递路径清晰且可用于工程预测的建筑结构振动预测模型。

基于 FTA 框架的混合预测方法具有清晰的物理概念，可以较完善地考虑实测点源传递率级与列车荷载线源传递率级间的换算，这是近年来发展完善且可用于精准预测阶段的方法。然而，该方法目前仅适用于预测地面线列车引起的环境振动，当预测地下线振动时，隧道结构影响钻孔锤击传递函数、力密度级参考点位置选择等问题需进一步深入研究。

目前对预测结果精准性和预测方法可靠性的研究十分欠缺，既有研究均难以定量估计其预测结果的精准度，也无法定性或定量评估方法的可靠性。绝大多数预测只能给出定值结果，无法考虑轮轨磨耗、养护管理水平、传播路径的不确定性。今后应研究确定能够评价预测结果精准性和不同预测方法可靠性的指标，并实现业内的共识。

车辆间差异、轮轨磨耗发展，以及输入地层参数的不确定性不容忽视。车轮和钢轨的磨耗发展均对环境振动有显著影响。环境振动预测应当考虑车辆差异对预测结果的影响，同时应考虑一个养护维修周期内环境振动的发展变化，从简单定值预测向概率预测转变。

第 2 章　地铁列车振动初步预测方法

经验法和半经验法是目前广泛使用的初步预测方法。在整个预测评价体系中，初步预测承担着快速筛查敏感点的任务，因此计算效率尤其重要。尽管在环境影响评价时，采用经验链式公式可以快速便捷地开展预测工作，但是输出预测量为单一的 Z 振级、没有具体的频率信息，并且有时误差相对较大。因此，国内外学者近年来也积极探索可用于初步预测的其他方法。

2.1　解析传递函数快速预测方法

2.1.1　预测原理与实现流程

在地铁工程建设的可行性研究阶段后期，针对经验公式法筛选出的线路沿线的大量敏感目标点，有时不仅需要知道振级水平，还需要知道频域信息。如何开展快速的定量频域预测，并筛选重点敏感目标进行下一阶段的确认预测是提高环评效率的要点。

解析传递函数快速预测方法在求解环境振动问题的过程中进行了适量简化，忽略求解隧道-地层系统振动频率响应函数（简称频响函数）时隧道结构对频响函数序列的影响，使求解振源输入力和振动频响函数序列可以采用纯解析的处理方法，极大地提升求解速度。

其基本求解思路是，将地铁引起环境振动问题转化为两个子问题，即求解振源车辆-轨道系统引起的振动输入力；求解地层振动频率响应函数。预测流程简图如图 2.1 所示。

预测方法主要分为以下步骤。

(1) 当采用频域车辆-轨道耦合解析模型（马龙祥，2015）求解 1 列地铁列车通过时，车轨系统作用于隧道基底的系列频域力 $F_n(\omega)$（n 为频域力的个数，即计算范围内包含的扣件个数；ω 为角频率），即作用于隧道基底的系列频域力，如图 2.2 所示。

(2) 采用成层半空间弹性动力学解析模型（Schevenels，2007）求解每一个频域力作用点到地面预测点的地层振动频响函数，一系列频域力对应一系列地层振动频响函数 $T_n(\omega)$，得出的地层振动频响函数如图 2.3 所示。其中，b_n 表示频域力作用点与振动预测点之间的水平距离。

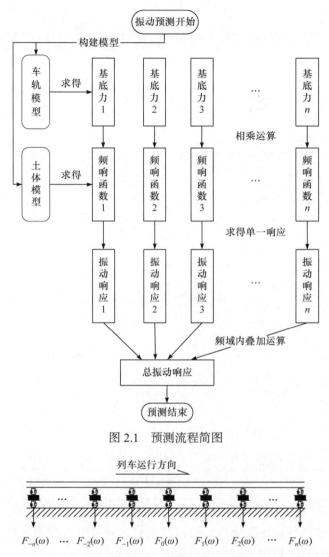

图 2.1　预测流程简图

图 2.2　采用车轨耦合解析模型计算得出的作用于隧道基底的系列频域力

（3）将同一作用点处对应的振源输入频域力和地层振动频响函数在频域内相乘，可以得到单一频域力作用下预测点处的振动响应 $F_i(\omega) \times T_i(\omega)$。再将 $2n+1$ 个振动响应结果进行带相位的复数叠加，即可得到地铁列车运行引起的地面预测点处的振动响应 $R(\omega)$，即

$$R(\omega) = \sum_{i=-n}^{n} F_i(\omega) \times T_i(\omega) \tag{2.1}$$

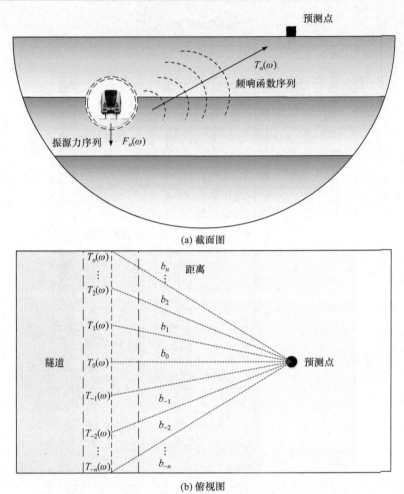

(a) 截面图

(b) 俯视图

图 2.3　采用成层半空间弹性动力学解析模型计算得出的系列地层振动频响函数

上述计算过程都是在频域进行的复数运算，频域力、频响函数、最终振动响应都包含振动的幅值和相位的全部信息。

工程预测操作流程如图 2.4 所示。

针对敏感目标的具体预测步骤如下。

(1)获取敏感目标附近地铁线路设计的车辆参数和轨道参数，代入车辆-轨道耦合模型，再输入轨道不平顺，即可计算得到车轨模型的振源荷载列。

(2)对采用相同轨道型式和运行速度的地铁区间开展振源测试,校核解析模型的计算准确性。

(3)通过地质勘探资料并结合相似地层条件下的地表振动测试进行校准,确定地层动力参数，将地层动力参数输入成层半空间解析模型，计算得到地层振动频响函数列。

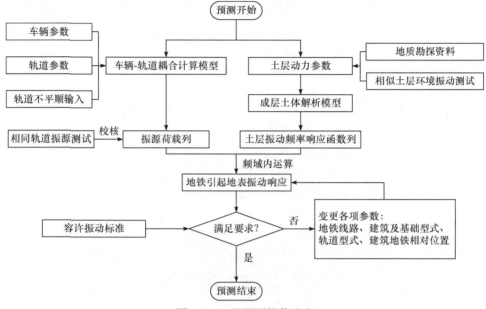

图 2.4　工程预测操作流程

(4) 将振源荷载列、土层振动频率响应函数列采用本书预测方法的计算方式进行叠加运算，可以得到地铁运行引起的地表振动响应。

(5) 根据环境振动的容许限值，判断计算结果是否满足要求。若满足要求，则预测结束；否则，变更各项参数。

2.1.2　算例分析

将 2.1.1 节所述的预测方法通过 MATLAB 实现，其中车辆-轨道耦合解析模型使用北京交通大学马龙祥等开发的 SVTIPIST 计算程序(马龙祥，2015)进行计算，成层半空间弹性动力学模型采用比利时鲁汶大学开发的 EDT 工具箱(Schevenels et al.，2009)进行计算。然后，通过 MATLAB 将两者的计算结果结合形成自动化程序进行地表振动预测。计算程序的流程如图 2.5 所示。

选取北京地铁 1 号线东单站～建国门站区间沿线的垂向振动预测为实际案例进行地表振动预测。该地铁区间隧道断面为马蹄形，轨道结构为 $DTVI_2$ 扣件、普通整体道床型式，轨面埋深 18 m。测点布置如图 2.6 所示。选取断面 4 的测点与计算结果进行对比。

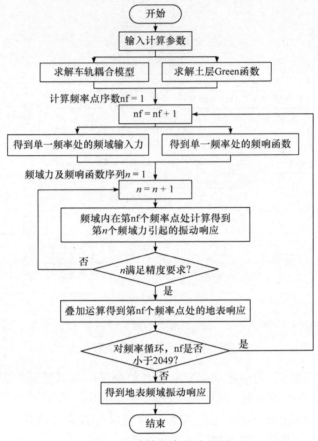

图 2.5 计算程序的流程图

经过试算，频域力的范围取为 240 个扣件间距，可以满足预测准确度要求。

算例中地铁车辆为 B 型车，参数如表 2.1 所示。轨道计算参数如表 2.2 所示。轨道参数均对应于两股钢轨。轨道不平顺采用美国 6 级谱。

表 2.1 地铁车辆参数

参数	数值	参数	数值
车体质量 M_c/kg	4.3×10^4	二系悬挂刚度 k_t/(N/m)	5.8×10^5
转向架质量 M_t/kg	3.6×10^3	二系悬挂阻尼 c_t/((N·s)/m)	1.6×10^5
轮对质量 M_w/kg	1.7×10^3	一系悬挂刚度 k_w/(N/m)	1.4×10^6
车体质量惯性矩 J_c/(kg·m²)	1.7×10^6	一系悬挂阻尼 c_w/((N·s)/m)	5×10^4
转向架质量惯性矩 J_t/(kg·m²)	9.62×10^3	半定距 b/m	6.3
轮轨接触常数 G/(m/N$^{2/3}$)	5.147×10^{-8}	半轴距 a/m	1.1
车长 l/m	19	静轮轨力 P_0/N	7×10^4

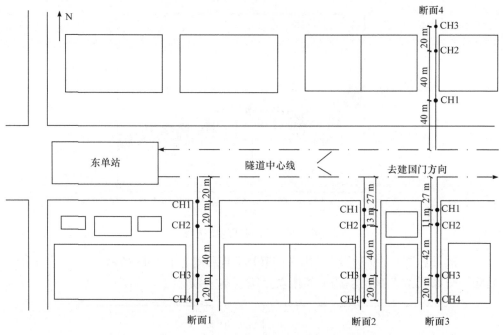

图 2.6　北京地铁 1 号线东单站～建国门站区间测点布置(刘卫丰等，2009)

表 2.2　轨道计算参数

参数	数值
钢轨质量 $m/(\mathrm{kg/m})$	121.28
钢轨弹性模量 $E/(\mathrm{N/m^2})$	2.059×10^{11}
钢轨截面惯性矩 $I/\mathrm{m^4}$	6.434×10^{-5}
钢轨损耗因子 η	0.01
扣件刚度 $k_r/(\mathrm{N/m})$	1.2×10^8
扣件阻尼 $c_r/((\mathrm{N\cdot s)/m})$	6×10^4
扣件间距 L/m	0.6

图 2.7 所示为采用 SVTIPIST 计算程序输入表 2.1 和表 2.2 参数后计算得到的频域力。根据需求，考虑 240 个扣件间距范围，可以计算 240 个频域力进行地表振动预测，保持较高的准确度。值得注意的是，由于轨道系统为周期性结构，频域力之间只是相差一个周期范围。根据周期性条件，计算所需的 240 个频域力可以由任意一个频域力生成，而且因为采用的车轨模型是纯解析计算，所以可以避免积分过程，求解速度快，具有很高的计算效率。

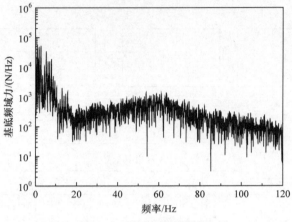

图 2.7　计算得到的频域力

　　如图 2.8 和图 2.9 所示，采用 SVTIPIST 程序计算得到的结果与现场实测结果的频域分布类似，振动主频率和振动量级基本一致。

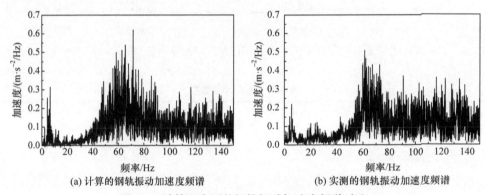

(a) 计算的钢轨振动加速度频谱　　　　　　　　　　(b) 实测的钢轨振动加速度频谱

图 2.8　计算和实测的钢轨振动加速度频谱对比

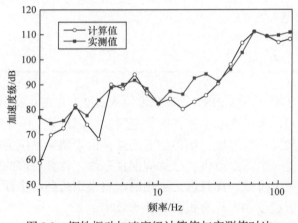

图 2.9　钢轨振动加速度级计算值与实测值对比

根据北京地铁 1 号线东单站～建国门站区间的实际地层参数，利用成层半空间模型求解 Green 函数，可以得到地表振动频率响应函数序列。

图 2.10 所示为计算得到的距离隧道中心线不同水平距离处的地面预测点的加速度频响函数(距离为 20～100 m)。可以看出，频响函数幅值随着频率的增加呈波浪形的变化趋势，随着地面与土体内脉冲激励点之间水平距离的增加而迅速减小。这说明，土体对频域振动传播具有很强的衰减效果。随着距离增加，低频振动衰减较慢，高频振动衰减较快。

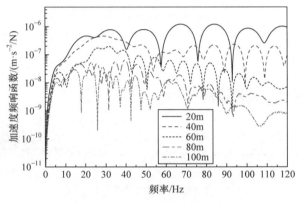

图 2.10　计算得到的加速度频响函数

图 2.11 给出了由快速解析模型计算得到的地表 0 m、20 m、40 m、60 m、80 m、100 m 处的振动加速度时程及频谱。

如图 2.12 和图 2.13 所示，可以得到如下结论。

(1)以地表 40 m 为例，地面振动加速度时程波形预测值和实测值一致，包括地铁到达、经过与离开过程，振动幅值约为 0.06 m/s²。地面振动加速度频谱预测值和实测值较为接近，振动主频均处于 30～70 Hz 频段，频谱幅值相当，均为 0.0035 m/s²。10～20 Hz 频段的预测和实测结果的差异较为明显。这种现象产生的原因可能是,地表测试时路面交通引起的地面振动频段基本分布在 10～20 Hz

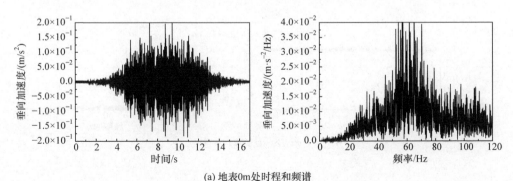

(a) 地表0m处时程和频谱

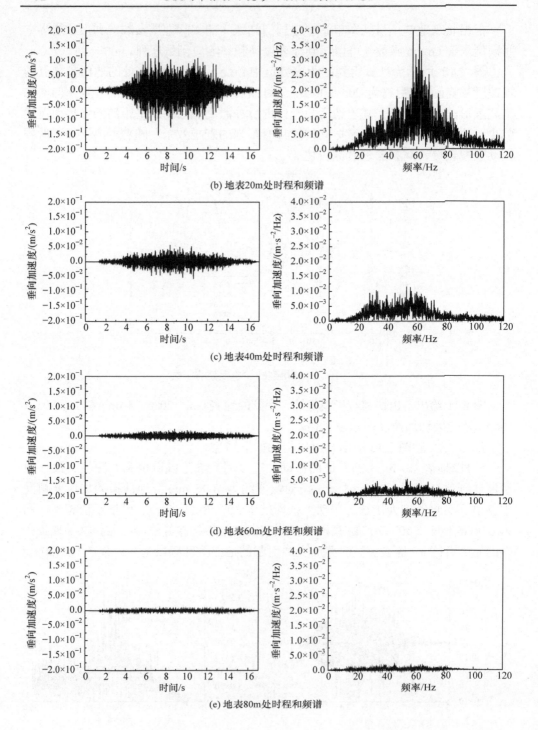

(b) 地表20m处时程和频谱

(c) 地表40m处时程和频谱

(d) 地表60m处时程和频谱

(e) 地表80m处时程和频谱

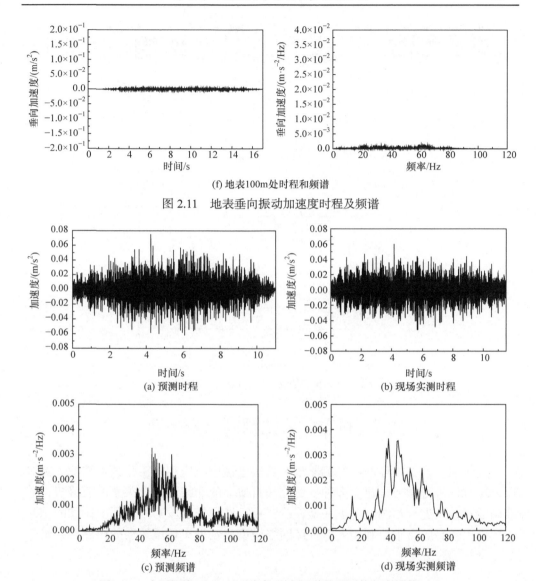

(f) 地表100m处时程和频谱

图 2.11　地表垂向振动加速度时程及频谱

(a) 预测时程

(b) 现场实测时程

(c) 预测频谱

(d) 现场实测频谱

图 2.12　水平距离 40 m 处垂向加速度频谱的预测值与实测值对比

频段，而解析预测方法无法考虑该因素的影响。

（2）对比地表 40 m、80 m、100 m 处测点的加速度级 1/3 倍频程谱计算值与实测值可以看出，两条曲线变化趋势和量值非常接近，但是也存在显而易见的差异。然而，该方法能够达到显著高于经验预测公式的预测结果，并且能够提供分频预测，因此适用于地铁建设的可行性研究阶段后期大量敏感目标的频域定量预测需求。

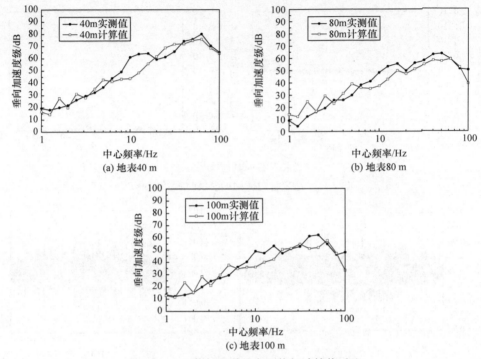

图 2.13　1/3 倍频程谱的实测值与计算值对比

2.2　机器学习法预测地表振动

近年来，人工神经网络等机器学习算法已经广泛应用于工程技术领域。算法通过对数据进行学习，建立多种变量之间自适应的非线性拟合关系，能够快速、准确地对数据进行预测。考虑在地铁线路可行性研究阶段对列车环境振动的预测效率提出较高的需求，利用人工神经网络模型实现列车环境振动的快速预测是一个可行的解决方案。

2.2.1　人工神经网络的基本原理

在基于人工神经网络模型的列车环境振动预测研究中，可以将实测得到的各工况下列车环境振动数据作为训练样本，使用人工神经网络模型模拟实测数据中工况变量与列车振动之间的非线性关系。含有一个隐藏层的人工神经网络模型的示意图如图 2.14 所示。其公式为

$$f(\boldsymbol{x}) = g\left(w_0 + \sum_{h=1}^{H} w_h g\left(w_{h0} + \sum_{d=1}^{D} w_{hd} x_d\right)\right) \tag{2.2}$$

其中，$\boldsymbol{x}$ 为模型输入向量，表示工况变量；$f(\boldsymbol{x})$ 为模型输出，表示列车振动的振级；D 为输入层的神经元数量，即输入模型的工况变量的数量；H 为隐藏层的神经元数量；$\boldsymbol{w}=\{w_{hd},w_{h0},w_h,w_0\}$ 为模型权重向量；$g(\ )$ 为非线性激活函数。

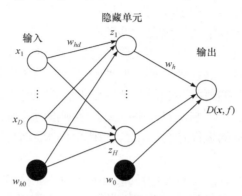

图 2.14　人工神经网络模型的示意图

　　人工神经网络模型的结构确定后，需要对神经网络模型进行训练。模型的训练是指通过算法确定并优化网络中的权重参数，使模型能够准确模拟列车振动样本数据中输入与输出之间的映射关系。在这个过程中，通常需要先定义损失函数描述模型的准确性，然后调整模型的权重参数来最小化损失函数，从而得到优化过的人工神经网络模型，并将其应用于新工况变量下列车环境振动的预测。

　　人工神经网络模型最常见的损失函数为均方误差（mean square error，MSE），定义为

$$\mathrm{MSE}=\frac{1}{N}\sum_{i=1}^{N}(y_i-f(x_i))^2 \tag{2.3}$$

其中，x_i 和 y_i 为第 i 个样本的输入值和输出值；$f(x_i)$ 为模型对第 i 个样本输出的预测值；N 为样本总数。

　　可以看出，在训练样本确定后，损失函数其实是权重参数的函数，对模型进行优化相当于调整权重的取值，从而使损失函数最小化。常见的模型优化算法是随机梯度下降算法。该算法计算损失函数对于各权重的偏导数，即梯度方向，能够快速实现损失函数的最小化。更新权重的计算方法为

$$w_j^*=w_j-\mathrm{lr}\partial\frac{L}{\partial w_j} \tag{2.4}$$

其中，w_j^* 为更新后的权重参数；w_j 为更新前的权重参数；L 为损失函数；lr 为学习率，决定权重参数沿梯度反方向变化的速度，可以人工设定。

2.2.2 人工神经网络的应用

1. 案例背景

为了验证人工神经网络模型在列车环境振动预测中的可行性,本节提供一个研究案例,用于北京地铁沿线环境振动的预测。

在北京多条地铁沿线测量列车环境振动的振级将这些测试结果用于人工神经网络模型的训练和测试。这些列车环境振动的定性工况条件是相似的,如地铁列车的类型、轨道类型、隧道类型,以及地层条件。其定量工况条件是不同的,如列车速度、轨道埋深、振源与测点水平距离。案例拟将这些定量的工况条件作为输入,将列车环境振动的振级作为输出,利用人工神经网络模型模拟输入与输出之间的映射关系。

具体地,将 24 个线路断面测量得到的 106 个环境振动结果用作模型的训练样本,另外 4 个线路断面测量得到的 13 个环境振动结果用作模型的测试样本。不同工况样本数量直方图如图 2.15 所示。测试集中样本的工况条件如表 2.3 所示。另外,

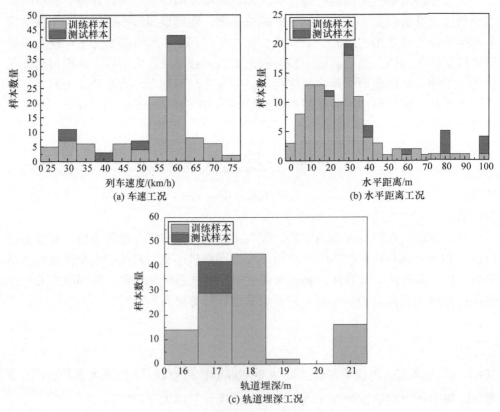

图 2.15　不同工况样本数量直方图

在该案例中，列车环境振动的 Z 振级和分频振级均考虑为模型的输出，利用人工神经网络对这二者的预测表现讨论。振动样本的 Z 振级概率密度直方图如图 2.16 所示。

表 2.3　测试集中样本的工况条件

参数	工况												
	1	2	3	4	5	6	7	8	9	10	11	12	13
速度/(km/h)	30	30	30	30	40	40	40	50	50	50	60	60	60
距离/m	20	40	60	80	27	80	100	27	80	100	40	80	100
埋深/m	17	17	17	17	17	17	17	17	17	17	17	17	17

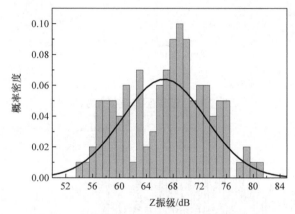

图 2.16　振动样本的 Z 振级概率密度直方图

在案例研究中，均方根误差（root mean square error，RMSE）用来评价模型预测的准确性，计算方法为

$$\text{RMSE} = \sqrt{\frac{1}{N}\sum_{i=1}^{N}(y_i - E(f(x_i)))^2} \qquad (2.5)$$

2. Z 振级预测

为了测试模拟列车环境振动的多个人工神经网络模型的准确性，模型中神经元的个数分别设为 3、4、5、6。具有不同神经元数量模型的准确性表现如表 2.4 所示。选择含有 4 个神经元的模型进行后续研究。

表 2.4　具有不同神经元数量模型的准确性表现

项目	神经元数量 H			
	3	4	5	6
训练集上的 RMSE	0.151	0.148	0.153	0.152
测试集上的 RMSE	0.152	0.148	0.148	0.150
噪声分布的标准差/dB	4.09	4.03	4.14	4.11

如图 2.17 和图 2.18 所示,该模型能够较好地模拟不同样本工况变化导致的 Z 振级变化。在列车环境振动 Z 振级模拟中,训练和测试误差均主要分布在±10 dB 以内,证明人工神经网络模型在列车环境振动 Z 振级预测上的可行性。

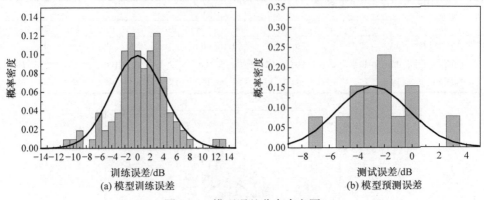

图 2.17　模型误差分布直方图

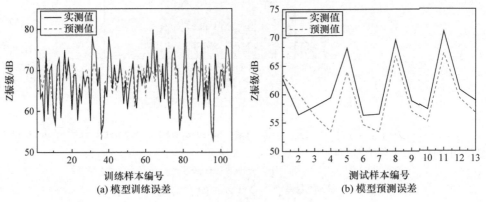

图 2.18　模型预测值与实测值对比

3. 分频振级预测

为了在列车环境振动预测中考虑振级随频率的变化,将人工神经网络模型用于列车环境振动分频振级的预测。在该应用中,多个人工神经网络模型被用于模拟列车环境振动在各 1/3 倍频程上的振动加速度级。

与 Z 振级预测相似,不同频段加速度级的模拟中均有多个包含不同数量神经元的模型被建立、训练、测试,那些测试结果最优的模型最终被用于列车环境振动分频振级的预测。

如图 2.19 所示,模型能够较好地模拟各样本上振动随频率变化的趋势,并且能够在大部分样本上取得较好的预测表现。但是,模型在部分样本和频段上的预

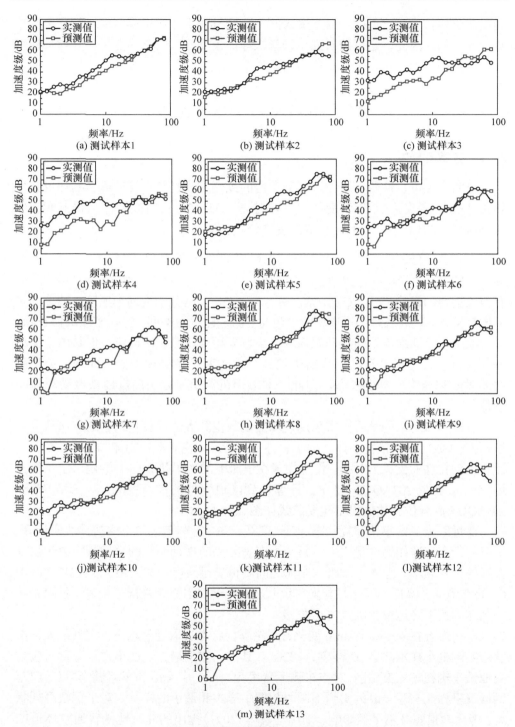

图 2.19　模型预测值与实测值对比

测误差仍然较大。这可能是模型输入的工况变量较少且用于模型训练的样本数据较少导致的。因此,之后的研究可以尝试增加模型输入的工况变量,并增加模型训练样本的数量,从而进一步提高预测列车环境振动分频振级的准确性。

2.3　机器学习法预测源强

2.3.1　参数与样本

目前,在可行性研究阶段运用最广泛的预测方式是基于《环境影响评价技术导则　城市轨道交通》(以下简称"《导则》")HJ 453—2018(中华人民共和国生态环境部,2018)中推荐的经验链式衰减公式,即

$$VL_{Z,max} = VL_{Z0,max} + C_V + C_W + C_R + C_T + C_D + C_B + C_{TD} \qquad (2.6)$$

其中,$VL_{Z,max}$ 为预测点处的最大 Z 振级;$VL_{Z0,max}$ 为列车振动源强,对预测结果有至关重要的影响;C_V、C_W、C_R、C_T、C_D、C_B、C_{TD} 分别为列车速度、轴重和簧下质量修正、轮轨条件、隧道型式、距离衰减、建筑物类型、行车密度的修正项。

通常,地铁地下线路振动源强取值推荐采用类比测量法确定,但是由于类比条件复杂,有时很难在已有线路中找到合适的断面做类比测试。此外,类比测试的时间和经济成本也较高。因此,本节用机器学习方法确定地铁振动源强的取值。

机器学习所用的学习样本采用现场测试数据和数值计算相结合的方法获取。车辆-轨道数值模型依托多体动力学软件 SIMPACK 建立车辆刚体和轨道柔性体,计算得到扣件的支反力时程,作为加载在道床上的列车荷载;隧道-地层子系统采用有限元软件 ABAQUS 建立,计算得到隧道壁处的加速度响应。SIMPACK-ABAQUS 联合仿真数值模型建模路线如图 2.20 所示。

变量因素考虑车轮磨耗状态、钢轨磨耗状态、行车车速和土体动弹性模量等。本节将行车车速作为变量之一,是考虑车速较高时振动源强的卓越频率会超出 Z 振级的计权频率。这使 Z 振级与车速之间不再满足线性相关关系,因此式(2.6)中 C_V 的准确度会降低。因此,本节实际上是对振动源强概念进行了拓宽,不限于某一基准车速下隧道壁基准点的 Z 振级。

车速设置在 40~160 km/h 变化。车轮磨耗状态选取理想状态、实测最大样本状态实测最小样本状态(曲翔宇,2020)。其中,实测最大、最小样本分别对应某一地铁车辆在车轮镟修前(对应车辆运营里程 15.5 万 km)和车轮镟修后(对应车辆运营里程 1.5 万 km)的实测不圆顺数据中样本和最小的样本。对于钢轨磨耗状态,考虑轨道短波不平顺影响,采用马蒙等(2021)提出的北京地铁普通整体道床

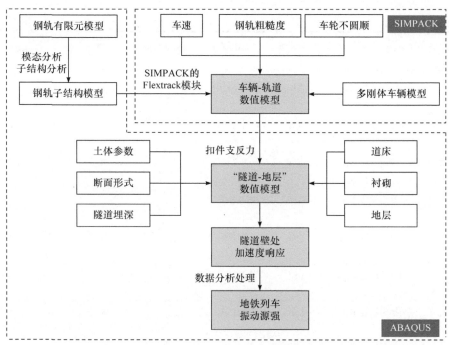

图 2.20　SIMPACK-ABAQUS 联合仿真数值模型建模路线图

短波不平顺分级谱中的中间三级，即 Q2、Q3 和 Q4。隧道衬砌背后土体参数中对隧道壁振动响应影响最大的是动弹性模量(梁瑞华等，2020)。根据马蒙(2012)、Xu 等(2020)对北京地区典型场地的地质参数统计调查，可以确定土体动弹性模量变量变化范围为 0.2～0.9 GPa。

　　利用上述数值方法计算获取 432 组不重复的数据。其变化范围广，可以保证数据变化的丰富性，因此适合模型的训练和初步优化。同时，广泛收集了国内地铁列车振动源强测试的结果和参数信息。实测地铁列车振动源强及参数信息如表 2.5 所示。

表 2.5　实测地铁列车振动源强及参数信息

断面号	轨道类型	线路半径/m	扣件类型	隧道类型	车速/(km/h)	车辆编组	源强/dB
1	普通整体道床	650	DTVI$_2$	单洞单线圆形盾构	70	8B	77.8
2	钢弹簧浮置板道床	650	DTVI$_2$	单洞单线圆形盾构	70	8B	60.5
3	普通整体道床	直线	DTVI$_2$	单洞单线圆形盾构	80	6B	77.1

断面号	轨道类型	线路半径/m	扣件类型	隧道类型	车速/(km/h)	车辆编组	源强/dB
4	梯形轨枕道床	直线	DTVIII	单洞单线圆形盾构	80	6B	65.2
5	钢弹簧浮置板道床	直线	DTVI$_2$	单洞单线圆形盾构	70	6B	59.5
6	普通整体道床	直线	先锋扣件	单洞单线圆形盾构	70	6B	64.5
7	普通整体道床	直线	轨道减振器扣件	单洞单线圆形盾构	70	6B	66
8	钢弹簧浮置板道床	650	DTVI$_2$	单洞单线圆形盾构	88	6B	73.63
9	钢弹簧浮置板道床	650	DTVI$_2$	单洞单线圆形盾构	92	6B	73.56
10	梯形轨枕道床	650	DTVI$_2$	单洞单线圆形盾构	90	6B	88.75
11	梯形轨枕道床	直线	DTVI$_2$	单洞单线圆形盾构	90	6B	79.96
12	梯形轨枕道床	650	DTVI$_2$	单洞单线圆形盾构	75	6B	82.91
13	梯形轨枕道床	1156	DTVI$_2$	单洞单线圆形盾构	87	6B	75.93
14	钢弹簧浮置板道床	450	DZIII$_2$	马蹄形	59.8	6B	45.1
15	普通整体道床	450	DZIII$_2$	马蹄形	64.7	6B	66.2
16	橡胶减振垫浮置板道床	490	DTVI$_2$	马蹄形	75.4	6B	51.9
17	普通整体道床	505	DTVI$_2$	马蹄形	66.2	6B	64.9
18	聚氨酯减振垫浮置板道床	505	DTVI$_2$	马蹄形	77.5	6B	52.4
19	普通整体道床	505	DTVI$_2$	马蹄形	66.2	6B	64.9
20	纵向轨枕道床	直线	DTVI$_2$	单洞单线圆形盾构	57.8	6B	68.9
21	钢弹簧浮置板道床	直线	DTVI$_2$	单洞单线圆形盾构	70	6B	60.8
22	普通短轨枕道床	350	DTVI$_2$	单洞单线圆形盾构	15	6B	68

续表

断面号	轨道类型	线路半径/m	扣件类型	隧道类型	车速/(km/h)	车辆编组	源强/dB
23	弹性长枕道床	350	DTVI$_2$	单洞单线圆形盾构	15	6B	63.2
24	普通短轨枕道床	350	DTVI$_2$	单洞单线圆形盾构	25	6B	74
25	弹性长枕道床	350	DTVI$_2$	单洞单线圆形盾构	25	6B	69.1
26	普通短轨枕道床	350	DTVI$_2$	单洞单线圆形盾构	35	6B	76.3
27	弹性长枕道床	350	DTVI$_2$	单洞单线圆形盾构	35	6B	74.7
28	普通短轨枕道床	350	DTVI$_2$	单洞单线圆形盾构	45	6B	78.7
29	弹性长枕道床	350	DTVI$_2$	单洞单线圆形盾构	45	6B	74.8
30	普通短轨枕道床	350	DTVI$_2$	单洞单线圆形盾构	57	6B	81.4
31	弹性长枕道床	350	DTVI$_2$	单洞单线圆形盾构	57	6B	74.6
32	钢弹簧浮置板道床	直线	DTVI$_2$	单洞单线圆形盾构	15	6B	53.1
33	钢弹簧浮置板道床	直线	DTVI$_2$	单洞单线圆形盾构	25	6B	58.8
34	钢弹簧浮置板道床	直线	DTVI$_2$	单洞单线圆形盾构	35	6B	55.6
35	钢弹簧浮置板道床	直线	DTVI$_2$	单洞单线圆形盾构	45	6B	57.4
36	钢弹簧浮置板道床	直线	DTVI$_2$	单洞单线圆形盾构	57	6B	57.4
37	普通整体道床	直线	DTVI$_2$	单洞单线圆形盾构	35	6B	77.6
38	普通整体道床	直线	DTVI$_2$	单洞单线圆形盾构	45	6B	81.7
39	普通整体道床	直线	DTVI$_2$	单洞单线圆形盾构	57	6B	82.4

断面号	轨道类型	线路半径/m	扣件类型	隧道类型	车速/(km/h)	车辆编组	源强/dB
40	普通整体道床	直线	DTVI$_2$	单洞单线圆形盾构	36	6B	81.2
41	普通整体道床	直线	DTVI$_2$	单洞单线圆形盾构	40	6B	84.9
42	普通整体道床	直线	DTVI$_2$	单洞单线圆形盾构	69	6B	85.9
43	普通整体道床	直线	DTVI$_2$	单洞单线圆形盾构	76	6B	82
44	普通整体道床	直线	DTVI$_2$	单洞单线圆形盾构	78	6B	81.6
45	普通整体道床	直线	ZX-3	单洞单线圆形盾构	69	6B	85.8
46	普通整体道床	直线	DTVI$_2$	单洞单线圆形盾构	69	6B	78.8
47	普通整体道床	直线	DTVI$_2$	单洞单线圆形盾构	72	6B	79.7
48	普通整体道床	直线	DTVI$_2$	单洞单线圆形盾构	68	6B	84.5
49	普通整体道床	直线	DTVI$_2$	单洞单线圆形盾构	68	6B	87.5
50	普通整体道床	直线	DTVI$_2$	单洞单线圆形盾构	60.4	6B	82.5
51	普通整体道床	直线	DTVI$_2$	单洞单线圆形盾构	70	6B	80
52	普通整体道床	直线	DTVI$_2$	单洞单线圆形盾构	70	6B	70.4
53	短轨枕整体道床	直线	DT弹条Ⅲ型扣件	单洞单线圆形盾构	90	6A	77.1
54	普通整体道床	直线	弹条Ⅲ型分开式扣件	单洞单线圆形盾构	80	6B	68
55	普通整体道床	直线	单趾弹簧扣件	单洞单线圆形盾构	115	6B	83
56	普通整体道床	直线	弹条Ⅲ型分开式扣件	单洞单线圆形盾构	115	6B	77
57	某特殊减振轨道	直线	DTVI$_2$	圆形盾构隧道	60	6A	71

2.3.2　数据处理与验证方法

运用机器学习方法预测地铁列车振动源强的主要步骤如下。

(1)数据结构标准化。对于现有的数据，需要进行预处理。不仅需要把数据转化为机器学习模型能识别的格式(如定性指标独热编码)，还要对定量数据进行标准化，通过数据预处理提升训练模型的准确性。最后对数据进行训练集、验证集、测试集的划分。

(2)机器学习模型的选取。机器学习的算法有很多，各种算法适应的问题有所不同。根据地铁振动源强数据特征，选择支持向量回归(support vector regression，SVR)模型和反向传播(back propagation，BP)神经网络模型。

(3)模型超参数优化。选定机器学习算法模型后，定义相应的超参数，为模型设置一个起点，进而输入训练数据对参数进行训练优化。超参数由用户自定义，相当于给模型设置初始条件，训练的过程是依据最优化的求解方法，寻求模型中预置参数的最优解。所以，超参数的选择对最终模型的预测效果也起着至关重要的作用。

(4)模型评价。将数据集分为训练集、验证集和测试集，选择 K 折交叉验证方法和留一法避免训练集数据选择的偶然性影响对模型评价，对不同的预测目标选择不同的评价指标。

利用机器学习进行训练时存在两个问题。

(1)定性变量无法直接作为变量输入。轨道状态和车轮状态是在专业研究的基础上划分的等级，无法简单通过数字进行表征。以轨道状态为例，3 种等级不能用简单的 1、2、3 进行表达，它们之间不存在"等差"的关系，无法进行有意义的数学运算。

(2)定量变量存在数量级差异。车速的数值相较于地层动弹性模量数量级更大，在预测振动源强时占"主导"作用。地层动弹性模量的影响权重会因为车速的存在被稀释降低，导致预测结果不准。

为解决上述问题，对定性变量采用独热(one-hot)编码，对定量变量采用标准化方法进行数据预处理。

独热编码又称一位有效编码。它对某一变量，采用 N 维数组对 N 个可能的取值等级编码，并用 0 和 1 代表该等级状态是否激活。在任意时刻，数组只有一个 1，代表只有 1 个状态有效。仍以轨道状态为例，选用 3 维数组代表 3 个等级，当轨道状态为 Q2、Q3 和 Q4 时，可分别用[1,0,0]、[0,1,0]和[0,0,1]代替，即第 1 维度代表 Q2 是否激活。依此类推，该数组中有且只有一个"1"。相应的，车轮状态 R1、R0 可用[1,0]和[0,1]表示。

定量变量标准化的方法主要有归一化和标准化两种。min-max 标准化(归一化)方法将定量变量的上限值取为 1，下限值取为 0，使所有数据在[0,1]分布。z-score 标准化适用于变量最大值和最小值未知的情况。由于以内插法设计工况，变量和结果取值范围明确，因此选取归一化方法对车速和地层动弹性模量进行标准化处理，即

$$x' = \frac{x - x_{\min}}{x_{\max} - x_{\min}} \tag{2.7}$$

其中，x' 为标准化处理后的值；$x_{\max}$ 和 $x_{\min}$ 为变量最大和最小值；x 为样本值。

定量变量标准化可有效消除样本不同变量具有不同量级时的影响，并且标准化后可以增加模型训练时的迭代收敛速度，提高计算效率。

将数据集分为训练集、验证集和测试集 3 个部分(图 2.21)。重新定义 3 个数据集的作用，即训练集用来训练模型；验证集用来验证模型，并根据验证集的预测结果调整模型的超参数，完成模型的修正优化；用训练集和验证集两部分数据对获得的机器学习结构进行训练，得到最终的模型，用测试集预测结果评估最终的模型。需要强调的是，无论测试集的预测结果如何，都不应该以测试集的预测结果为目标对模型进行修正。将数值计算的 432 组数据按 9∶1 划分为训练集和验证集，得到最优的模型超参数和参数。选择表 2.6 中断面 37～51 共 15 组作为测试集，用作机器学习模型评价，测试集不参与模型的训练过程，只作模型检验。为了解决采用什么方法得到最优模型的超参数，采用交叉验证法避免数据集划分不合理导致的问题。

图 2.21　机器学习数据集划分方式

2.3.3　模型构建和优化

1. SVR 算法

SVM 是对数据进行二元分类的一种经典算法。将 SVM 的原理应用于解决回归问题，称为 SVR。

使用 Python 的 sklearn 机器学习库，构造并训练 SVR 模型。通过计算对比分析，发现 RBF 核模型的得分明显优于线性核和多项式核。在 SVR 模型中，选择保存 RBF 核模型结果。

选取 RBF 核模型 10 次训练中的 1 次，对训练集和验证集的预测结果进行分析，如图 2.22 所示。无论是训练集还是验证集，绝对误差 95%都落在[−2dB,+2dB]，预测结果可以很好地适应规范要求，同时相对误差控制在 2%以内，其均

值和中位数均接近于 0，结合绝对误差分布直方图，预测结果误差分布良好。相关评价指标如表 2.6 所示，平均绝对误差(mean absolute error，MAE)在 0.6 dB 以内，虽然训练集和验证集的指标相差不大，但是仍然可以注意到训练集的预测结果对较好。

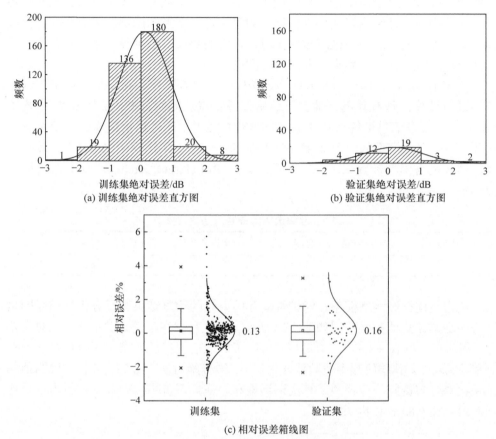

(a) 训练集绝对误差直方图

(b) 验证集绝对误差直方图

(c) 相对误差箱线图

图 2.22 SVR 训练集和验证集误差图

表 2.6 SVR 训练集和验证集评价指标

数据集	评价指标	计算结果
训练集	均方误差/dB	0.68
	平均绝对误差/dB	0.52
	平均绝对百分比误差(mean absolute percentage error，MAPE)/%	0.62
验证集	均方误差/dB	0.80
	平均绝对误差/dB	0.59
	平均绝对百分比误差/%	0.71

2. 神经网络算法

选用适用性较强的 BP 神经网络。一个完整的神经网络由输入层、隐藏层、输出层和之间的连接构成。输入层的节点数由自变量的维度决定，输出层的节点数由预测结果的维度决定，但是隐藏层的节点数和层数并不固定，可由用户自定义。这是用户对神经网络模型进行设计的第 1 点。示意图隐藏层只有 1 层，因此称为单层神经网络。当隐藏层数增多时，称为两层或多层神经网络。神经网络被广泛应用于解决分类、聚类、回归拟合问题。

使用 Python 的 TensorFlow 库搭建 BP 神经网络模型。TensorFlow 采用数据流图进行计算，具有高灵活性和可移植性等特点。同时，TensorFlow 库内置了 loss 函数，可以记录训练过程中 loss 函数值的变化，通过观察最终误差值及变化过程，即可评价模型的学习速度和学习质量。通过计算分析和比选优化，最终选择的神经网络模型参数如表 2.7 所示。其中，ReLU（rectified linear unit）为线性整流函数。

表 2.7　最终选择的神经网络模型参数

输入层节点数	输出层节点数	隐藏层层数	隐藏层节点数	优化器	学习率	激活函数
7	1	35	6	Adam	0.001	ReLU

使用最优神经网络模型，对训练集和验证集的预测结果进行分析，神经网络算法训练集和验证集误差图如图 2.23 所示。无论是训练集还是验证集，绝对误差 95%都落在[−2 dB, +2 dB]，预测结果可以很好地适应规范要求，同时相对误差控制在 4%以内。其均值和中位数均接近于 0，结合绝对误差分布直方图，说明预测结果误差分布良好。神经网络算法训练集和验证集评价指标如表 2.8 所示。平均绝对误差在 0.8 dB 以内。

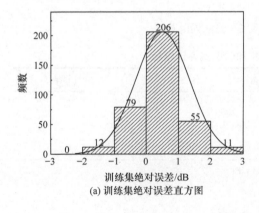

(a) 训练集绝对误差直方图

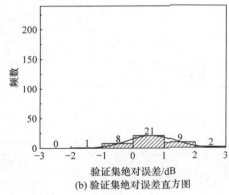

(b) 验证集绝对误差直方图

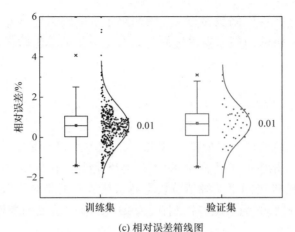

(c) 相对误差箱线图

图 2.23　神经网络算法训练集和验证集误差图

表 2.8　神经网络算法训练集和验证集评价指标

数据集	评价指标	计算结果
训练集	均方误差/dB	0.95
	平均绝对误差/dB	0.72
	平均绝对百分比误差/%	0.86
验证集	均方误差/dB	0.75
	平均绝对误差/dB	0.59
	平均绝对百分比误差/%	0.89

2.3.4　不同算法预测结果评估对比

2.3.3 节搭建了 SVR 模型和 BP 神经网络模型，并通过调整超参数的方法，完成算法内的对比选取，将两种模型调试为对验证集预测效果最优的状态。本节对两种算法进行比较，包括三部分。一是，训练集和验证集，即数值计算结果的对比。二是，测试集，即对实测数据进行预测，并与经验链式公式的预测结果作对比评价模型，运用机器学习模型预测实际工程。三是，对车速和土体动弹模做连续预测，观察振动源强预测值是否满足与数值计算结果相同的规律。

1. 训练集和验证集结果对比

对比图 2.24 和表 2.9 可以看出，首先无论是训练集还是验证集，SVR 的绝对误差正态分布曲线的峰值比 BP 神经网络的峰值低，说明 SVR 的绝对误差更离散；对称轴比 BP 神经网络更接近 0，说明对于数值模型计算结果，SVR 的预测结果比 BP 神经网络的预测结果更优秀。其次，对于训练集结果，SVR 的绝对误差标准差 $\sigma_1 = 0.84$，BP 神经网络的绝对误差标准差 $\sigma_2 = 0.82$，并且 SVR 的平均绝对误差比 BP 神经网络的小 0.2 dB，SVR 的整体评价对训练集近似拟合效果优秀。但是，对于验证集结果，SVR 的绝对误差标准差 $\sigma_3 = 0.88$，BP 神经网络的绝对误差标准差 $\sigma_4 = 0.73$，并且 SVR 的平均绝对误差与 BP 神经网络的相同，说明 BP 神经网络对验证集的近似拟合效果更好。SVR 对训练集预测效果好，但是未能在验证集上有相应的表现，说明 SVR 的泛化能力不如 BP 神经网络。此外，虽然 SVR 和 BP 神经网络从细节分析上各有优势，但是对于数值计算结果的预测，二者均能将 95 % 的绝对误差控制在[−2dB, +2dB]，满足环境振动评价的要求。

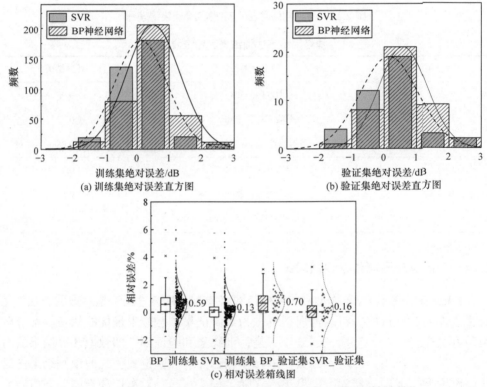

图 2.24　SVR 和 BP 神经网络在训练集和验证集上的预测结果对比

表 2.9　不同算法训练集和验证集评价指标比较

数据集	评价指标	SVR	BP 神经网络
训练集	均方误差/dB	0.68	0.95
	平均绝对误差/dB	0.52	0.72

续表

数据集	评价指标	SVR	BP 神经网络
训练集	平均绝对百分比误差/%	0.62	0.86
	均方误差/dB	0.80	0.75
验证集	平均绝对误差/dB	0.59	0.59
	平均绝对百分比误差/%	0.71	0.89

2 测试集结果对比

利用 90% 的数值计算数据对两种最优模型进行训练，在完成模型比选的任务后，正式应用到工程实践前，10% 的验证集数据使命也已经完成。它和 90% 的训练集数据一起当作训练数据完成对模型的最终训练。训练数据越多，机器学习模型的拟合能力就越强。

对测试集数据(实测数据)的预测，正是建立在经过所有数值计算数据训练后的 SVR 模型和 BP 神经网络模型之上。在训练过程中，测试集从未参与，并且测试集数据通过收集已有的成果获得，即对于两种模型来说，测试集数据是完全"陌生"的，所以测试集实测获取和初次接触的两个属性，对模型评价和工程实践有重要的参考意义。

根据经验链式公式的方法，同样对实测数据进行预测，对比 3 种方式的预测结果。经验链式公式的预测必须在初始振动源强上进行修正，所以选取的初始振动源强及其工程背景为 6 节编组 B 型车使用普通扣件，直线匀速 70 km/h 运行时，其洞壁处 Z 振级基准源强 $VL_{z,max}$ 为 84 dB(参考 DB11/T 838-2011)。由于经验链式公式对振动源强考虑的变量有限，对比测试集对应的断面信息基本一致，只需要考虑速度修正。

由图 2.25、图 2.26 和表 2.10 可知，经验链式公式的绝对误差分布离散，最大绝对误差能达到近 ±6 dB。这不仅因为经验链式公式适用性差，也因为对于不同的断面，即使速度相同，也有 3 dB 的差异(断面 48 和断面 49)。BP 神经网络和 SVR 的绝对误差均在[−2 dB, +2 dB]，说明对于内插数据的预测，两种模型的稳定性都很好，预测结果也符合规范要求。SVR 绝对误差正态分布曲线的峰值比 BP 神经网络高，对称轴比 BP 神经网络更接近于 0，绝对误差均值和中位数均在 0 附近，说明对于实测结果，整体上 SVR 的预测结果比 BP 神经网络更优秀。SVR 绝对误差标准差 $\sigma_1 = 0.94$，BP 神经网络绝对误差标准差 $\sigma_2 = 0.78 < \sigma_1$，对比平均绝对误差也几乎一致，说明 BP 神经网络预测结果更加稳定，但是整体相较于实测结果略大。

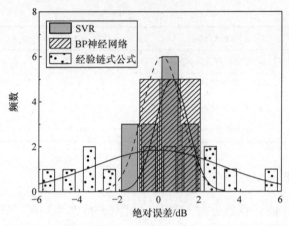

图 2.25　SVR、BP 神经网络和经验链式公式预测结果绝对误差直方图

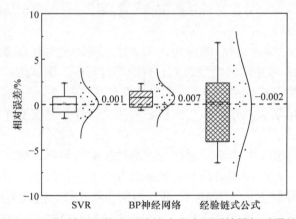

图 2.26　SVR、BP 神经网络和经验链式公式预测结果相对误差箱线图

表 2.10　不同算法测试集评价指标比较

数据集	评价指标	SVR	BP 神经网络	经验链式公式
	均方误差/dB	0.89	0.9	9.87
测试集	平均绝对误差/dB	0.79	0.80	2.61
	平均绝对百分比误差/%	0.95	0.97	3.2

2.3.5　BP 神经网络的迁移学习

　　上述神经网络模型是完全基于数值计算结果训练得到的，实测数据并未参与优化修正。虽然已经取得预期的效果，但是数值计算和测试结果在规律上有一定的差异，而二者又有相似的特征规律，所以利用实测数据对 BP 神经网络进行二

次训练，就是迁移学习的过程，可以提升对实测数据的适应性。由于本节预训练模型和实测数据特征相似，同时实测数据量不大，因此选择第两种方法，冻结前部分隐藏层权重，训练后部分隐藏层权重进行迁移学习。

迁移学习的基础是预训练模型。对于一个初始网络模型，其权重 w 和偏置 b 是随机的，取值的随机性会导致训练效果差，增加机器学习的时间。对于大型的网络，以及数据集来说相应的消耗更大。预训练模型是在大量数据集上训练得到的模型，不仅保存网络架构，还保存预训练得到的权重 w 和偏置 b，可用于解决相似的预测问题。即使不经过任何针对性训练，权重 w 和偏置 b 已经能对相似问题取得不错的预测结果。实际上，可以把最终的神经网络视为一个小型的预训练网络，把训练好的模型参数保存下来。在其他地区（车速、地层参数不同）运用神经网络方法做振动源强预测时，因为特征类似，可以直接调用该预训练模型的结构和参数作为初始化参数。在此基础上，进行针对性训练并依据预测结果稍加修改，可以有效避免从零开始，快速获得较好的效果。

在训练前，将隐藏层的前 33 层的权重 w^B 和偏置 b^B 冻结，在后期训练中不做任何变动；将隐藏层的后 2 层及输出层的权重 w^A 和偏置 b^A 解冻。在新的数据输入时，w^A 和 b^A 仍然会向着 loss 函数最小的方向进行优化，在新的数据基础上寻找全局最优解。

由于实测数据较少（共 15 个），因此采用留一法进行训练及检验。每次都是在预训练模型的基础上，用 14 个实测数据对 BP 神经网络的 w^A 和 b^A 训练，用剩余的 1 个实测数据做预测校核，共训练和预测 15 次。

对比 BP 神经网络预训练模型及迁移学习模型预测结果（图 2.27），可以发现迁移学习后，绝对误差正态分布曲线对称轴为 0，且峰值更高，计算可得预训练模型的绝对误差标准差 $\sigma_1 = 0.78$，迁移学习模型的绝对误差标准差 $\sigma_2 = 0.76 < \sigma_1$，说明预测结果准确且稳定，预测效果进一步得到优化。

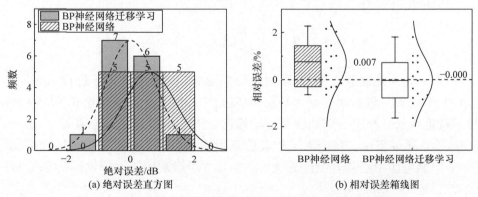

(a) 绝对误差直方图　　　　　　　(b) 相对误差箱线图

图 2.27　BP 神经网络预训练模型及迁移学习模型预测结果对比

　　需要注意的是，迁移学习已经考虑实测数据，数据量更大，准确度提升是符合预期的。考虑实测数据的特征，通过迁移学习的方法对模型进行二次优化是合适的。迁移学习的方法综合数值计算数据变量范围广和实测数据特征具有代表性的优点，可以解决当前实测数据少的现状不足，为机器学习模型用于实际工程提供支撑。

2.4　响应面预测方法

　　解析传递函数快速预测方法虽然具有较高的计算效率和预测准确度，但是需要开展较为复杂的理论模型建立及程序编制，目前尚无法广泛地在设计环评咨询单位推广。同时，该方法由于忽略了隧道空洞和衬砌结构的存在，因此在近场预测时存在误差。为解决上述问题，提出一种考虑隧道空洞和衬砌结构，方便设计环评人员使用的简便方法，即响应面预测方法。

2.4.1　响应面预测模型

　　响应面预测方法是基于科学合理的实验设计方法对各变量进行量化，通过多次试验，得到一个简单的数学模型来描述变量之间未知关系的一种统计方法。常用的拟合模型是各变量的一阶或者二阶模型。

　　假设影响因子共 k 个，即 $x_1, x_2, \cdots, x_k$ ，响应曲面的近似函数为 $y = f(x) + \varepsilon$ ，用 β 表示各项的系数， ε 表示误差，则一阶模型公式为

$$y = \beta_0 + \sum_{i=1}^{k} \beta_i x_i + \varepsilon \tag{2.8}$$

二阶模型公式为

$$y = \beta_0 + \sum_{i=1}^{k} \beta_i x_i + \sum_{i=1}^{k} \sum_{j=1}^{k} \beta_{ij} x_i x_j + \sum_{i=1}^{k} \beta_{ii} x_i^2 + \varepsilon \tag{2.9}$$

　　在单一均质地层假设下，选取对最终振动响应有影响的因子进行工况设计。选取 7 个因子，包括地表点水平距离(隧道中心线正上方地面点和预测点的距离)、隧道埋深、车速、剪切波速、泊松比、阻尼比和密度，分别用 x、h、v、C_s、μ、D_s 和 ρ 表示。各个因子的取值范围结合实际工程中可能出现的情况确定，采用响应面中心复合设计方法，共包含 7 个影响因子、5 个水平(表 2.11)、152 个工况。

表 2.11　影响因子水平表

影响因子	α 水平				
	−2	−1	0	1	2
x	0	25	50	75	100
h	8	14	20	26	32
v	20	40	60	80	100
C_s	140	200	260	320	380
μ	0.22	0.28	0.34	0.4	0.46
D_s	0.02	0.025	0.03	0.035	0.04
ρ	1650	1750	1850	1950	2050

采用 2.1 节提出的频域解析快速预测方法求解得到地面预测点处的振动响应 $R(\omega)$。针对频域解析快速预测方法未考虑隧道空洞与衬砌结构影响的问题，选取典型地层参数及车速，利用有限元软件 ABAQUS 建立 5 种埋深下有无隧洞的 3 维有限元-无限元耦合模型。考虑隧道结构对地表振动响应的影响，提出考虑隧道结构的最大 Z 振级修正函数，并将修正函数结果用于 152 个解析法工况计算结果的修正。

假设隧道断面为圆形，参考《地铁设计规范》GB 50157—2013(中华人民共和国住房和城乡建设部，2014)和《铁路隧道设计规范》TB 10003—2016(国家铁路局，2017)，根据实际工程中的隧道埋深统计情况，选取轨面埋深 5 个水平为 8 m、14 m、20 m、26 m 和 32 m。建立 5 种不同隧道埋深的数值模型，每种埋深工况包含有、无隧道两种情况，共 10 个隧道-地层有限元-无限元耦合模型。

定义隧道结构最大 Z 振级修正函数为，在同一埋深处施加相同的荷载，对地面同一位置，有、无隧道结构工况的最大 Z 振级之比为

$$Y(x) = \frac{\text{VL}_{\text{有隧道}}(x)}{\text{VL}_{\text{无隧道}}(x)} \tag{2.10}$$

其中，$\text{VL}_{\text{有隧道}}(x)$ 和 $\text{VL}_{\text{无隧道}}(x)$ 为有、无隧道工况下地表 x 处的最大 Z 振级，单位 dB；$Y(x)$ 为地表 x 处的隧道结构修正函数，无量纲；x 为地表点距隧道中心线正上方的水平距离，单位 m。

$Y(x)=1$ 时，表示在该地表点处，有、无隧道的最大 Z 振级相等，即隧道结构对振动传播的衰减作用可以忽视。

从图 2.28 可以看出，随着水平距离的增加，修正函数有增大趋势，隧道结构的影响程度减小。在 100 m 范围内，最大 Z 振级的修正值位于 0.77~0.96，即隧道结构的存在对结果的影响程度小于 30%。

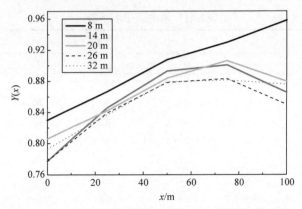

图 2.28　5 种埋深不同水平距离处最大 Z 振级修正函数

运用最大 Z 振级修正函数对解析法的 152 种工况计算结果进行修正，将修正后的最大 Z 振级输入 Design Expert 响应面设计专用软件，拟合可以得到最大 Z 振级响应面预测模型，即

$$y(x) = -95.92 + \sum_{i=1}^{7} \beta_i x_i + \sum_{i=1}^{7} \sum_{j=1}^{7} \beta_{ij} x_i x_j + \sum_{i=1}^{7} \beta_{ii} x_i^2 \qquad (2.11)$$

其中，y 为最大 Z 振级预测值，由 4 部分组成，即常数项、一次项总和、二次项总和 ($x_i \neq x_j$)、平方项和；$x_1 \sim x_7$ 分别表示水平距离 (m)、埋深 (m)、车速 (m/s)、剪切波速 (m/s)、泊松比 (无量纲)、阻尼比 (无量纲) 和密度 (kg/m^3)；$\beta_i (1 \leqslant i \leqslant 7)$ 表示一次项系数；$\beta_{ii} (1 \leqslant i \leqslant 7)$ 表示平方项系数；$\beta_{ij} (i < j, 1 \leqslant i < 7, 1 < j \leqslant 7)$ 表示二次项系数 (不含平方项)。最大 Z 振级随机预测模型系数取值如表 2.12 所示。

表 2.12　最大 Z 振级随机预测模型系数取值表

系数	取值	系数	取值	系数	取值	系数	取值	系数	取值
$a1$	0.0511	$a12$	−0.0023	$a24$	0.0006	$a37$	0.0000	$a11$	−0.0019
$a2$	0.1626	$a13$	0.0003	$a25$	0.3461	$a45$	−0.0038	$a22$	−0.0087
$a3$	0.7768	$a14$	−0.0001	$a26$	−3.7307	$a46$	0.0691	$a33$	−0.0062
$a4$	0.0384	$a15$	−0.0486	$a27$	0.0000	$a47$	0.0000	$a44$	−0.0001
$a5$	82.6036	$a16$	1.4090	$a34$	0.0002	$a56$	−116.5589	$a55$	−127.6353
$a6$	351.7849	$a17$	0.0000	$a35$	−0.0292	$a57$	0.0027	$a66$	−11105.4278
$a7$	0.1443	$a23$	−0.0004	$a36$	0.3068	$a67$	0.0328	$a77$	0.0000

2.4.2　响应面预测模型的应用

以某运营地铁沿线建筑物附近振动测试项目为背景，对最大 Z 振级响应面预测模型进行两个方面的应用，即通过直接代入法进行定值预测、运用蒙特卡罗法进行概率性预测。

1. 定值预测

实测案例包括地表点距轨道不同的水平距离工况，以及五种列车速度工况，共计 53 个测点工况。首先，将测点信息代入最大 Z 振级响应面随机预测模型，计算可得最大 Z 振级预测值，然后将其与实测值对比分析。如图 2.29 所示，预测值与实测值吻合良好，最大差值为 7.38 dB，最小差值为 0.005 dB，相对误差在 0.007%～12.9%，仅在个别测点处实测值与预测值差别比较大。

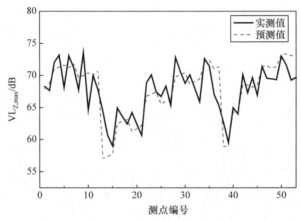

图 2.29　最大 Z 振级预测值与实测值对比

2. 概率预测

采用蒙特卡罗法求解响应函数分布的基本思想是，已知随机变量 $X_1, X_2, \cdots, X_n$ 的概率分布，以及响应函数 $Z = g(X) = g(X_1, X_2, \cdots, X_n)$，根据 $X_1, X_2, \cdots, X_n$ 的分布，利用蒙特卡罗法产生相应分布的一组随机数 $x_1, x_2, \cdots, x_n$，代入响应函数可得 $Z = g(x_1, x_2, \cdots, x_n)$，做 N 次这样的实验，可得响应函数 Z 的一组样本 $Z_1, Z_2, \cdots, Z_n$。根据大数定理，当 N 足够大时，该组函数值样本的均值和方差可以近似看作响应函数 Z 的均值与方差。

针对 53 个实测测点工况，对每个工况下的预测结果分布进行求解。因为 53 个测点工况对应测点距隧道中心线的水平距离，而隧道埋深、列车车速是一定的，所以假设这 3 个参数为定值，剪切波速、泊松比、阻尼比、密度视为互相独立的正态随机变量，变量均值取定值预测时采用的数值。

地层参数经验取值区间如表 2.13 所示。其中，均值为定值预测时采用的数值，区间上下限是根据北京地层信息制定的近似包络区间。假设每个随机变量落在其对应区间的概率为 0.9973（正态分布 3σ 原则对应的概率常数），可求出各个随机变量的方差。

表 2.13　地层参数经验取值区间

地层参数	区间下限	均值	区间上限
C_s (m/s)	140	245	350
M	0.22	0.315	0.41
D_s	0.02	0.035	0.05
$\rho/(\text{kg/m}^3)$	1650	1994	2338

依蒙特卡罗法产生服从相应均值与方差的一组正态分布随机数 $x_1, x_2, \cdots, x_7$，样本容量为 10000，代入最大 Z 振级响应函数可以得到响应函数值的样本，然后求解该样本的均值和方差。均值±标准差的包络区间（68%置信区间）与实测值对比如图 2.30 所示。

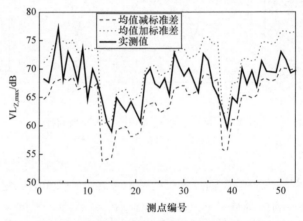

图 2.30　最大 Z 振级预测区间与实测值对比

3. 响应面预测模型的准确度评价

为评价该方法的预测精准度，选取 166 个实测测点工况，计算其对应的最大 Z 振级响应面预测值。同时，根据《导则》计算测点对应的规范预测值。最大 Z 振级规范预测值、响应面预测值、实测值对比如图 2.31 所示。

为定量评价考虑随机特性的预测结果的准确性，采用 Li 等（2021）提出的预测准确度指标（prediction accuracy indicator，PAI），设振动响应量的预测和实测结果分别为随机变量 X_p 和 X_m，因此预测和实测结果完全由二元随机变量 (X_p, X_m) 的联合概率分布来描述。设 X_p 和 X_m 的概率密度函数分别为 $f(x_p)$ 和 $g(x_m)$，(X_p, X_m) 的联合概率密度函数为 $h(x_m, x_p)$。

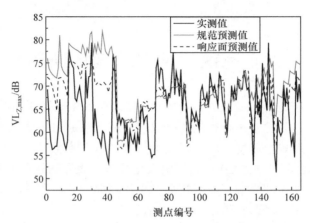

图 2.31　最大 Z 振级规范预测值、响应面预测值、实测值对比

在表示预测和实测结果的平面内，直线 $x_p = x_m$ 表示准确的预测结果，因此可以从联合概率分布和直线 $x_p = x_m$ 的接近程度提取单一指标，衡量预测结果的精准度。

根据上述定义，采用 RMSE 表征预测结果的准确程度，即

$$\text{RMSE} = \sqrt{\iint h(x_m, x_p)(x_m, x_p)^2 \mathrm{d}x_m \mathrm{d}x_p} \tag{2.12}$$

为了表达方便，采用归一化的相对值定义准确度。PAI 越大，表示预测越准确。当 $X_p = X_m$ 时，PAI 取得最大值 1，表示预测完全准确，即

$$\text{PAI} = 1 - \frac{\text{RMSE}}{\mu_m} \tag{2.13}$$

其中，μ_m 为所有实测值的平均值。

对实测的 166 个测点工况对应的规范预测值与实测值进行计算，结果如表 2.14 所示。可以看出，响应面法得到的预测结果的精准度为 0.7965～0.9308；《导则》推荐的链式公式预测法得到的预测结果的精准度为 0.6631～0.9139。综合来看，响应面法能得到更为精准的预测结果。

表 2.14　PAI 统计表

案例	综合	北京地铁 5 号线	北京地铁 6 号线	北京地铁 9 号线	北京地铁 14 号线	北京地铁 15 号线
测点数目	166	3	12	120	8	23
响应面法	0.9015	0.9254	0.7965	0.9308	0.8564	0.8634
导则方法	0.8631	0.9084	0.6631	0.9139	0.8185	0.8137

第3章　地铁列车振动确认预测方法

确认预测方法是在初步预测的基础上，借助参数化模型详细考虑车辆、轨道、隧道和地层信息，对已初步筛查的敏感点进行确认。通过确认预测，输出详细而完备的时频域振动响应信息。以有限元为代表的数值模型是研究环境振动的重要工具，国内外学者在过去的 20 年间提出大量具有代表性的经典模型。本章主要介绍作者团队提出的 3 种模型。这些模型均采用周期性方法和基本单元的思想拆解 3 维隧道-地层系统，既包括解析法也包括数值法。

3.1　周期性隧道-地层系统解析模型

3.1.1　基本原理

在地铁建设的方案设计阶段，针对初步预测方法筛选的车致环境振动不同敏感目标设计轨道减振措施，降低重点敏感目标的振动敏感度。针对这一阶段确认预测模型对车致环境振动预测的精准度要求较初步预测阶段高，但是常用的数值或基于实测的预测方法往往预测效率较低。如何进一步提高确认预测阶段的预测效率一直是重点关注的课题。该研究有助于在提高预测效率的同时，发现个别不确定因素较大或敏感度较高的敏感目标，以便开展针对性强、精度高的精准预测。

因此，解析模型相对于第 2 章提出的解析传递函数快速预测方法，不仅需要考虑地铁列车荷载引起的弹性波在地层中的传递、反射、折射等效应，还需要细致地考虑弹性波在隧道埋置的地层中，地层空洞的存在而产生的绕射、散射等现象。这使解析模型较解析传递函数快速预测方法的准确度更高。同时，弹性波在隧道-地层耦合系统中的传播特征基于纯解析的方法具有效率较高的特点。解析模型满足地铁建设的方案设计阶段对振动预测的要求，可为设计地铁轨道减振措施提供依据。

周期性隧道-地层系统解析模型相对其他解析模型最大的特点是，在隧道方向考虑离散作用于隧道基底扣件支反力的周期性，物理意义明确，可以避免地铁列车荷载在隧道方向截断带来的计算误差，提高计算的精准度。此外，利用移动荷载作用下地层的振动响应特征，即多普勒效应及主频移动效应，在保证计算精度的同时进一步提高解析模型的分析效率。

周期性隧道-地层系统解析模型是在马龙祥(2015)提出的基于无限周期结构理论的车辆-轨道动力耦合模型的基础上推导建立的,用于解决车致振动在传递路径上的传播问题,而车辆-轨道耦合解析模型用于解决考虑轮轨相互作用的振源问题,两者相互独立又相互补充。

图 3.1 所示为地铁列车在隧道-地层耦合系统中运行的示意图。其中,列车-钢轨系统采用车辆-轨道耦合解析模型模拟(马龙祥,2015)。含轨道板的周期性隧道-地层耦合模型如图 3.2 所示。基本假设如下。

(1)地层和隧道衬砌混凝土均视为均质、黏弹性及各向同性材料,均采用弹性本构模拟。

(2)隧道-地层耦合系统沿隧道方向呈周期性,周期长度为 L=0.6m,即等于相邻扣件间距。

(3)轨道板及基底结构简化为梁结构,采用 Euler-Bernoulli 梁模拟,通过黏弹簧元件与隧道仰拱连接。

(4)隧道结构视为圆形结构,不考虑非圆形的情况。

(5)地层由多种层状土体和半空间组成,并且不同土体间的界面为水平界面,不考虑界面倾斜的情况。

(6)假定隧道仅埋置于某单一土层中,可以避免计算时出现无法严格满足边界条件的情况。

(7)土层之间呈连续构造,并且不发生相对位移,即土层界面处满足位移连续和应力平衡条件。

(8)忽略隧道与地层之间的防水层及注浆层,假定隧道结构与地层之间呈连续构造,满足位移连续和应力平衡条件。

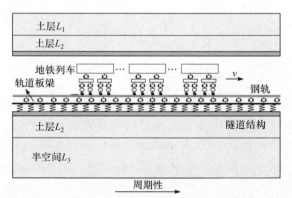

图 3.1 地铁列车在隧道-地层耦合系统中运行的示意图

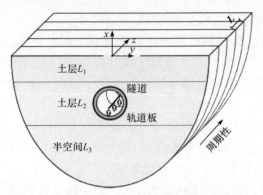

图 3.2　含轨道板的周期性隧道-地层耦合模型

在上述基本假定中，假定(1)确定了地层和混凝土的材料本构，即 $\sigma = E\varepsilon$ ，其中 σ 为应力， E 为考虑材料阻尼的复弹性模量， ε 为应变。同时，轨道交通引起的地基土应变数量级约为 10^{-5} 或更小(夏禾，2010)，属于线弹性变形范畴。土层和隧道衬砌结构的控制方程均可以表示为

$$\mu\nabla^2\boldsymbol{u} + (\lambda + \mu)\nabla(\nabla \cdot \boldsymbol{u}) = \rho\ddot{\boldsymbol{u}} \tag{3.1}$$

其中， $\boldsymbol{u}$ 为位移向量； ρ 为材料阻尼； λ 和 μ 为材料的 Lamé 常数。

假定(2)规定隧道-地层系统沿隧道方向具有周期长度等于扣件间距的周期性。这种周期性源于作用在隧道基底的列车荷载满足周期性条件，即

$$\hat{F}_n(\omega, \omega_l) = e^{i(\omega_l - \omega)\frac{nL}{v}}\hat{F}_0(\omega, \omega_l) \tag{3.2}$$

其中， v 为地铁列车移动速度； ω 为响应频率； ω_l 为激振频率。

对于任意周期结构，频域中的响应 $R(z, \omega, \omega_l)$ 可分解为一系列模态函数 $\Phi_n(z, \omega_l, \omega)$ 的叠加，即

$$R(z, \omega, \omega_l) = \sum_{n=-\infty}^{n=+\infty} \tilde{R}_n(\omega)\Phi_n(z, \omega_l, \omega)$$

$$\Phi_n(z, \omega_l, \omega) = e^{i\lambda_n z}, \quad \lambda_n = \frac{2\pi n}{L} + \frac{\omega_l - \omega}{v} \tag{3.3}$$

因此，扣件下方一系列用于隧道基底结构的频域力的和可以展开为与周期性相关的模态函数的叠加，导致隧道-地层系统也具有周期性特征。位移、速度、加速度等未知量也可以根据式(3.3)所示的模态函数进行分解。将沿隧道方向的周期性问题转化为模态空间求解模态系数 $R_n(\omega)$ 的问题，是解析周期性隧道-地层系统的关键。

假定(3)将轨道板及隧道基底抽象为通过黏弹簧阻尼单元连接于隧道仰拱的 Euler-Bernoulli 梁。简化的轨道板梁模型如图 3.3 所示。弹性地基上 Euler-Bernoulli

梁的控制方程为

$$m_b \frac{\partial^2 w_b}{\partial t^2} + EI \frac{\partial^4 w_b}{\partial z^4} + (w_b + u_r^{t\dagger})k_{\mathrm{eff}} = f(z,t) \tag{3.4}$$

其中，$u_r^{t\dagger}$ 为隧道仰拱处的位移；w_b 为梁的弯曲变形；k_{eff} 为黏弹簧阻尼单元的等效刚度。

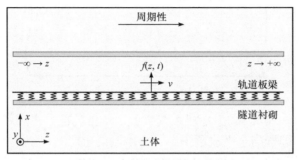

图 3.3　简化的轨道板梁模型

求解式 (3.4) 可方便地求得频域-波数域内 Euler-Bernoulli 梁的外荷载与位移之间的关系，由此可得由轨道板梁传递至隧道仰拱上力的表达式。通过与隧道结构的耦合，进一步考虑轨道板和隧道基底的动力影响。

假定 (4) 与假定 (5) 分别限定了隧道衬砌结构与地层的几何构型，即隧道衬砌结构为圆形构造，地层为水平成层构造，根据几何构造的特点选择对应的坐标系对控制方程进行求解。如图 3.4 所示，对于具有水平成层构造的地层，式 (3.1) 在直角坐标系中求解；对于具有圆形断面的隧道衬砌结构，式 (3.1) 在柱坐标系中求解。

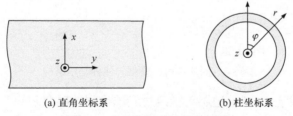

(a) 直角坐标系　　　　　　　　(b) 柱坐标系

图 3.4　直角坐标系及柱坐标系

通过傅里叶变换及模态叠加法，得到的直角坐标系下频域-波数域内的位移及应力分量分别为 $\tilde{\tilde{\boldsymbol{u}}} = [\tilde{\tilde{u}}_x, \ \tilde{\tilde{u}}_y, \ \tilde{\tilde{u}}_z]^{\mathrm{T}}$ 与 $\tilde{\tilde{\boldsymbol{\sigma}}} = [\tilde{\tilde{\sigma}}_{xx}, \ \tilde{\tilde{\sigma}}_{xy}, \ \tilde{\tilde{\sigma}}_{xz}]^{\mathrm{T}}$，柱坐标系下的位移及应力分量分别为 $\bar{\boldsymbol{u}} = [\bar{u}_r, \ \bar{u}_\varphi, \ \bar{u}_z]^{\mathrm{T}}$ 与 $\bar{\boldsymbol{\sigma}} = [\bar{\sigma}_{rr}, \ \bar{\sigma}_{r\varphi}, \ \bar{\sigma}_{rz}]^{\mathrm{T}}$，由此可以获得层状土体及圆形隧道衬砌结构的通解。

　　假定(6)严格限制隧道衬砌结构仅埋置于某单一土层中,形成如图3.5所示的含空洞的土层。与水平成层土层不同,此土层中不仅存在平面波,还存在与空洞界面相关的柱面波。两种类型波叠加的特点决定解析含空洞的土层时需要利用平面波与柱面波之间的转化关系,将其中一种类型的波转化为另一种类型的波,以便与水平成层的土层或者圆形截面的隧道衬砌结构耦合。

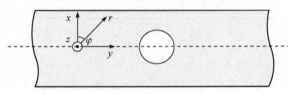

图 3.5　含空洞的土层

　　通过假定(1)～(6),隧道-地层系统中各个单独的部分得到解析,形成四类基本结构(图3.6),即标准水平成层土层、含空洞的土层、半空间土层、空心圆柱。各基本结构的解析相互独立,其中水平成层土层中存在上行波和下行波,含空洞的土层中存在上行波、下行波、外行柱面波,半空间土层中仅存在下行波,空心圆柱中存在外行波及非奇异波。

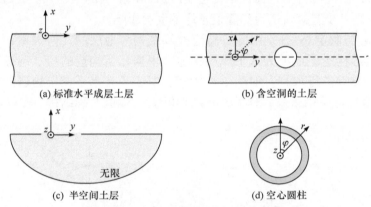

(a) 标准水平成层土层　　　　　　　　　　(b) 含空洞的土层

(c) 半空间土层　　　　　　　　　　　　　(d) 空心圆柱

图 3.6　周期性解析模型的四种基本结构

　　假定(7)与假定(8)规定地层与隧道衬砌结构间的耦合条件,即位移平衡及应力平衡条件。由此可将各个部分耦合起来形成一个整体,通过求解平衡方程即可得到耦合系统的动力响应。

　　对于地层间的耦合,模型采用传递反射矩阵法(transmission and reflection matrices method, TRM)求解,得到地层中弹性波函数未知系数之间的关系;通过与隧道衬砌结构的耦合,考虑与外力间的平衡条件,利用平衡方程即可求解土层及隧道衬砌结构的未知系数,继而得到最终的动力响应。

　　模型可考虑的荷载分为两类。一类是移动点荷载，包括移动常力、移动简谐荷载及移动周期性荷载。另一类是移动列车荷载，是离散分布的点荷载的叠加。

　　作用于隧道仰拱处的单位移动点荷载的数学表达为

$$P(r,\varphi,z,t) = \frac{1}{R}\delta(r-R)\delta(\varphi-\pi)\delta(z-vt)\mathrm{e}^{\mathrm{i}\xi_n z}\mathrm{e}^{\mathrm{i}\omega_l t}E, \quad \xi_n = \frac{2\pi n}{L} \tag{3.5}$$

其中，E 表示荷载作用方向向量，垂向方向 $E = [1 \quad 0 \quad 0]^{\mathrm{T}}$。

　　如图 2.2 所示，移动列车荷载的数学表达为

$$\hat{f}(z,\omega,\omega_l) = \sum_{n=-\infty}^{n=+\infty}\delta(z-z_0-nL)\hat{F}_n(\omega,\omega_l) \tag{3.6}$$

　　求解移动列车荷载作用下隧道-地层系统耦合模型的动力响应时，为在保证计算精度的条件下进一步提高模型的计算效率，可根据列车荷载的特征及单个移动周期性荷载下的动力响应特征(多普勒效应及移动效应)对计算循环进行优化，忽略计算过程中对结构影响较小或没有影响的计算循环，这样就可以在极大地提高模型的分析求解效率的同时，又不会降低模型计算的准确性。

　　图 3.7 所示为列车荷载下周期性隧道-地层系统解析模型的求解流程。单个移动周期性荷载的求解流程与上述流程类似，但是单个移动周期性荷载作用时不需要确定波数 n 的计算范围。由于模态函数的正交性，仅需计算与荷载波数一致的工况。另外，单个移动周期性荷载的荷载频率 ω_l 确定且唯一，不再需要对荷载频率 ω_l 进行循环计算。上述不同点已在图 3.7 中用深色标出。

　　这里仅对周期性解析模型进行概念性及原理性介绍，更详细地表达和具体推导过程可查阅相关文献(徐利辉，2023)。

3.1.2　模型验证

　　计算移动常力作用于隧道仰拱时地表的振动响应结果，并与 Yuan 等(2017)的研究结果进行对比。隧道埋置于均匀半空间，隧道埋深为 15 m，内径及厚度分别为 2.75 m 与 0.25 m，衬砌混凝土材料参数为 $E = 25$ GPa、$v = 0.2$、$\rho = 2400$ kg/m³、$\zeta = 0.02$，地层材料参数为 $c_p = 146$ m/s、$c_s = 78$ m/s、$\rho = 1900$ kg/m³、$\zeta = 0.05$，不考虑隧道基底及轨道板的作用。

　　周期性隧道-地层系统解析模型存在不含轨道板梁和含轨道板梁两种情况。前者与上述隧道-地层条件完全一致，后者如满足条件 $m\to 0$、$EI\to 0$、$k_{\mathrm{eff}}\to\infty$ 与 $\eta_{\mathrm{eff}}\to 0$，即可得到与不含轨道板梁情况相同的解析模型。两种解析模型(简称无轨道板与含轨道板)计算单位移动常力($v = 30$ m/s，$f_i = 0$ Hz)作用时隧道正上方地表点(0 m，0 m，0 m)的动力响应与 Yuan 等(2017)的对比如图 3.8 所示。可以发现，计算结果吻合良好，移动常力作用时的动力响应具有准静态特征。

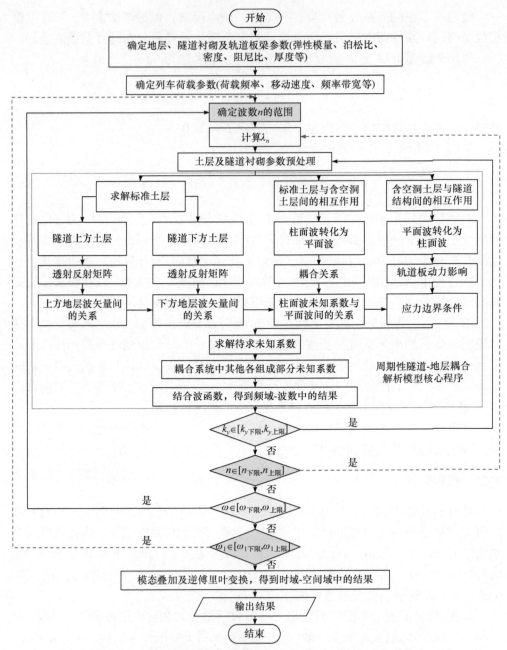

图 3.7　列车荷载下周期性隧道-地层系统解析模型的求解流程

接下来计算移动列车荷载下地表的振动响应，并与车致环境振动现场实测结果进行对比。

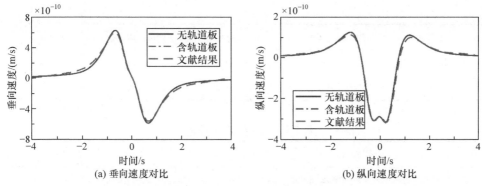

(a) 垂向速度对比　　　　　　　　　(b) 纵向速度对比

图 3.8　移动常力引起地表响应与文献的对比

选择已经开通运营的地铁线路进行地表振动水平现场测试,测试区段轨道采用 DTVI$_2$ 扣件轨道形式,隧道埋深为 14.8 m,地铁车速为 80 km/h,测试点位于距隧道中心线水平距离 30 m、40 m 及 50 m 处。地表振动点测试位置示意图如图 3.9 所示。

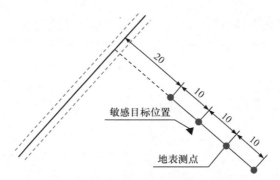

图 3.9　地表振动点测试位置示意图(单位:m)

采用 SVTIPIST 计算程序(马龙祥,2015)计算移动列车荷载,计算参数见第 2 章,计算结果与第 2 章类似,此处不再赘述。

地层简化为含 3 种地层的成层半空间结构。隧道衬砌混凝土及地层材料参数如表 3.1 所示。具有水平成层构造的土层 1 与土层 2 的厚度分别为 1 m 与 34 m,隧道衬砌内径为 3 m,厚度为 0.3 m,隧道位于土层 2,埋深为 17.8 m。轨道板梁计算参数如表 3.2 所示。根据单自由度体系的隔振理论,此参数条件下轨道板梁对 100 Hz 以内的振动无隔振作用。

表 3.1　隧道衬砌混凝土及地层材料参数

参数	弹性模量 E/MPa	泊松比 ν	密度 ρ/(kg/m³)	阻尼比 ζ
隧道衬砌	32000	0.2	2400	0.02
土层 1	112	0.492	1750	0.05

续表

参数	弹性模量 E/MPa	泊松比 ν	密度 ρ/(kg/m³)	阻尼比 ζ
土层 2	576	0.44	1990	0.05
半空间	1239.9	0.472	2100	0.05

表 3.2　轨道板梁计算参数

参数	取值
单位长度轨道板梁的质量 m/(kg/m)	3500
轨道板梁的等效刚度 EI/(Pa·m⁴)	1430×10^6
梁下弹簧的等效刚度 k_{eff}/Pa	821.2×10^6
梁下弹簧的等效阻尼 η_{eff}	0.0643

　　图 3.10 给出了周期性隧道-地层系统解析模型计算地表 30 m、40 m 和 50 m 处的振动响应结果与实测结果的对比。图中阴影部分表示测试结果的包络，由车辆、

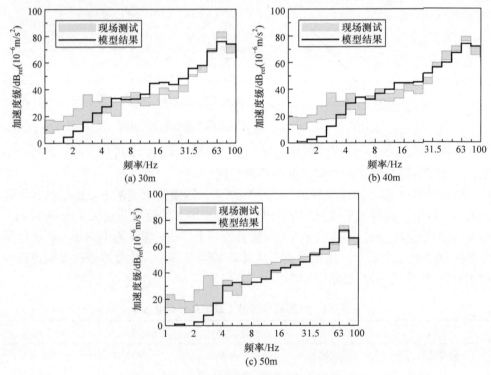

图 3.10　地表振动响应计算结果与实测的对比

轨道、地层参数等的不确定性引起的。可以发现,计算结果与实测结果在 4~80 Hz 范围内吻合良好,在 4 Hz 以内存在差异,这可能是低频加速度测试误差造成的。同时,解析模型计算效率较高,仅消耗同等条件下有限元模型计算时间的 1/6,可以极大地提高环境振动水平评估的效率,可用于方案设计阶段针对重点敏感目标的振动确认预测,为减振措施设计提供依据。

3.1.3 算例分析

基于周期性隧道-地层系统解析模型,研究移动周期性荷载和移动列车荷载下地表的动力响应特征。以北京某地质条件为例,地层由三种不同土层组成,其中两水平成层土层上覆于半无限空间。地基土材料参数如表 3.3 所示。隧道埋置于土层 2,轴线埋深为 15 m,内径、隧道衬砌厚度为 3 m、0.3 m,材料参数为 $E = 32$ GPa、$v = 0.2$、$\rho = 2500$ kg/m³、$\zeta = 0.03$。

表 3.3 地基土材料参数

参数	剪切波波速 c_s /(m/s)	压缩波波速 c_p /(m/s)	弹性模量 E/MPa	泊松比 v	密度 ρ /(kg/m³)	阻尼比 ζ	土层厚度 H/m
土层 1	160	320	136.5	0.33	2000	0.1	5.0
土层 2	260	520	360.5	0.33	2000	0.1	20.0
半空间	320	640	546.1	0.33	2000	0.1	∞

移动周期性荷载的波数为 1,周期长度为 0.6 m,荷载频率为 5 Hz,以 25 m/s 的速度沿隧道方向移动。

图 3.11 所示为移动周期性荷载下地表 A 点(0 m,0 m,0 m)、B 点(0 m,10 m,0 m)处垂向(x 向)、纵向(z 向)位移响应时程及频谱。

(1)不同位置处同方向上振动响应的时程及频谱轮廓相同,不同方向上的时程及频谱轮廓不同。

(2)时域中,垂向振动响应时程呈梭形分布,$t = 0$ s 时响应最大;纵向响应关于 $t = 0$ s 呈反对称分布,$t = 0$ s 时响应幅值为零;响应曲线中出现"节拍",说明传播波以波群的方式向外传播。

(3)观察频域响应结果可知,响应主频约为 46.7 Hz,响应主频 f_c 与荷载频率 f_l 间存在关系 $f_c = nV/L + f_l$,即荷载的移动效应。另外,振动响应主要分布于某一窄带频率带宽范围内,这是移动荷载的多普勒效应引起的,即 $f_{cr} = f_c/(1 \pm V/c_R)$,其中 c_R 为地层的瑞利波速。

(4)响应主频处,垂向振动响应幅值最大,纵向振动响应幅值为极小值。

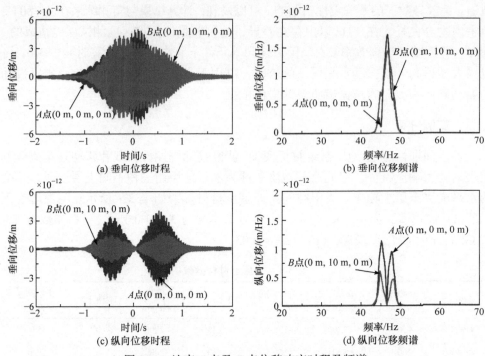

图 3.11　地表 A 点及 B 点位移响应时程及频谱

如图 3.12 所示,位移幅值与速度幅值沿地表横向距离的变化规律一致,数量级上存在差异,位移的数量级为 10^{-11},速度的数量级为 10^{-9}。由于对称关系,地表 0 m 处横向响应幅值为零。地表最大振动响应沿横向距离呈波动式衰减的规律,衰减较快,说明地层对传播波具有很强的衰减作用;垂向地表 18 m 处的响应幅值甚至比隧道正上方高。这是地层中 P 波、S 波在地表处进行反射和相互叠加引起的,可能是地铁车致地表振动出现放大区的原因。

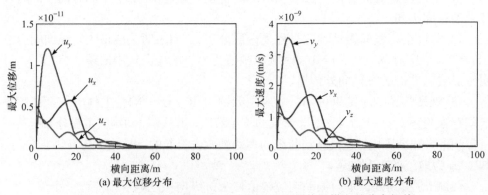

图 3.12　移动周期荷载下地表位移及速度幅值沿横向的分布规律

进一步，计算移动列车荷载下地表振动响应的结果，地铁列车运行速度考虑为 80 km/h，接近地铁列车的最高运行时速。图 3.13 展示了地表 0 m、20 m、40 m、60 m 处的响应时程、1/3 倍频程及 Z 振级。

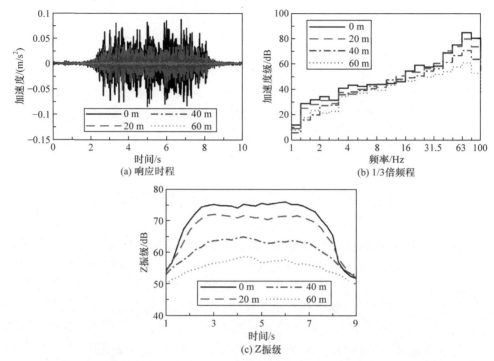

图 3.13　列车荷载下地表不同位置处加速度响应时程、1/3 倍频程及 Z 振级

（1）时域中，地表振动响应曲线呈梭形分布，能够观察到地铁列车驶入、经过及驶离观察点的全过程。随着地表横向距离的增加，加速度时域幅值呈减小的趋势，60 m 处的加速度幅值约为 0 m 处的 1/60。

（2）1/3 倍频程中，地表各点振动响应的主频均为 63 Hz。63 Hz 以内振动水平随频率增加呈一致增大的趋势。随横向距离的增加，高频振动较低频振动衰减更加明显。这说明，地层对高频弹性波能量的消耗更加明显。

（3）Z 振级随时间先增大、后保持稳定、最后减小，对应列车驶入、经过及驶离观察点。地表 60 m 处的最大 Z 振级较 0 m 处的小约 18 dB。

如图 3.14 所示，由于地层阻尼的耗散作用，最大 Z 振级沿横向距离整体呈衰减的趋势。同时，在地表约为 1 倍隧道埋深的位置处，即地表 13 m 处，振动水平略微高于隧道正上方 0 m 处，即形成地表振动放大区，其成因归咎于列车荷载各分量下地表振动响应具有起伏式衰减的趋势。进行环境振动评估时，需要重点关注此区域内的振动水平是否达标。

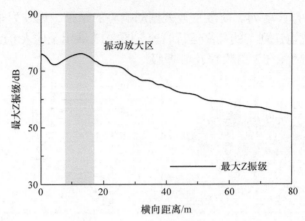

图 3.14 列车荷载下地表最大 Z 振级沿横向距离的变化规律

3.2 周期性有限元-无限元数值模型

3.1 节给出了适用于确认预测阶段的高效、准确的周期性隧道-地层系统解析模型，但是解析模型尚无法考虑隧道截面为非圆形的情况，如矿山法施工的马蹄形隧道。对于非圆形截面隧道，3 维数值方法是一种有效的手段，但是纯数值方法存在计算工作量大的问题，甚至出现模型自由度过大而无法计算的现象。为了解决上述问题，提出一种考虑沿隧道方向周期性的针对隧道-地层耦合系统的周期性有限元-无限元数值模型，即近场处采用有限元模拟波在隧道周围地层中的传播特征，远场处采用无限元模拟波在无限地层中的传播特征，通过周期性边界条件将计算域映射至某一基本胞元内，提高数值模型的求解效率。

3.2.1 基本原理

根据轨道交通引起环境振动的特点，对隧道-地层耦合系统进行合理的简化，假定组成隧道、地层的混凝土及地层材料均位于线弹性变形范围，并且具有黏弹性、均质、各向同性等特点，阻尼作用采用复阻尼模型模拟；地层视为水平成层构造，每层地层由同一种介质组成；忽略轨下基础、隧道结构沿纵向的坡度，认为轨下基础、隧道结构为水平布置的直线结构；土层之间及其与隧道结构之间的变形协调，满足位移连续及应力平衡条件。这样隧道-地层系统便可视为具有纵向不变性的结构，即任意纵向位置处横截面的构造完全一致。

图 3.15(a) 为隧道-地层空间中施加由车辆-轨道耦合模型计算的频域扣件支反力 $\hat{F}_k(\omega, \omega_l)$ 的示意图。考虑隧道-地层耦合模型的对称性，垂直于隧道方向取模型的一半进行分析。施加于隧道基底的相邻频域扣件支反力间距为 $L = 0.6$ m，

$\hat{F}_k(\omega,\omega_l)$ 与 $\hat{F}_{k+1}(\omega,\omega_l)$ 之间存在相位差，满足周期性关系，即

$$\hat{F}_{k+1}(\omega,\omega_l) = \mathrm{e}^{\mathrm{i}(\omega_l-\omega)L/v} \cdot \hat{F}_k(\omega,\omega_l) \tag{3.7}$$

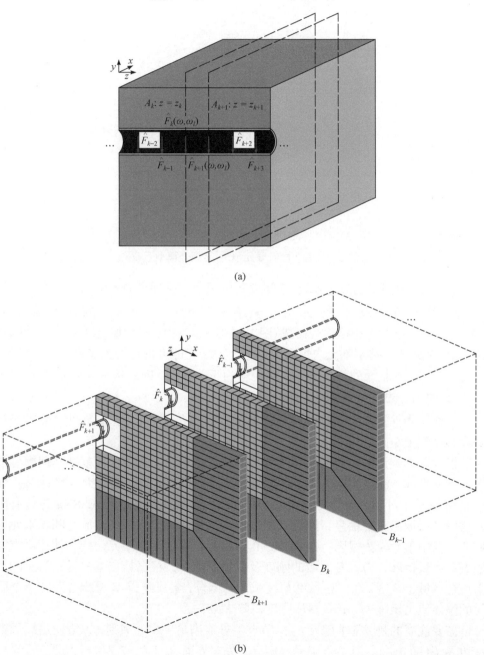

(a)

(b)

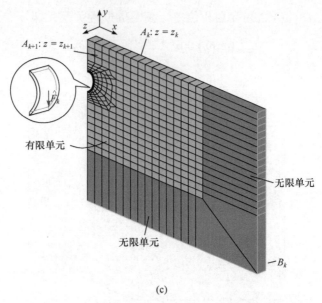

(c)

图 3.15　周期性有限元-无限元耦合模型示意图

图 3.15(a)所示的隧道-地层空间模型可视为一系列纵向厚度为 L、在相同界面处作用扣件支反力 $\hat{F}_k(\omega,\omega_l)$、具有相同网格划分形式的基本胞元 B_k（$k=-\infty\sim+\infty$）首尾相接组合而成（图 3.15(b)）。其中，纵向厚度 L 对应扣件间距（0.6m），因此单个基本胞元内纵向仅划分 1 个单元即可得到较为满意的计算结果。同时，构成基本胞元的每个单元在纵向均为正棱柱状，因此基本胞元 B_k 前后两个界面 A_k 和 A_{k+1} 的节点一一对应。

下面以扣件支反力 $\hat{F}_k(\omega,\omega_l)$ 作用的基本胞元 B_k 为例，介绍胞元的节点编号规则及其动刚度矩阵的特点。

根据基本胞元的几何特点和波的传播特征，利用 ANSYS 对复杂几何模型建模的方便性和 MATLAB 有限元建模的灵活性，将基本胞元划分为 3 个区域。如图 3.16 所示，对于区域①的隧道近场，其几何较为复杂，采用 ANSYS 进行有限元建模并提取出节点信息、刚度及质量矩阵信息；对于有限元区域②和无限元区域③，其中单元较为规则，在 MALAB 中进行有限元及无限元建模，计算对应的刚度和质量矩阵，得到各区域的刚度及质量矩阵后，根据结点编号对号入座的法则进行区域①与区域②、区域②与区域③的耦合，集成隧道-地层耦合系统单个胞元的整体质量矩阵 $M(\omega)$ 及整体刚度矩阵 $K(\omega)$。

需要注意的是，基本胞元 B_k 的节点编号需满足一定的规则，以方便后续周期性边界条件的施加。其节点编号规则是，先对界面 A_k 上的节点进行编号，再对界面 A_{k+1} 上的节点进行编号，使两界面上同位置处节点的编号一一对应。

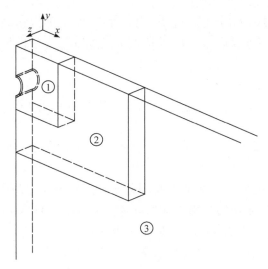

① 有限单元　② 有限单元　③ 无限单元

图 3.16　单个基本胞元网格划分的分区

根据有限元与无限元的基本原理，基本胞元 B_k 在频域内的动力控制方程为

$$\begin{bmatrix} \boldsymbol{D}_{k,k}(\omega) & \boldsymbol{D}_{k,k+1}(\omega) \\ \boldsymbol{D}_{k+1,k}(\omega) & \boldsymbol{D}_{k+1,k+1}(\omega) \end{bmatrix} \begin{Bmatrix} \hat{\boldsymbol{d}}_k(\omega,\omega_l) \\ \hat{\boldsymbol{d}}_{k+1}(\omega,\omega_l) \end{Bmatrix} = \begin{Bmatrix} \hat{\boldsymbol{P}}_k(\omega,\omega_l) \\ \hat{\boldsymbol{P}}_{k+1}(\omega,\omega_l) \end{Bmatrix} + \begin{Bmatrix} \hat{\boldsymbol{P}}_0(\omega,\omega_l) \\ \boldsymbol{0} \end{Bmatrix} \tag{3.8}$$

其中，$\boldsymbol{D}_{i,j}(i,\ j=k,\ k+1)$ 为基本胞元动刚度矩阵 $\boldsymbol{D}(\omega) = \boldsymbol{K}(\omega) - \omega^2 \boldsymbol{M}(\omega)$ 的分块子矩阵；$\hat{\boldsymbol{d}}_k(\omega,\omega_l)$ 与 $\hat{\boldsymbol{d}}_{k+1}(\omega,\omega_l)$ 为界面 A_k 与 A_{k+1} 节点的位移向量；$\hat{\boldsymbol{P}}_k(\omega,\omega_l)$ 与 $\hat{\boldsymbol{P}}_{k+1}(\omega,\omega_l)$ 为基本胞元 B_{k-1} 与 B_{k+1} 对基本胞元 B_k 作用的面力；$\hat{\boldsymbol{P}}_0(\omega,\omega_l)$ 为轨道系统传递给基本胞元 B_k 中界面 A_k 的外荷载向量。

由于地铁列车运行引起的扣件支反力满足式 (3.7) 所示的周期性条件，因此基本胞元 B_k 界面 A_k 及 A_{k+1} 上的位移及面力满足类似的周期性条件，即

$$\hat{\boldsymbol{d}}_{k+1}(\omega,\omega_l) = \mathrm{e}^{\mathrm{i}(\omega_l-\omega)L/v} \cdot \hat{\boldsymbol{d}}_k(\omega,\omega_l) \tag{3.9}$$

$$\hat{\boldsymbol{P}}_{k+1}(\omega,\omega_l) = -\mathrm{e}^{\mathrm{i}(\omega_l-\omega)L/v} \cdot \hat{\boldsymbol{P}}_k(\omega,\omega_l) \tag{3.10}$$

将式 (3.9)、式 (3.10) 代入式 (3.8)，消去未知力向量 $\hat{\boldsymbol{P}}_k(\omega,\omega_l)$，可以得到界面 A_k 上的位移及外荷载间的关系，即

$$\boldsymbol{C}(\omega,\omega_l) \cdot \hat{\boldsymbol{d}}_k(\omega,\omega_l) = \hat{\boldsymbol{P}}_0(\omega,\omega_l) \tag{3.11}$$

其中，$\boldsymbol{C}(\omega,\omega_l) = \boldsymbol{D}_{k,k}(\omega) + \mathrm{e}^{\mathrm{i}(\omega_l-\omega)L/v} \cdot \boldsymbol{D}_{k,k+1}(\omega) + \mathrm{e}^{-\mathrm{i}(\omega_l-\omega)L/v} \cdot \boldsymbol{D}_{k+1,k}(\omega) + \boldsymbol{D}_{k+1,k+1}(\omega)$，$\boldsymbol{D}_{k,k+1}(\omega) = \boldsymbol{D}_{k+1,k}(\omega)$。

求解式(3.11)便可求得列车荷载作用下界面 A_k 上的位移响应，其他任意纵向位置处界面上的位移可以通过式(3.9)所示的周期性边界条件映射获得，但是由于不同界面处位移响应时程量值及频谱成分类似，时程曲线仅存在时间滞后，因此可以直接利用基本胞元 B_k 的某些对应点响应进行环境振动预测。

通过上述过程建立针对隧道-地层耦合系统的周期性有限元-无限元耦合模型具有如下优点。

(1)网格划分区域由 3 维空间缩小至单个基本胞元内，可大大减少建模的自由度。

(2)避免沿隧道方向计算域的截断问题，解决传统 3 维有限元模型中列车荷载的截断造成的纵向截断边界附近动力计算结果失真的现象。

(3)通过周期性边界条件，将 3 维问题转化为仅考虑单个界面自由度响应的求解问题，提高动力计算的分析效率。计算效率约为 3 维动力有限元模型的8 倍。

因此，结合前述周期性车辆-轨道耦合解析模型，针对隧道-地层耦合系统的周期性有限元-无限元耦合模型可快速准确地求解车致环境振动问题。基于周期性理论的环境振动预测方法如图 3.17 所示。

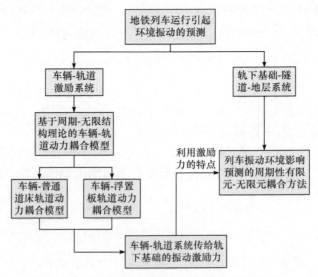

图 3.17　基于周期性理论的环境振动预测方法

3.2.2　案例分析

以北京地铁 1 号线东单站~建国门站区间的隧道-地层参数为例，预测普通DTVI$_2$扣件轨道型式下地铁列车运行引起的环境振动水平。

东单站～建国门站区间隧道为马蹄形隧道，隧道拱顶埋深为 11.5 m，隧道净空宽 4.9 m、高 5.05 m，隧道衬砌采用复合式衬砌，初支厚度为 0.25 m、二衬厚度为 0.3 m。初支混凝土材料参数为 $E=28.5\,\mathrm{GPa}$、$v=0.2$、$\rho=2450\,\mathrm{kg/m^3}$、$\zeta=0.02$，二衬混凝土材料参数为 $E=30\,\mathrm{GPa}$、$v=0.2$、$\rho=2500\,\mathrm{kg/m^3}$、$\zeta=0.02$。隧道基底混凝土材料参数与二衬一致。东单站～建国门站区间地层视为含 3 层土层的成层半空间，其中第 1 层为杂填土，厚度为 2.5 m；第 2 层为粉质黏土层，厚度为 18 m；第 3 层为卵石和圆砾层，厚度为无穷大。隧道-地层系统横断面图及马蹄形隧道结构尺寸如图 3.18 所示。

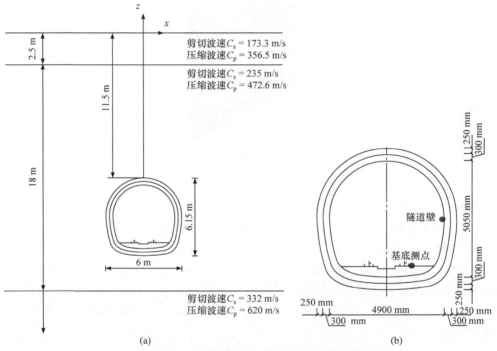

图 3.18　隧道-地层系统横断面图及马蹄形隧道结构尺寸

地铁列车采用 6 节编组的地铁 B 型车，车辆运行速度为 60 km/h，轨道结构采用普通 $DTVI_2$ 扣件轨道型式，轨道的不平顺采用美国轨道不平顺 5 级谱进行模拟(马龙祥，2015)。

结果分析时重点关注距轨道中心线 1 m 处的基底测点、距轨面高度为 1.5 m 的隧道壁测点，以及距隧道中心线水平距离 40 m、80 m、100 m 地表测点处的振动响应。

采用周期性有限元-无限元耦合模型对东单站～建国门站区间内地铁车致环境振动影响进行计算分析。根据对称关系，建模时仅需考虑模型的一半。基本胞元有限元部分的厚×深×宽为 0.6 m×100 m×230 m，其中近激励源的 36 m×25 m

范围采用 ANSYS 软件建立（图 3.19），其余有限元部分和无限元部分采用 MATLAB 软件编程建立。有限元的单元尺寸不超过 1 m。

图 3.19　近激励源范围的有限元模型

图 3.20～图 3.22 所示为列车荷载下各测点位移、速度、加速度 1/3 倍频程谱的对比。

（1）列车运行引起的位移响应主要以低频贡献为主，速度、加速度响应的主频约为 63 Hz。

（2）对于位移响应、速度响应、加速度响应，在 0～100 Hz，横向响应在隧道壁处最大，在地表 100 m 处最小；垂向响应在隧道基底处最大，随传播距离的增加呈逐渐减小的趋势，地表 100 m 达到最小值；纵向响应在隧道基底处最大，隧道壁处最小。

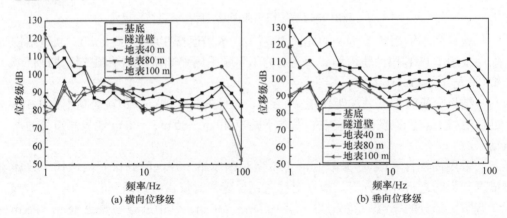

(a) 横向位移级　　　　　　　　　　(b) 垂向位移级

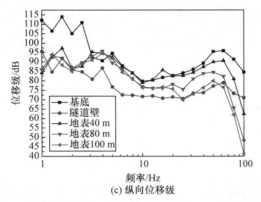

(c) 纵向位移级

图 3.20　地铁列车荷载下各测点位移响应 1/3 倍频程谱对比

（3）对于位移、速度、加速度响应，地表 40～100 m 处各方向 6 Hz 以内低频段的振动响应变化不明显，但是 6 Hz 以上频段的振动响应衰减较快。这说明，地层对高频振动的影响更加显著。

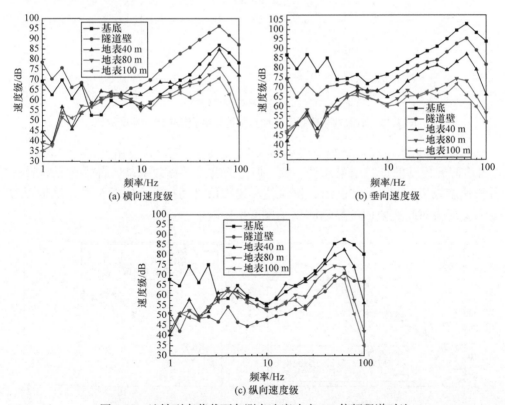

(a) 横向速度级　　　　　　　　　　　　　　(b) 垂向速度级

(c) 纵向速度级

图 3.21　地铁列车荷载下各测点速度响应 1/3 倍频程谱对比

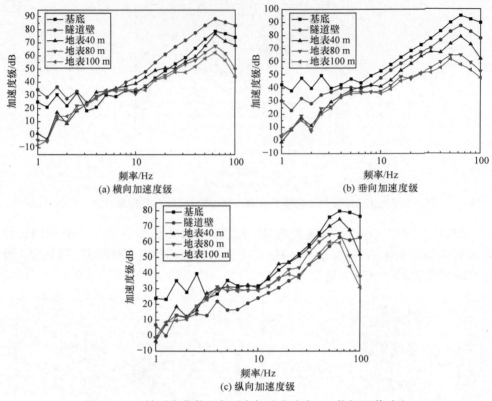

图 3.22　地铁列车荷载下各测点加速度响应 1/3 倍频程谱对比

如图 3.23 所示,3 者的振动响应结果吻合较好,周期性有限元-无限元模型与 3 维有限元模型的计算结果几乎一致,但是前者的计算效率是后者的 8 倍,计算分析速度较快。在 10~20 Hz,测试值与模拟值之间存在一定的差异,这是因为地面交通会对此频段内的振动测试结果产生影响。

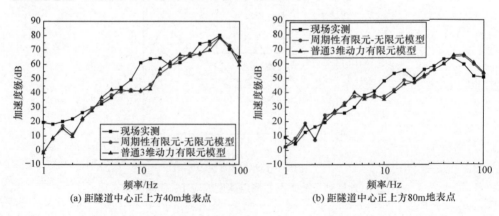

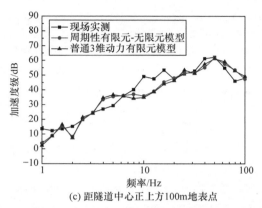

(c) 距隧道中心正上方100m地表点

图 3.23　周期性有限元-无限元模型、3 维有限元模型及实测地表加速度 1/3 倍频程谱对比

周期性有限元-无限元模型具有计算效率高、计算结果准确等特点，因此可以用于方案预测阶段的确认预测。

3.3　波有限元数值模型

本章前面的内容介绍适用于方案设计阶段的周期性隧道-地层系统解析模型和针对隧道-地层系统周期性有限元-无限元模型等确认预测模型。这些模型均能快速准确地获得地铁列车对环境振动的影响，都基于地层具有水平成层性质的前提，即地层的几何轮廓及材料参数沿隧道方向保持不变(隧道结构也需要满足此条件)，保证隧道方向线性叠加原理及周期性边界条件的成立。

这种地层水平成层的假定与实际地质勘测的结果有所出入。通常来说，隧道周围地层的几何轮廓和材料属性沿隧道方向不是一成不变的，且有可能变化较大。例如，图 3.24 所示的粉质黏土 1 与粉质黏土 2 的几何轮廓和材料属性沿隧道方向变化较大。这种特性一方面造成耦合系统在纵向上具有不均匀的特点，因此线性叠加原理及周期性边界条件不再成立，即上述两种快速预测模型不再适用；另一方面，地层性质纵向变化的特征会影响地层中波的传播规律，继而影响地表的振动水平。传统方法将其简化为水平成层结构势必影响车致地表环境振动预测的精准度，但是这种影响有多大，目前尚无定论。

针对上述问题，本节假定隧道-地层系统沿纵向方向具有准周期性，根据波传播分析建立具有纵向变化特征的波有限元数值模型。该模型能够自动满足隧道方向无限延伸的性质，通过自由度缩减将计算域缩小至荷载作用的横断面，在一定程度上提高预测分析的效率。

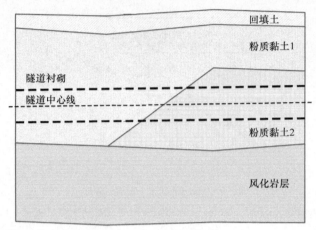

图 3.24　某地层剖面图

3.3.1　波有限元法的基本原理

与周期性有限元-无限元模型类似，假定隧道-地层系统由厚度为 $L=0.6\,\text{m}$ 的性质纵向保持不变的基本胞元构成，不同的是，胞元之间的几何轮廓和材料属性有所差异。将隧道-地层耦合模型抽象为图 3.25(a)所示的性质纵向变化的模型，模型由 N 个内部胞元及两个端部胞元(即半无限胞元)组成，其中内部胞元同时存在左行波和右行波。左右半无限胞元中仅存在左行波和右行波。胞元之间通过界面连接，如图 3.25(b)所示，界面上满足位移连续及应力平衡条件。列车运行引起的作用于隧道基底的动荷载施加于各个界面上，胞元内部无外力作用。

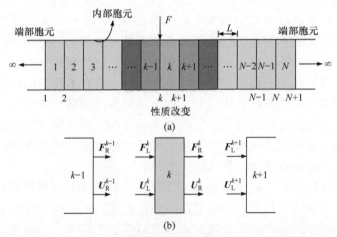

图 3.25　抽象的性质纵向变化的模型和胞元 k 与相邻胞元间的耦合

在隧道-地层耦合系统的单个基本胞元中，对截取的计算域采用有限元法进行离散，并于截断边界处施加能量吸收效果较好的黏弹性人工边界（谷音等，2007；刘晶波等，2006），可以防止入射波在截断边界处的反射作用，减小计算误差。具体操作时需在界面节点的三个方向分别施加黏弹簧单元。

在基本胞元的厚度方向上仅划分 1 个单元，同时左右界面上的节点需一一对应。根据有限元法的基本原理，同时将左右界面处自由度进行聚集并按照相同的顺序排列，固定谐振荷载作用下基本胞元的频域控制方程为（如无特殊说明，后续分析均在频域中进行）

$$\begin{bmatrix} D_{LL} & D_{LR} \\ D_{RL} & D_{RR} \end{bmatrix}\begin{bmatrix} U_L \\ U_R \end{bmatrix} = \begin{bmatrix} F_L \\ F_R \end{bmatrix} \tag{3.12}$$

其中，下标 L 和 R 分别代表左界面和右界面；$D_{ij}(i、j=L、R)$ 为基本胞元动刚度矩阵 $D = K + i\omega D - \omega^2 M$ 的分块子矩阵（阻尼矩阵 C 源于黏弹性边界的施加）；U 表示界面处的位移向量；F 表示相邻胞元对目标胞元的界面力向量。

假定基本胞元中自由波的传播常数为 λ，胞元左右界面处的位移及面力满足（Mead，2009；1973）

$$U_R = \lambda U_L \tag{3.13}$$

$$F_R = -\lambda F_L \tag{3.14}$$

由式（3.12）～式（3.14）并消去方程中的面力向量，可以得到关于位移向量的标准特征值方程，即

$$\begin{bmatrix} 0 & I \\ -D_{LR}^{-1}D_{RL} & -D_{LR}^{-1}(D_{RR} + D_{LL}) \end{bmatrix}\begin{bmatrix} U_L \\ U_R \end{bmatrix} = \lambda \begin{bmatrix} U_L \\ U_R \end{bmatrix} \tag{3.15}$$

求解此特征值方程可以获得 M（即单个界面上的自由度数）个与左行波相关的传播常数和对应的特征位移向量，以及 M 个与右行波相关的传播常数和对应的特征位移向量，进而获得由自由波产生的特征力向量。基本胞元中任意位置处的位移和面力可分别表示自由波的特征位移和特征力的线性叠加。

对于左半无限胞元，仅存在左行波，因此与右行波相关的系数为零。类似地，右半无限胞元中仅存在右行波，因此与左行波相关的系数为零。结合位移及面力的表达并消去表达式中的未知系数，左右半无限胞元的控制方程可推导如下，即

$$F_R^L = D^L U_R^L, \quad F_L^R = D^R U_L^R \tag{3.16}$$

其中，上标 L 和 R 分别代表左半无限胞元和右半无限胞元。

假设半无限胞元与相邻内部胞元的界面上无外荷载作用，根据位移连续及应力平衡条件，通过静力凝聚手段将两者耦合可以得到新的半无限胞元。重复此过

程，直到新左右半无限胞元的界面上均存在外荷载。根据平衡条件可以得到性质纵向变化模型的控制方程，即

$$[\boldsymbol{D}^{\mathrm{L}} + \boldsymbol{D}^{\mathrm{R}}]\boldsymbol{U}_k = \boldsymbol{F}_k \tag{3.17}$$

其中，下标 k 表示界面；$\boldsymbol{F}_k$ 为界面 k 处的外荷载向量；$\boldsymbol{U}_k$ 为位移向量。

显然，隧道-地层耦合模型的自由度由 $M \times (N+1)$ 减少至 M，可以极大地提高模型的计算效率。

求解式(3.17)可以得到界面 k 上所有节点的位移向量。假定内部胞元 k 中无外荷载作用，界面 $k+1$ 节点的位移可由界面 k 的位移通过回代获得，反复利用此过程，便可求得界面 k 处作用外荷载时任意界面 i 处的位移响应 $\boldsymbol{U}_{i,k}(\omega)$。

列车在隧道中运行时，轮轨相互作用引起的动荷载会通过扣件等下部结构传递至隧道基底，因此作用在隧道基底的动荷载为一系列等间距分布的离散点荷载。列车运行引起的隧道-地层系统动力响应如图 3.26 所示。地层及隧道结构混凝土均为黏弹性、均质及各向同性材料，因此线性叠加原理成立，也就是说，可以首先求得各点荷载作用于界面 k 时目标界面 i 处的位移响应 $\boldsymbol{U}_{i,k}(\omega)$，然后根据线性叠加原理，列车荷载作用下界面 i 处的位移响应 $\boldsymbol{U}_i(\omega)$ 为

$$\boldsymbol{U}_i(\omega) = \sum_{k=1}^{N} \boldsymbol{U}_{i,k}(\omega) \tag{3.18}$$

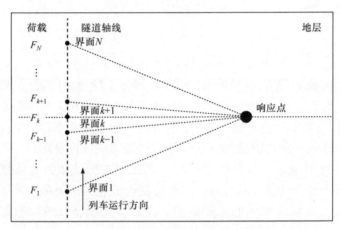

图 3.26　列车运行引起的隧道-地层系统动力响应

基于波传播分析的隧道-地层耦合模型及分析流程如图 3.27 所示。地层参数纵向变化的隧道-地层耦合模型如图 3.28 所示。

上述过程均在频域中完成，将频域结果进行关于频率 ω 的逆傅里叶变换即可得到时域中的动力响应，继而获得速度及加速度响应。相对于周期性隧道-地层系

统解析模型及针对隧道-地层系统的周期性有限元-无限元模型，基于波传播分析的波有限元数值模型的优势在于能够模拟地层性质纵向变化的情况，因此亦可用于方案设计阶段。

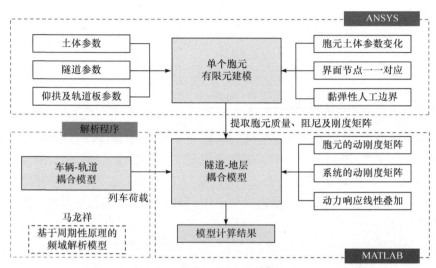

图 3.27　基于波传播分析的隧道-地层耦合模型及分析流程

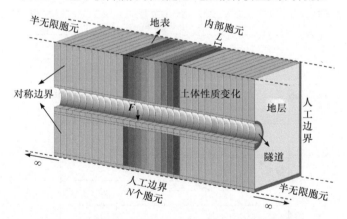

图 3.28　地层参数纵向变化的隧道-地层耦合模型

3.3.2　地层性质变化对响应的影响

考虑图 3.24 所示的地层性质纵向变化的隧道-地层系统，其中地层和隧道衬砌材料参数如表 3.4 所示。隧道结构内径为 3 m，厚度为 0.3 m，轴线埋深为 14 m；回填土视为水平成层结构，厚度为 2 m；风化岩层为半空间，厚度为无限大；粉质黏土 1 的厚度沿隧道方向由 17 m 减至 6 m，相应的粉质黏土 2 的厚度由 0 m 增至 11 m。

表 3.4   地铁周围地层和隧道衬砌材料参数

材料	弹性模量/MPa	泊松比	密度/(kg/m³)	损耗因子
基底混凝土	35000	0.2	2400	0.1
衬砌混凝土	32000	0.2	2400	0.1
回填土	146.9	0.358	1920	0.1
粉质黏土 1	190.7	0.343	1980	0.1
粉质黏土 2	313.8	0.346	2000	0.1
风化岩层	747.9	0.307	2070	0.1

　　建模分析时，基于波有限元数值方法建立 3 种隧道-地层耦合模型(图 3.29)，包括水平成层简化模型一、水平成层简化模型二、地层性质纵向变化模型。简化模型一中包含 17 m 厚的粉质黏土 1，简化模型二中同时包含 6 m 厚的粉质黏土 1 与 11 m 厚的粉质黏土 2，纵向变化模型中假定粉质黏土 1 与粉质黏土 2 间的界面呈阶梯状分布。

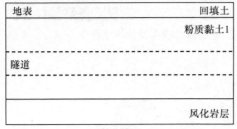

(a) 简化模型一

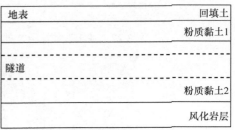

(b) 简化模型二

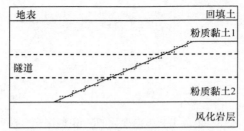

(c) 纵向变化模型

图 3.29   3 种隧道-地层耦合模型

　　将隧道-地层系统划分为 12 个区间，区间 1~11 由 11×10 个基本胞元构成，区间 12 由 9 个基本胞元构成(图 3.30(b))，模型中共存在 120 个界面。图 3.30(c)展示了基本胞元的有限元网格划分情况，其厚×深×宽为 0.6 m × 27 m × 13 m。注意厚度方向上仅划分 1 个单元，模型中施加对称边界。动力计算的测点见图 3.30(a)，包括拱脚(PB)、隧道壁(PT)、地表测点(P1~P4)，其中地表测点间距为 ΔL = 4 m。

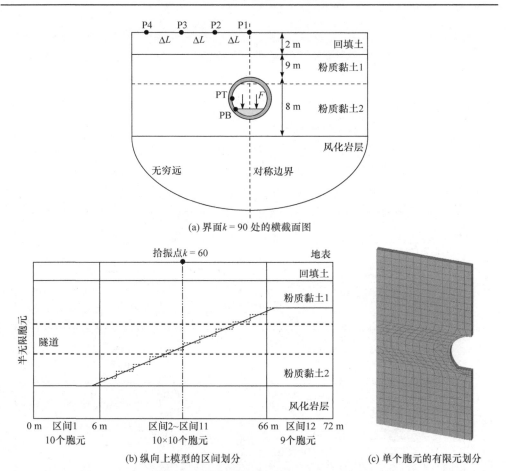

(a) 界面 $k = 90$ 处的横截面图

(b) 纵向上模型的区间划分

(c) 单个胞元的有限元划分

图 3.30　基于波传播分析的隧道-地层耦合模型

　　列车荷载采用车辆-轨道耦合模型(马龙祥, 2015)计算, 轨道不平顺采用美国 5 级谱模拟, 从车轨模型中提取 120 个带相位差的扣件支反力, 依次施加于 120 个界面处的隧道基底上, 基于线性叠加原理计算最终的动力响应。

　　图 3.31 和图 3.32 给出了三种模型中部(界面 $k = 60$)各测点位移时程和加速度级 1/3 倍频程的对比。

　　(1)从位移时程来看, 由于地层几何及材料参数的不同, 各测点位移响应幅值存在差异。总体而言, 简化模型一各测点的位移响应最大, 简化模型二的响应最小, 纵向变化模型的响应介于两者之间。这是因为位移响应的频率成分主要分布在 10 Hz 以内, 响应幅值主要由模型的整体刚度决定, 简化模型一整体刚度最小, 响应最大; 简化模型二整体刚度最大, 响应最小; 纵向变化模型介于两者之间。同时, 纵向变化模型的结果更加接近简化模型二, 两者在地表处的位移计算结果几乎一致。

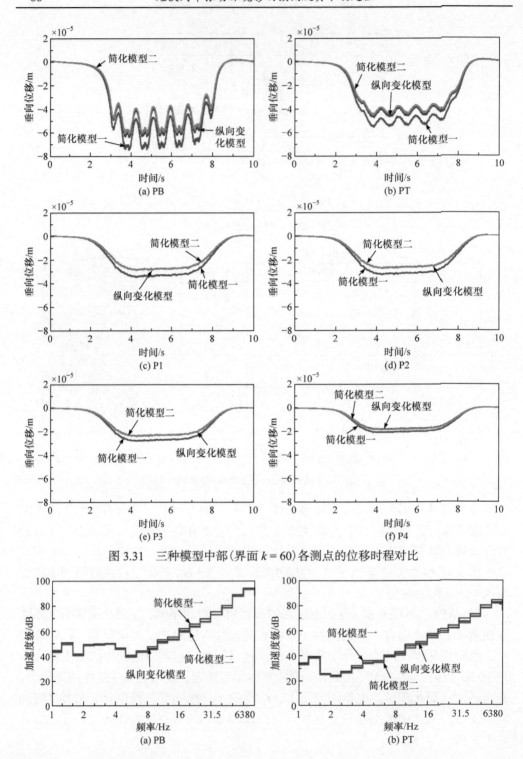

图 3.31　三种模型中部（界面 $k = 60$）各测点的位移时程对比

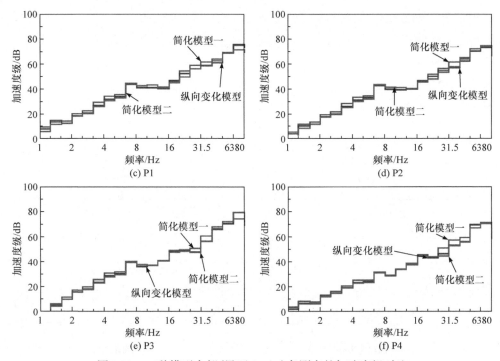

图 3.32　三种模型中部(界面 $k = 60$)各测点的加速度级对比

(2) 从加速度级的 1/3 倍频程谱来看，采用水平成层的简化模型一、简化模型二及地层性质纵向变化模型模拟包含地层性质纵向变化的地层时，3 种模型隧道内(PB、PT)振动加速度级的最大差值为 2.5 dB、地表(P1~P4)处的最大差值为 5.13 dB，但是 3 者加速度响应主频一致，均为 63 Hz。因此，进行车致环境振动评估时，3 种模型均能得到较为可靠的结果；预测性质纵向变化地层中部的振动水平时，包含更多土层信息的水平成层简化模型能够得到更好的预测结果。

如图 3.33 所示，受地层性质纵向变化特征的影响，纵向变化模型各测点最大 Z 振级沿纵向发生明显改变，但是振动水平主要介于两水平成层简化模型之间。进一步观察可知，当纵向距离由 6 m 增加至 66 m，即地层组成由仅包含厚度为 17 m 的粉质黏土 1(简化模型一)过渡为同时包含厚度为 6 m 的粉质黏土 1 与厚度为 11 m 的粉质黏土 2(简化模型二)时，纵向变化模型的最大 Z 振级由更加接近简化模型一渐变为更加接近简化模型二，不同模型最大 Z 振级预测差值最大约为 5 dB。这说明，三种模型均能得到较为满意的振动预测结果；针对不同纵向位置处地表振动预测时，根据预测点所在断面的地层信息建模能够得到更加准确的振动预测。

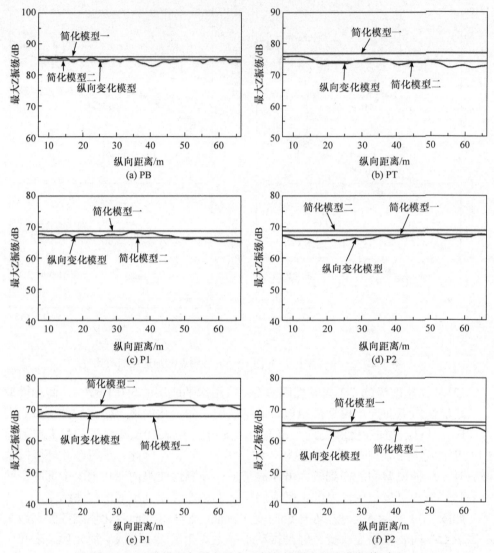

图 3.33　三种模型各测点最大 Z 振级沿纵向的变化规律对比

如图 3.34 所示，在 1～80Hz，波分析数值模型的计算结果与周期性解析模型计算结果吻合良好，说明波有限元数值模型计算准确，亦能够用于方案设计阶段。

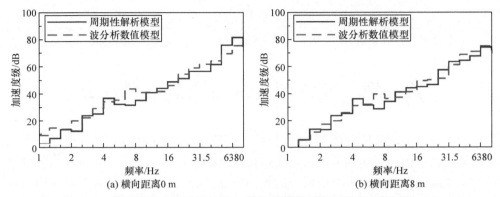

图 3.34　简化模型一的计算结果与周期性隧道-地层系统解析模型的对比

第4章　地铁列车传递函数预测方法

针对特殊振动敏感目标(如精密仪器设备等),有必要在确认预测的基础上进一步开展精准预测。实测传递函数法是精准预测中的重要手段,它可以借助脉冲激振获取振动在单一或多个子系统的传递特性,进而避免参数化模型计算中输入参数不准确造成的计算误差。

4.1　深孔激振传递函数预测方法

4.1.1　预测原理与实现流程

深孔激振实测传递函数预测方法基于车辆-轨道耦合解析模型、隧道结构振动影响分析数值模型和原位深孔激振试验,通过对车辆-轨道-地层进行合理的简化,在频域内预测地铁实际运行状态下对环境的振动影响。预测方法主要包含以下子系统。

(1)振源子系统。通过车辆-轨道耦合频域解析模型,计算移动列车激励下车辆-轨道系统作用于隧道基底的频域力序列 $F_n(\omega)$。

(2)隧道结构子系统。由于深孔激振试验无法考虑隧道空洞和衬砌结构,因此通过数值模拟的方法可以得出在脉冲激励作用下,隧道存在与否对"振源-地面响应点"频响函数的差异,得出频域内的修正函数 $N_b(\omega)$。

(3)地层子系统。通过原位深孔激振的方法得到从地表 $0 \sim 100\,\mathrm{m}$(间隔5m)实测脉冲激励下地层的频响函数序列 $T_m(\omega)$。

深孔激振预测原理框图如图 4.1 所示。利用实测的频响函数序列 $T_m(\omega)$ 通过距离线性差值得到频域力序列 $F_n(\omega)$ 处到预测点的频响函数序列 $T_b(\omega)$。通过在各个子系统得到的复数域内包含相位信息的频域函数序列 $F_n(\omega)$、$N_b(\omega)$、$T_b(\omega)$,通过复数域内的相乘与叠加运算可以得到地面振动频域响应 $R(\omega)$。

振源频域力序列的计算参见 2.1.1 节,考虑隧道存在的修正方法参见 2.2.1 节,地层频响函数的获取需要开展深孔激振原位测试,这也是该方法的关键。

首先,根据不同的距离 $(L_1, L_2, L_3, \cdots, L_{m-1}, L_m)$ 得到距钻孔不同距离的 m 个地下激振点到地面点的频响函数 $T_1(\omega), T_2(\omega), \cdots, T_{m-1}(\omega), T_m(\omega)$。考虑实际情况,地表

测点布置可选用沿着 1 条与行车方向垂直的轴线进行布置(图 4.2)，覆盖范围 0～100 m，间距为 5 m。

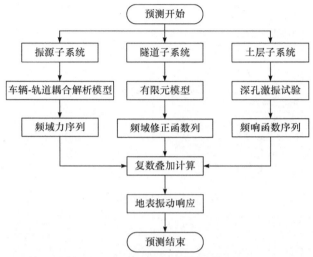

图 4.1　深孔激振预测原理框图

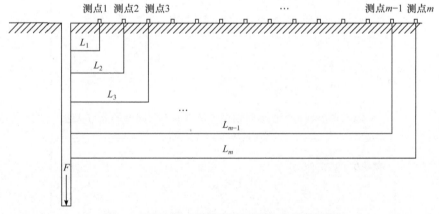

图 4.2　钻孔脉冲激励下地面测点布置断面图

其次，为了节省测试时间和成本，进行多孔激振与单孔激振的等价替换。对于影响范围内的 $2n+1$ 个力的作用点到预测点的水平距离 b_n 可以通过勾股定理计算得到，如图 4.3 所示。为测试布点方便快捷，假设在方圆几十米范围内水平方向上地层各种性质的变化较小，因此做如下简化，将不同的力作用点到预测点的距离测点放在一个垂直于地铁行车方向的轴线上。最终变成两种状态的等价，即将 $2n+1$ 个深孔激振点与 1 个地表测点(图 4.3)等价为 1 个深孔激振点和 $2n+1$ 个位于同一轴线上的地表测点(图 4.4)。基于该状态等价假设(图 4.5)，即可采用单一钻孔作用下的地面多个测点的测试，从而达到预测实际列车运行下多点激励输出的情况。

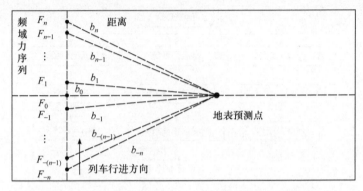

图 4.3 频域力序列作用点到预测点的距离示意图

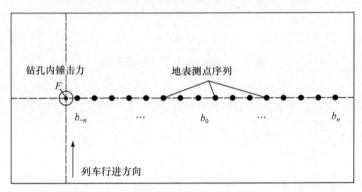

图 4.4 根据现场测试实际情况等价后的力与测点的分布状态

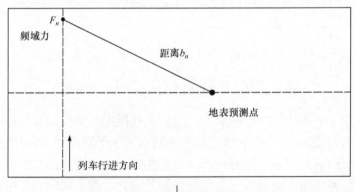

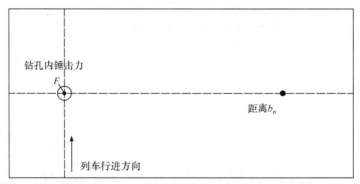

图 4.5　将不同的力作用点到预测点的距离 b_n 简化在一个轴线上的示意图

　　再次，不同距离的频响函数采用线性差值的方法获取。经过状态等价转换后，考虑实测深孔激振的测点布置有限，测点的密度无法保证每个模型作用在隧道基底上的力所处的位置到预测点的频响函数都能布置测点，所以采用线性差值的方式求解距离为 b_n 的频响函数 $T_{bn}(\omega)$。对于任意距离 b_n，检索深孔激振频响函数序列，确定 2 个频响函数 T_j 和 T_{j+1}，使

$$L_j < b_n < L_{j+1} \tag{4.1}$$

　　采用线性差值法，使每个频率点处有 $T_j(\omega) < T_{bn}(\omega) < T_{j+1}(\omega)$，并求得每个频率点处距离为 b_n 的频响函数值，最终得到频响函数 $T_{bn}(\omega)$。需要使用与目标距离 b_n 最接近的 2 个已测距离的频响函数作为插值基点。自然地表测点越密，这种插值越精确，但是考虑实际现场工作情况和信噪比问题，现场采用每 5 m 间隔布置测点，布置范围为 0～100 m。

　　得到频响函数 $T_{bn}(\omega)$ 后，采用下式得到修正后的频响函数 $T'_{bn}(\omega)$，即

$$T'_{bn}(\omega) = N_n(\omega) \times T_{bn}(\omega) \tag{4.2}$$

其中，$T_{bn}(\omega)$ 为差值得到的频响函数；$N_n(\omega)$ 为修正函数。

　　作用到隧道壁第 n 个力 $F_n(\omega)$ 引起的地表振动响应可表示为

$$R_n(\omega) = F_n(\omega) \times T'_{bn}(\omega) \tag{4.3}$$

　　将 $2n+1$ 个力作用下的频域响应进行叠加，即可得到最终预测响应，即

$$R(\omega) = R_{-n}(\omega) + \cdots + R_{-1}(\omega) + R_0(\omega) + R_1(\omega) + \cdots + R_n(\omega)$$

$$= \sum_{k=-n}^{n} R_k(\omega) \tag{4.4}$$

　　通过上述步骤可以实现地铁线开通之前通过深孔激振法预测实际地铁列车运行状况下地面的振动响应。上述预测过程可简化为

$$R(\omega) = \sum_{k=-n}^{n} F_k(\omega) \times N(\omega) \times T_{bk}(\omega) \qquad (4.5)$$

为了将上述理论应用于实际工程，图 4.6 给出了可应用于工程预测的详细操作流程。

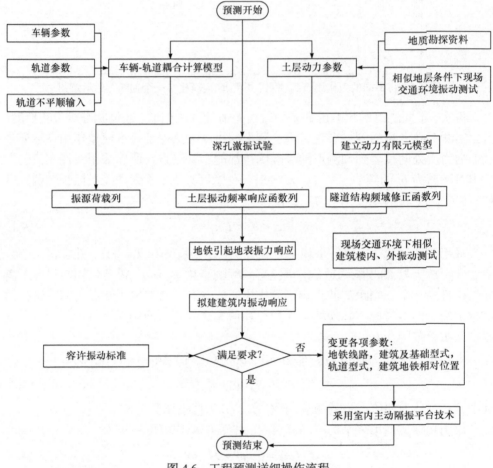

图 4.6　工程预测详细操作流程

4.1.2　深孔激振试验

在基于传递函数的深孔激振实测传递函数预测方法的使用过程中，其核心是准确、高效地进行现场原位深孔激振试验，通过实测手段获取在脉冲激励振源作用下的地表振动频率响应函数序列。因为在"列车-轨道-隧道-地层"这一整个传播路径上，地层系统往往成为环境振动预测精度的关键，不同于车轨和隧道系统的结构型式，地层往往存在很大的不确定性，难以准确模拟。传统的处理方式是将地层简化为水平成层弹性体,这与实际地层状态相差较大,会极大地影响地表振动预测结果的准确性。通过现场原位钻孔试验的方式测试实际地层状态下的振动频率响应函数,可以极大地提高振动预测结果的精度。

深孔激振试验的流程为,通过在现场施作与实际地铁道床顶板埋深相同的原位钻孔,在钻孔孔底使用深孔激振装置进行脉冲激励,在地表布置多个高灵敏度振动加速度传感器,获取脉冲激励下的地表振动响应,通过计算得到地表振动频率响应函数序列。下面阐述整个深孔激振试验的场地、仪器设备、试验详细流程、测试结果分析等内容。

试验场地选在北京东郊外三河市,其地层特性与北京东部地层类似。试验场地长约 70 m、宽约 10 m,处于远离道路区段,附近无振动干扰源,场地范围满足测试要求。在场地一端沿宽度方向间隔 2 m 布置 3 个钻孔,钻孔埋深为 10 m、15 m、20 m。场地布置示意图如图 4.7 所示。沿长度方向布置 0～70 m 的地表测点进行振动加速度采样。

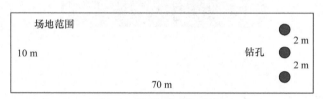

图 4.7　场地布置示意图

为了满足钻孔孔底内激励的要求,北京交通大学联合中国铁道科学研究院城市轨道交通中心和北京科尚仪器技术有限公司,共同研制了新型深孔激振装置(图 4.8),可以于钻孔内进行脉冲激励,产生有效的振动激励,使其传播至地表进行振动加速度采样。激振装置采用组装式设计,可以发布运输、储存、现场拆卸和安装。在装置冲击过程中,通过安装在锤头的高精度力传感器可以获取良好的激励力信号。同时,激发能量可以保证地面获取清晰的振动响应。孔底落锤由地面电动葫芦提升,采用自动脱钩装置进行自由下落,以锤击孔底。深孔由水泥管进行支护。混凝土套管中布置钢套筒作为引导落锤垂直提升降落的导向结构,钢套筒采用拆装型式,可重复使用。

深孔激振装置主体部件包括移动支架和电动葫芦,用于提升、降落力锤组件;钢套筒用于隔开孔底积水;力锤组件用于提升后释放,进行孔底冲击激励。其中,钢套筒由多段钢筒组合而成。在地面,每 3 段钢套筒为一组进行装配,然后由长臂吊车吊起,放置于水泥套筒内。钢套筒之间采取螺纹扣连接,利用橡胶圈进行密封。

数据自动采集使用 16 通道的 INV3060V 型 24 位高精度数据采集仪,最高的并行采样频率为 51.2 kHz,动态范围达 110 dB。由于地表振动响应量级较小,选用 LC0310 型压电式加速度传感器，量程为 0.12 g。

(a) 组装后照片

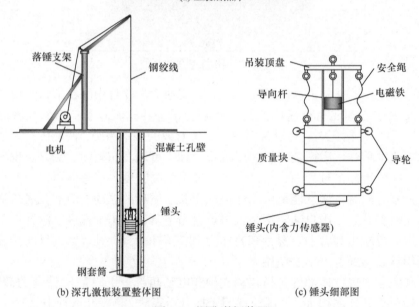

(b) 深孔激振装置整体图　　　　　　　(c) 锤头细部图

图 4.8　深孔激振装置

　　开展试验时，首先在试验场地采用泥水循环钻孔方式进行钻孔施工(图 4.9(a))，共钻孔 3 个，深度分别为 10 m、15 m、20 m，沿场地短边方向并排间距 2 m 布置(图 4.10)。钻孔孔径大于 500 mm，采用混凝土套筒护壁，混凝土套筒外径 500 mm，厚度 50 mm，内径 400 mm 供深孔激振设备工作使用(图 4.9(b))。混凝土套筒外部和钻孔间空隙用碎石和土进行填实，保证钻孔的稳定性，钻孔底部为原位土。经过成孔施工、拼装混凝土套筒下孔、套筒外围回填土等工序，在试验现场形成具备试验条件的 3 个不同埋深的钻孔，如图 4.11 所示。

(a) 钻机成孔

(b) 混凝土套筒

图 4.9　钻孔施工

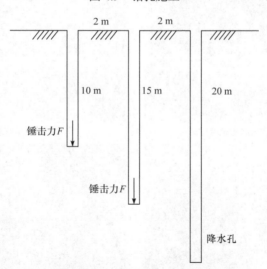

图 4.10　钻孔位置断面示意图

由于孔内有积水，钢套筒最下部的一节是盲端端头(图 4.12(a))，其他节为上下有螺纹接头的钢套筒标准件。每个接头处都要安装防水垫圈(图 4.12(b))。钢套筒拼装下孔时，首先将 H 型套筒夹持支架就位，摆放至孔口(图 4.12(c))，然后

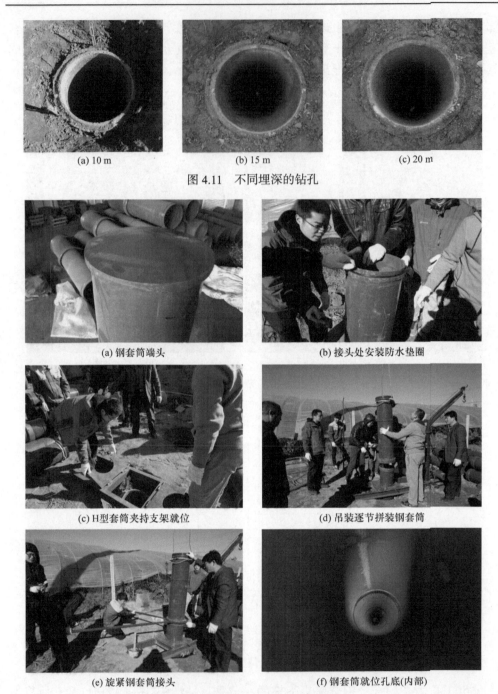

(a) 10 m　　　　　　　　(b) 15 m　　　　　　　　(c) 20 m

图 4.11　不同埋深的钻孔

(a) 钢套筒端头　　　　　　　　　　(b) 接头处安装防水垫圈

(c) H型套筒夹持支架就位　　　　　　　(d) 吊装逐节拼装钢套筒

(e) 旋紧钢套筒接头　　　　　　　　(f) 钢套筒就位孔底(内部)

图 4.12　钢套筒拼装下孔流程

使用吊车将钢套筒逐节吊装下孔(图 4.12(d))。H 型套筒夹持支架可以通过开合将钢套筒卡在孔口或者让钢套筒向下吊装，每节钢套筒之间通过专用扳手进行紧固，保证整个套筒拼装系统的防水性能（图 4.12(e)）。通过吊装-固定-拼装-下孔的往复进程，直到钢套筒到达井底。从图 4.12(f) 的钢套筒内部图可以看出，虽然钻孔内有水，但是钢套筒防水做得较好，内部为干燥状态，可以给深孔激振装置的锤头的提升降落提供操作空间，并保证刚度为锤头提供导向作用。

深孔激振装置采用可拼装式设计，支架、电机、锤头、质量块均可拆，便于将各部件运输到现场进行拼装。电机（包含电动葫芦）设备采用 220 V 交流供电，吸盘式电磁铁通过线性一体化电源供电。深孔激振装置组装过程如图 4.13(a)～(e)所示。

(a) 支架就位　　　　　　(b) 组装锤头　　　　　　(c) 组装完成锤头下孔

(d) 锤头细节(内含力传感器)　　　　　　(e) 锤头到达孔底

图 4.13　深孔激振装置组装就位

考虑现场实际情况，地表测点在 0～70 m 范围内每隔 5 m 进行布置。由于 0 m 处的测点靠近钻孔及激振装置，干扰过大，因此将 0 m 处的测点变更为 2.5 m 处的测点。由于钻孔间距仅 2 m，相对于 70 m 的地表振动采样范围很小，考虑实际场地条件，地表振动测线选择在 15 m 钻孔位置处，向场地远处延伸。地表测点布置俯视图如图 4.14 所示。

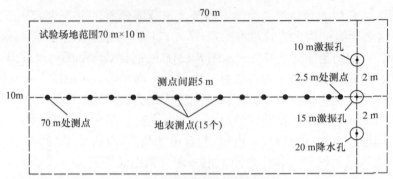

图 4.14　地表测点布置俯视图

地表测点采用量程为 $0.12\,g$ 的高灵敏度振动加速度传感器(图 4.15(a))进行振动采样。现场场地靠近钻孔位置为土地,采用定制的钢制土钉(图 4.15(b))打入土体与地面密贴。其上部平台有螺孔可以将传感器旋紧固定于土钉支座上(图 4.15(c))。场地原理钻孔位置为硬质柏油路面,采用强力胶黏贴铁片,然后用强力磁座将传感器吸附于地面铁片上(图 4.15(d))。所有 15 个地表测点布置完毕后(图 4.15(e)),传感器通过数据线与数据采集仪连接,所有通道进行联合调试(图 4.15(f))。

试验采用垂向脉冲激励多次触发方式,每组测点触发多次,保证有效数据组数在 10 次以上。每个工况保证力锤冲击激励力峰值相当,从有效数据中选取 6 组稳定性较好、干扰小的数据进行平均处理。采样频率 12800Hz,每次采样点数

(a) 振动加速度传感器

(b) 传感器固定土钉

(c) 土钉上传感器

(d) 铁片上传感器

(e) 传感器就位

(f) 传感器连接仪器调试

图 4.15　地表测点布置照片

32000，采样时长 2.56s，触发滞后点数 64。采样通道数 16，其中第 1 通道为力信号，2～16 通道为地表的 15 个振动加速度信号。

　　由于场地范围内地下水较多，水位较高，尤其是 15 m、20 m 的钻孔内部积水较多，钢套筒下孔时浮力过大，无法抵达孔底，因此取消 20 m 钻孔内激振试验计划，同时在进行 15m 钻孔内激振试验的时候，在 20 m 钻孔内部使用抽水机进行抽水，将 20 m 钻孔转化为降水孔。在 10 m 钻孔内部进行激振试验时，根据落锤最大提升高度 40 cm，进行 10 cm、20 cm、30 cm、40 cm 等 4 种提升高度的激振试验工况，研究不同落锤高度对地表振动响应及频率响应函数的影响。在 15 m 钻孔内部进行激振试验时，试锤显示由于埋深增加，地表响应量级降低，振动传播距离缩小，因此为了保证远处测点的振动响应量级及信噪比，在 15 m 钻孔内部进行激振试验时，锤头高度直接提升到 40 cm 最大行程进行试验。综上，整个深孔激振试验包含 5 个工况，如表 4.1 所示。

表 4.1　深孔激振试验工况

试验工况	钻孔深度/m	落锤提升高度/cm	地表有效测点范围/m
1	10	10	0～70
2	10	20	0～70
3	10	30	0～70
4	10	40	0～70
5	15	40	0～50

　　如图 4.16 所示，力信号时程完整地记录了脉冲信号，信号持续时间仅为 5 ms 左右，激振力峰值为 50 kN（10 cm）～125 kN（40 cm），力信号较好。从力信号频谱可以看出，在环境振动关心的 200 Hz 以内频段，激振装置可以有效激发地表振动且能量较大，为研究振动在地层中的传播提供良好的条件。

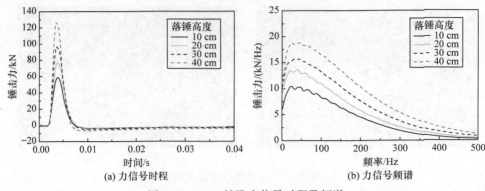

(a) 力信号时程　　　　　　　　　　(b) 力信号频谱

图 4.16　10 m 钻孔力信号时程及频谱

如图 4.17 所示，在钻孔底激振激励作用下，地表测点可以采集到清晰的振动加速度响应信号，配合高精度的振动数据采集系统及 12.8k Hz 的采样频率，可以达到预测方法所需的频响函数精度要求，因此实测数据可以用于研究地层振动传播特性及传递函数预测。

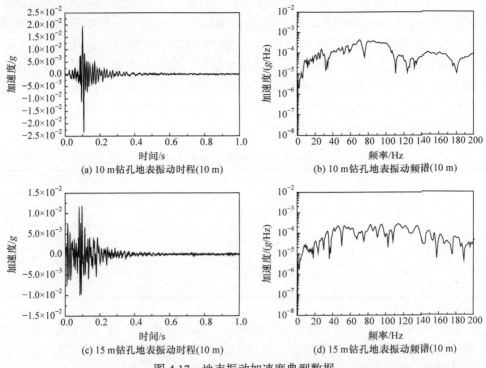

(a) 10 m 钻孔地表振动时程(10 m)　　　　(b) 10 m 钻孔地表振动频谱(10 m)

(c) 15 m 钻孔地表振动时程(10 m)　　　　(d) 15 m 钻孔地表振动频谱(10 m)

图 4.17　地表振动加速度典型数据

如图 4.18 所示，随着频率的增加，频谱曲线呈现波动先提升后降低的形态；

土体对脉冲激励激发的高频振动有较强的衰减，对低频的衰减能力较弱，因此随着距钻孔水平距离的增加，较高频段的振动衰减较快，表现为振动能量分布向低频移动；随着距离的增加，振动衰减速率降低，40～60 m 的一些频段几乎不再衰减，说明在较远距离处有些频段已经衰减到环境背景振动的量级水平；不同落锤高度激励工况下，各测点的振动频谱波形类似，只是量级不同，说明在地层的输入、输出位置不变的情况下，地层系统的振动传播特性相同。

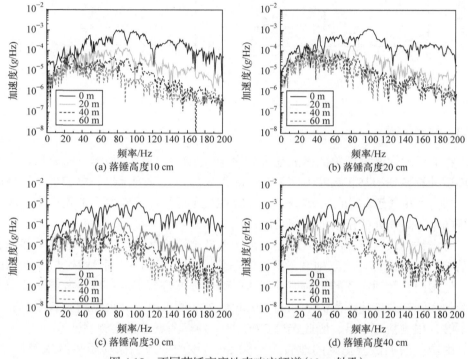

图 4.18　不同落锤高度地表响应频谱（10 m 钻孔）

　　将实测的地表振动加速度时程经过快速傅里叶变换可以得到振动加速度频谱，同样将力信号经过快速傅里叶变换可以得到力频谱，在频域内将两者相比，可以得到频域内单位力作用下的振动响应，即地表振动频率响应函数。频响函数可以反映线性系统输入到输出的传递固有特性，与输入输出信号的大小和频域分布无关。

　　如图 4.19 所示，振源埋深不同，脉冲激励下的地表振动频响函数波形特征也不同，这反映了不同输入点下地层系统的传播固有特性并不相同。对于 0 m 处测点，110 Hz 以下频段，频响函数量值基本都是 10 m 钻孔较大；110～150 Hz 频段，两者的频响函数量值相当；150 Hz 以上频段，15 m 钻孔工况的频响函数量值较大。对于 20 m 处测点，70 Hz 以下频段，两者量值相当；70～140 Hz 频段，10 m

钻孔工况频响函数量值较大；140 Hz 以上频段，15 m 钻孔工况频响函数量值较大。

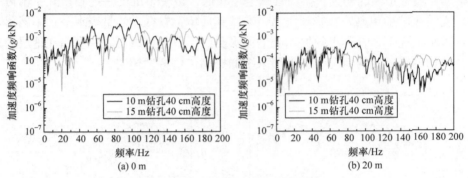

(a) 0 m　　　　　　　　　　　(b) 20 m

图 4.19　不同埋深钻孔地表振动加速度频响函数对比

4.1.3　预测算例

将原位深孔激振试验测得的地表频率响应函数序列代入预测方法流程，将车轨模型计算得到的基底频域力序列和实测得到的地表频响函数列叠加运算进行预测，同时考虑隧道结构的频域修正，计算在列车运行荷载作用下地表距离隧道中线相同水平距离处的振动加速度响应。

考虑钻孔试验所在的三河市与北京中东部地层特性类似，而且地铁引起地表振动响应的测试都在北京地铁沿线进行采集，因此仍选取北京地铁 1 号线东单站～建国门站区间沿线的垂向振动加速度响应数据进行实测对比。考虑深孔激振试验的实际有效传播距离为 50 m，40 m 以外的测点由于地表频响函数序列的数量不够，预测精度不足，因此选取 27 m 处的地表测点进行实测验证。

由深孔激振试验得到的地表 0～50 m 范围内的地表振动频响函数序列（图4.20）满足数据精度要求，可用于本节预测计算。通过计算得到有、无隧道工况下的地表序列振动加速度响应，根据频域修正函数的计算方法可以得到频域修正函数序列。由于预测测点为地表距隧道中线水平距离 27 m 位置，因此仅需要 27～50 m 范围的频域修正函数。因此，图 4.21 仅列出 20～50 m 处的频域修正函数。

将解析计算的频域力序列、有限元计算得到的隧道结构频域修正函数序列、实测得到的振动加速度频响函数序列在频域内按式(4.5)计算即可得到地表 27 m 处预测点的振动响应。

将计算的结果与北京地铁 1 号线东单站～建国门站区间地表振动测试结果进行对比。如图 4.22 所示，由于实测位置隧道埋深(18 m)要稍深于钻孔埋深(15 m)，因此预测值的时程和频谱都比实测稍微偏大一些；计算预测和实测地面振动加速度时程波形一致，包括地铁到达、经过与离开过程，预测振动幅值为 0.08 m/s² 左右，实测振动幅值为 0.07 m/s² 左右；预测的地面振动加速度频谱波形与实测的相近，振动主频均为 30～70 Hz 频段，频域振动幅值相近，均为 0.0025～0.003 m/s²，但是整体量值预测结果偏大，这也是实测隧道埋深较深的缘故。

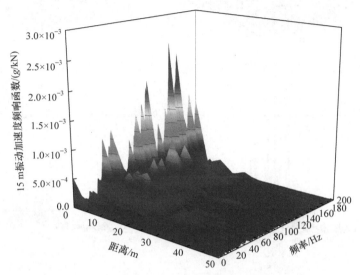

图 4.20　钻孔实测的地表振动加速度频响函数序列

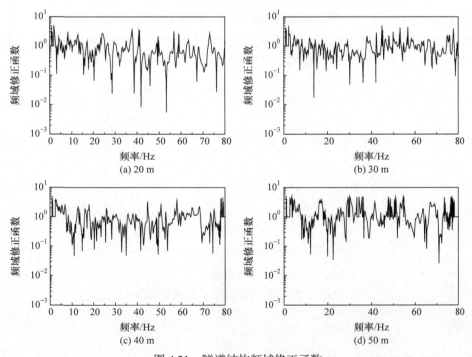

(a) 20 m

(b) 30 m

(c) 40 m

(d) 50 m

图 4.21　隧道结构频域修正函数

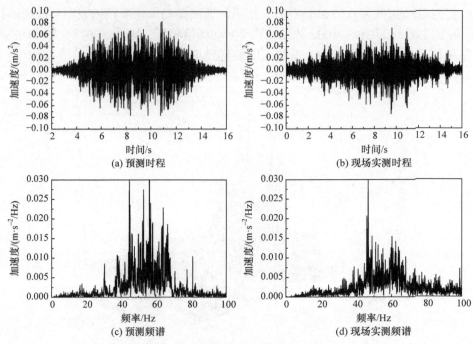

(a) 预测时程　　　　　　　　　　　　(b) 现场实测时程

(c) 预测频谱　　　　　　　　　　　　(d) 现场实测频谱

图 4.22　地表振动加速度的预测值与实测值对比(27m)

　　如图 4.23 所示，计算预测和实测地表振动 1/3 倍频程谱曲线基本重合，振动量级和变化规律基本一致的。经计算，预测方法计算的 Z 振级为 68.98 dB，现场实测的 Z 振级为 66.33 dB，预测结果准确。

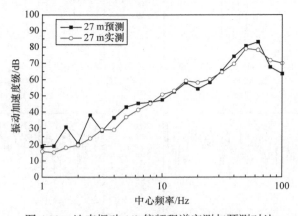

图 4.23　地表振动 1/3 倍频程谱实测与预测对比

4.2　隧道内激振传递函数预测方法

4.2.1　预测原理与实现流程

原位激振试验预测方法原理如图 4.24 所示。它将地铁列车引起的环境振动响应预测问题转化为 2 个主要部分。

（1）构建高精度车辆-轨道耦合解析模型求解作用于隧道基底的频率力序列。

（2）隧道内进行脉冲激励，实测隧道-地层系统的振动响应频响函数序列。然后将两部分在频域内进行复数叠加运算，求得地表敏感目标位置处的环境振动响应。

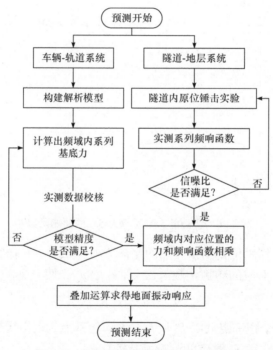

图 4.24　原位激振试验预测方法原理图

具体预测流程包括 4 个主要步骤。

第一，在频域内采用车辆-轨道耦合解析模型计算得到轨道作用于基底的间距为 L 的频域力序列 $F_n(\omega)$，如图 4.25 所示。

第二，通过隧道内原位脉冲激励方法实测隧道基底至地表处水平距离间隔为 5 m 的 k 个频响函数序列 $T_k(\omega)$，如图 4.26 所示。

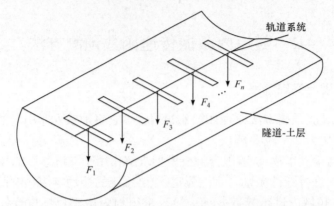

图 4.25　车辆-轨道耦合解析模型计算得出的基底频域力序列

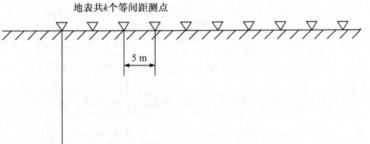

图 4.26　实测的 k 个间距为 5m 的频响函数

第三，根据 F_n 作用位置到预测点的距离 b_n（图 4.27），寻找实测的频响函数距离相邻的 b_k 和 b_{k+1} 对应的频响函数 $T_k(\omega)$ 和 $T_{k+1}(\omega)$，使

$$L_j < b_n < L_{j+1} \tag{4.6}$$

然后，在每一个频率点处以 b_k 和 b_{k+1} 为插值基点，采用线性差值的做法，根据 $T_k(\omega)$ 和 $T_{k+1}(\omega)$ 求得 F_n 对应的频响函数 $T_n(\omega)$。

第四，将对应距离处的基底频域力与频响函数在频域内进行复数运算，得到单一力作用下地表预测点的频域响应 $F_j(\omega) \times T_j(\omega)$，再将 $2n+1$ 个频域响应结果进行叠加，得到地面预测点处的最终频域响应 $R(\omega)$，即

$$R(\omega) = \sum_{j=-n}^{n} F_j(\omega) \times T_j(\omega) \tag{4.7}$$

整个运算过程都是频域内进行的复数运算。计算过程考虑不同位置频域力输

入的幅值以及相位(只有相位正确才是有意义的叠加),所以整个叠加过程真实还原了列车通过时的振源激励的相位信息,把列车移动荷载效应转化为固定点力的输入,使预测方法科学合理且高效可行。

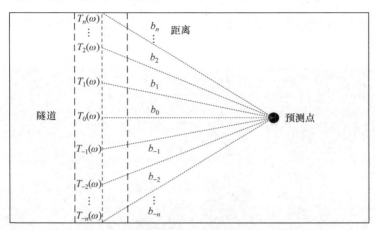

图 4.27　与地面预测点不同距离的频响函数示意图

4.2.2　案例研究

采用隧道内激振传递函数预测方法,结合合肥轨道交通 5 号线对某实验室内精密仪器影响预测评估问题开展现场试验。研究对象所在断面为一地铁车站。该车站距离实验室较近。考虑线路开通后由列车运行引起的环境振动可能对实验室内的精密仪器产生影响。在地铁线路规划设计阶段已采用类比法、数值法开展定量预测评估,并建议采用隧道底板加厚和特殊设计的钢弹簧浮置板轨道等振动控制措施。在地铁车站主体结构已建成但尚未铺轨的时间节点,采用车站隧道内激振实测传递函数的方法,验证未来地铁线路开通运营后,列车振动对仪器的影响。

于 2021 年 9 月在地铁车站和实验室开展了为期 4 天的激振测试,在车站内布置 10 个激振点,在地表布设 6 个测点,实验室内布设 2 个测点。每个测点布置 1 个竖向加速度传感器和 1 个水平向加速度传感器。车站内进行激振时,实时监测地表以及实验室内的振动响应。测试在夜间无干扰的情况下进行,测试具有较好的信噪比,能够反映真实的车站-地层-建筑物的振动传递特性。

根据车辆-轨道耦合程序,计算得到车站使用普通轨道 DTVI$_2$ 型扣件和钢弹簧浮置板轨道两种情况下传递给道床频域内的振动激励力。频域内的振动激励力和实测传递函数相乘叠加后能够计算出测点的振动响应,包括振动速度和加速度。根据规范的数据处理方式能够得到振动级,并与相应的标准限值进行比较。

1. 传递函数现场测试

　　隧道内激振采用的自由落锤冲击激励装置如图 4.28 所示。锤头下部安装有
YFF-7 型压电石英力传感器，力传感器的测量范围为 0～250 kN。数据采集仪为
INV3060S 型 24 位网络分布式同步采集仪。地表点测试采用 LC0130 系列压电式
加速度传感器。

图 4.28　隧道内激振采用的自由落锤冲击激励装置

　　在车站内利用自动落锤激励装置激振轨道中心线处的车站底板，激发车站结
构-地层-建筑物系统的振动响应，通过落锤锤头的力传感器，地层、实验室室内地
板的加速度传感器捕捉振动响应数据，自动导入数据采集仪进行高精度采样，然
后进行时域、频域、倍频程等的数据分析。

　　激振点与测点布置如图 4.29 所示。在车站内沿轨道中心线下方的车站底板上
布置 10 个激振点。受实际施工条件限制，相邻激振点间距取为 5～8 m 非等间距
布置。各激振点距离地表 0 m 激振位置的距离分别为 5 m、10 m、15 m、22 m、
27 m、32 m、40 m、45 m、50 m。从距离地铁车站边墙水平距离 0～50 m 范围内，
在地表等间距布置 6 个测点，分别标为 1#～6#测点，测点间距为 10 m，第 1 个地
表测点位于地铁车站边墙外，紧邻边墙。在实验室内的地板布置 2 个测点，标为
7#、8#测点。

　　测试采用竖向脉冲激励多次触发方式，每组测点触发 10 次，控制激振力峰值
在 150 kN 左右，选取 6 组信号良好数据进行平均处理。第一个激振点激振完毕
后，将激振装置移动到第 2 个激振点进行激振，依此类推。由于车站施工完成后
底板仍存有积水(约 10 cm 深)，无法直接在车站底板上进行激振。经过反复试验

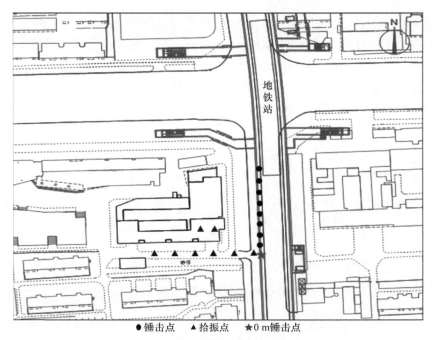

●锤击点　▲拾振点　★0 m锤击点

图 4.29　激振点与测点布置

对比，确定采用橡胶包裹混凝土块作为锤头垫块，放置于地铁车站底板。混凝土块质量较大，放置在积水中不会浮起，且橡胶垫层具有较好的柔韧性，可以保护混凝土块，延缓其振裂，延长混凝土块的使用寿命，同时保护锤头不被振坏。

　　如图 4.30 所示，脉冲力作用时间极短，峰值达到 100 kN。力信号的频谱特性良好，频带较宽，可以激发较高频段的振动。在 100 Hz 以下频段，振动能量衰减率不超过 10 %，满足 0～100 Hz 内脉冲激励信号的要求。这说明，落锤装置可以在 0～100 Hz 有效激发地表振动且能量较大，为研究振动在隧道-地层系统中的传播提供良好的条件。

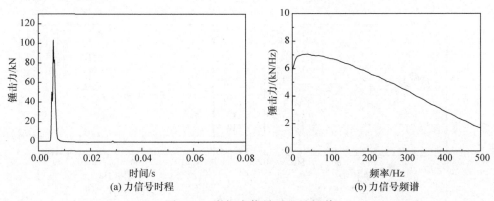

(a) 力信号时程　　　　　　　　　　　(b) 力信号频谱

图 4.30　激振力信号时程及频谱

图 4.31 和图 4.32 为激振点在 0 m 处各个测点的传递函数幅值曲线。可以得出，地表振动能量主要集中在 60 Hz 以下频段，更高频段的振动量级较小，随着测点距离车站水平距离的增加，振动的能量分布会进一步向低频移动。由于土体对低频振动的衰减能力较弱，随着水平距离的增加，低频振动衰减速率渐缓。此外，随着测点距离车站水平距离的增加，在大部分频段上，传递函数幅值逐渐减小。

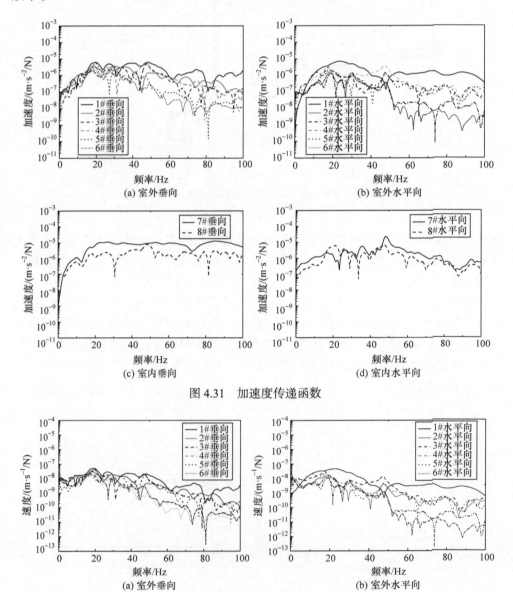

图 4.31　加速度传递函数

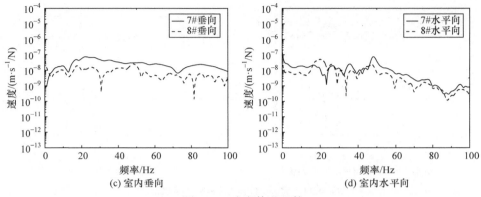

图 4.32　速度传递函数

2. 实验室内外振动响应预测分析

利用 4.2.1 节介绍的方法，采用车辆-轨道耦合解析模型计算得到的普通整体道床轨道和钢弹簧浮置板轨道工况下作用于车站底板上的激励力，结合实测传递函数可以得到车站内列车运行引起的各个预测点的加速度和速度响应的频谱、时程及 1/3 倍频程谱。这里忽略列车进出站的变速影响，仍将列车运行速度取为匀速 (60km/h)。虽然该车站实际设计了钢弹簧浮置板轨道，为了便于对比，同时计算普通整体道床轨道的工况。选取实验室内 2 台代表性仪器，即美国 Montana Instruments 超稳定光学显微低温腔和德国 BRUKER 公司电子顺磁共振谱仪 E580。

普通整体道床轨道工况下，室外地表测点 1/3 倍频程谱如图 4.33 所示。可以看出，对于超稳定光学显微低温腔，实验室外地表所有频段振动速度满足隔振后仪器限值要求，但是 5 Hz 以上频段的振动不满足隔振前的仪器振动限值要求。这也说明了仪器隔振台的隔振作用。对于电子顺磁共振谱仪 E580，竖向振动在 20 Hz 以下的频段未超过仪器振动限值，而 20 Hz 以上频段有些测点已超过仪器振动限值；水平向振动除 1#和 3#测点，其余测点振动满足仪器振动限值。实验

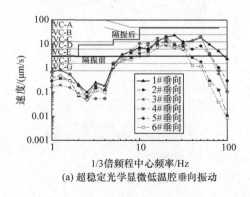

(a) 超稳定光学显微低温腔垂向振动

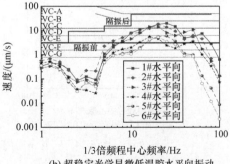

(b) 超稳定光学显微低温腔水平向振动

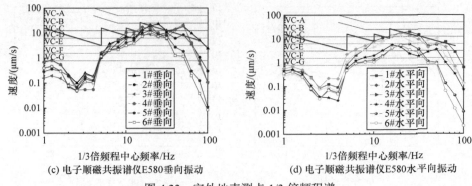

(c) 电子顺磁共振谱仪E580垂向振动　　　　(d) 电子顺磁共振谱仪E580水平向振动

图 4.33　室外地表测点 1/3 倍频程谱

室室内地板测点 1/3 倍频程谱如图 4.34 所示。可以看出，地铁列车运行引起的实验室室内地板的振动影响与室外地表点的规律和影响程度类似。对于超稳定光学显微低温腔，实验室外地表所有频段振动速度满足隔振后仪器限值要求，但是 5 Hz 以上频段的振动不满足隔振前的仪器振动限值要求。对于电子顺磁共振谱仪 E580，竖向振动在 20 Hz 以下频段未超过的仪器振动限值，而 20 Hz 以上频段，有

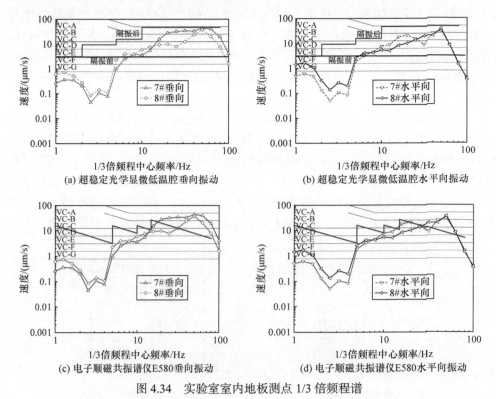

(a) 超稳定光学显微低温腔垂向振动　　　　(b) 超稳定光学显微低温腔水平向振动

(c) 电子顺磁共振谱仪E580垂向振动　　　　(d) 电子顺磁共振谱仪E580水平向振动

图 4.34　实验室室内地板测点 1/3 倍频程谱

些测点已超过仪器振动限值；水平向振动除 1#和 3#测点，其余测点振动满足仪器振动限值。

　　如图 4.35 所示，对于超稳定光学显微低温腔，楼外地表振动除了在 5～20 Hz 频段外，其余频段均满足隔振前仪器振动限值的要求，楼外地表振动各频段均满足隔振后仪器振动限值的要求。对于电子顺磁共振谱仪 E580，各频段均满足仪器振动限值要求。如图 4.36 所示，对于超稳定光学显微低温腔，室外地表振动除了在 5～16 Hz 频段，其余频段满足隔振前的仪器振动限值要求，室外地表振动各频段均满足隔振后的仪器振动限值要求。对于电子顺磁共振谱仪 E580，除 7#测点的竖向振动稍微超过仪器振动限值，其他振动均满足仪器振动限值要求。

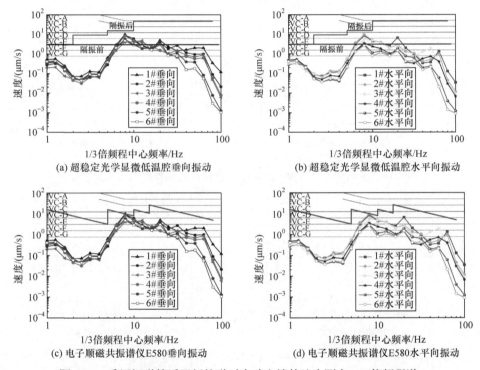

(a) 超稳定光学显微低温腔垂向振动
(b) 超稳定光学显微低温腔水平向振动
(c) 电子顺磁共振谱仪E580垂向振动
(d) 电子顺磁共振谱仪E580水平向振动

图 4.35　采用钢弹簧浮置板轨道时实验室楼外地表测点 1/3 倍频程谱

　　为了直观对比普通整体道床轨道和钢弹簧浮置板轨道形式下的振动响应，将室内测点的振动预测值进行对比分析。如图 4.37 所示，在钢弹簧浮置板轨道工况下，钢弹簧浮置板轨道的自振频率为 8 Hz，实验室外地表测点和实验室内地板测点的振动速度峰值均出现在 8 Hz 处。8 Hz 处浮置板轨道工况的振动高于普通整体道床轨道的振动，其他频段都低于普通整体道床振动。钢弹簧浮置板轨道在 10 Hz 以上频段，其减振效果非常明显，可以大幅减小环境振动。

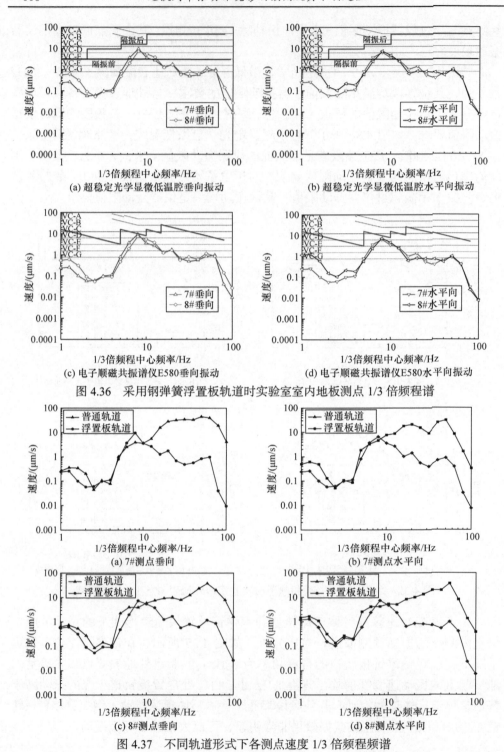

(a) 超稳定光学显微低温腔垂向振动

(b) 超稳定光学显微低温腔水平向振动

(c) 电子顺磁共振谱仪E580垂向振动

(d) 电子顺磁共振谱仪E580水平向振动

图 4.36　采用钢弹簧浮置板轨道时实验室室内地板测点 1/3 倍频程谱

(a) 7#测点垂向

(b) 7#测点水平向

(c) 8#测点垂向

(d) 8#测点水平向

图 4.37　不同轨道形式下各测点速度 1/3 倍频程频谱

4.3　地表逆向激振传递函数预测方法

4.2 节介绍了当隧道结构已建成但尚未铺轨时，采用隧道内激振的方式直接测得较为真实的传递函数。该方法预测精准度高，但往往受到现场环境的制约，如激振设备受尺寸限制不便运至洞内、隧道内存在大量积水，甚至堆积大量建造原材料等。此外，激振设备即使能够入场，也需要耗费大量的人力、物力，成本昂贵。根据传递函数的动力互易性，本节提出采用地面激振隧道内拾振的方式解决上述问题。为了验证这种方法的适用性，在北京交通大学轨道减振与控制实验室地下一层隧道内与其上方地表上开展验证性试验。利用自动落锤激励装置，首先在隧道内道床上激振、地面拾振，然后在地面激振、隧道内拾振。将频域内加速度响应信号和激励力信号之比(即加速度导纳)作为传递函数，分析两种激振工况下传递函数的差异。

4.3.1　试验目的与原理

根据 Betti-Rayleigh 动力互易定理(曹艳梅等，2009)，对于同一个弹性体，分别在两种不同荷载作用时处于两种状态。第 1 状态的外力在第 2 状态的位移上所做的功等于第 2 状态的外力在第 1 状态的位移上所做的功。对于振动在地层中传播这一问题，如果假定振动在激振点与测点之间的路径不变，空间中任意 2 点的传递函数满足互逆性。当地铁隧道结构已建成但尚未铺轨时，往往不具备隧道内激振的条件(如洞内有积水、施工垃圾堆积、大型激振设备不便运至洞内)。如果隧道-地层系统满足传递函数的互异性，则可以采用地面激振、隧道内拾振的方法。这对进一步检验轨道减振设计效果或精准预测列车通车后地表振动响应有积极的工程实践意义。然而，隧道内激振时，地表测点包括体波和表面波的叠加，而地表激振时隧道内测点只有体波。此外，隧道空洞的存在一定程度上也会影响两种激振方式下传递函数路径的一致性。因此，隧道-地层系统是否满足传递函数的互逆性，需要进一步通过试验加以检验。

为此，试验旨在验证在传播路径一致的条件下，隧道内作用脉冲激励力 $F_1(f)$ 时与地表测点间的传递函数 $h_1(f)$ 和地表同一点作用脉冲激励力 $F_2(f)$ 时与隧道内的传递函数 $h_2(f)$ (图 4.38)是否一致。

4.3.2　试验介绍

北京交通大学轨道减振与控制实验室为双层马蹄形隧道,第 1 层为曲线隧道,其拱顶埋深为 6 m, 第 2 层为直线隧道, 其拱顶埋深为 14 m, 两层隧道高宽均为

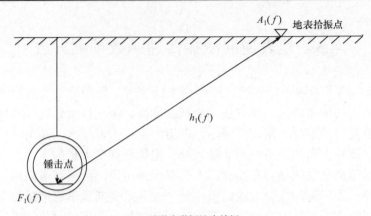

(a) 隧道内激振地表拾振

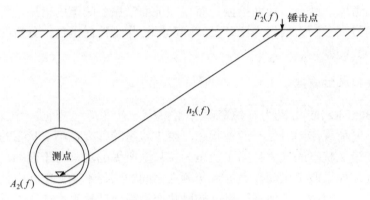

(b) 地表激振隧道内拾振

图 4.38　试验目的示意图

4 m,隧道壁厚度均为 0.55 m。实验室平纵断面图如图 4.39 所示。地下激振试验在地下 1 层开展,为尽量减小外界背景噪声干扰,试验选择在安静的夜间进行。

　　试验采用自动落锤激励装置作为激励设备,采用 INV3062S 型 24 位高精数据采集仪进行自动采集。在隧道内和地表各配置 1 台数据采集仪分别采集隧道内和地表的输出(输入)信号。为保证激励力信号和加速度响应信号同时采集,2 台数据采集仪通过 TP-LINK5 交换机串联。由于激振力作用时间较短,激振力信号需要较高的采样频率来保证力时程信号准确,而为了保证加速度信号的频率分辨率,采样频率又不能太高,因此试验采用变时基传递函数分析方法(应怀樵,1997)。激振力信号采样频率设为 16384 Hz,变时基倍数设为 8,加速度信号的采样频率为 2048 Hz。

　　在隧道内激振时,利用自动落锤激励装置对轨道减振与控制实验室地下 1 层隧道雷达 2000 轨道道床进行激振。为了防止锤头直接接触道床对隧道结构产生

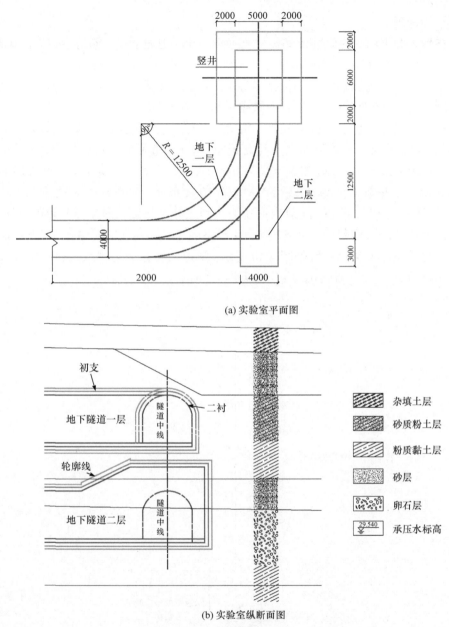

(a) 实验室平面图

(b) 实验室纵断面图

图 4.39　实验室平纵断面图(单位：mm)

破坏，激振时将一定尺寸的木块垫在道床激振点上，木块用细钢丝绑紧以约束横向变形，增加使用次数。落锤锤击木块将激振能量传递到隧道结构上。为了保证地面各测点能拾得清晰的加速度信号且木块不会被一次锤坏，自动落锤激励装置选择 5 块质量配重块，每次升起高度为 15 cm，激振 40 次，选取 20 组有效数据进行平均处理。

在地表激振时，为研究传递函数互逆性，开展地表激振、隧道内拾振的试验，即激励力作用在隧道内激振试验的地表测点上，测点布置在隧道内激振试验的道床激振点上。每次激励力大小保持与隧道内激振试验激励力大小相同，每个激振点激振 40 次，选取其中 20 组有效数据进行平均处理。

隧道内激振点位于实验室地下 1 层无砟轨道上，在隧道中心线距西侧隧道壁 3 m 的道床 F 点处。在地下激振点往北延伸至 80 m 布置地面测点测线，位于地下激振点正上方地面 P0 点处测点定义为 0 m，从该点往北沿着实验室西侧道路的前 30 m 每隔 5 m 布置 1 个测点，后 50 m 每隔 10 m 布置 1 个测点，分别定义为 P1～P11 点，地表共 12 个测点。隧道内振动响应测点分别布置在激振点附近的道床 S1 点上，以及激振点横截面基底 S2 点与距离基底 1.5 m 高度的隧道壁 S3 点。地下激振试验激振点与测点位置如图 4.40 所示。隧道内激振点与测点的空间位置关系如图 4.41 所示。地下激振试验测点如图 4.42 所示。

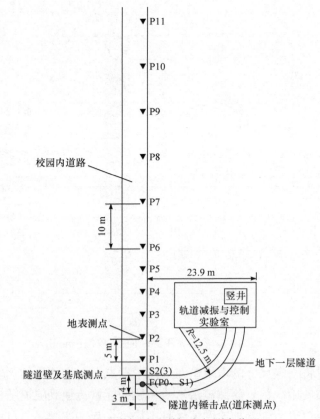

图 4.40　地下激振试验激振点与测点位置

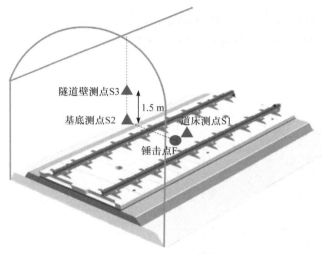

图 4.41　隧道内激振点与测点空间位置关系示意图

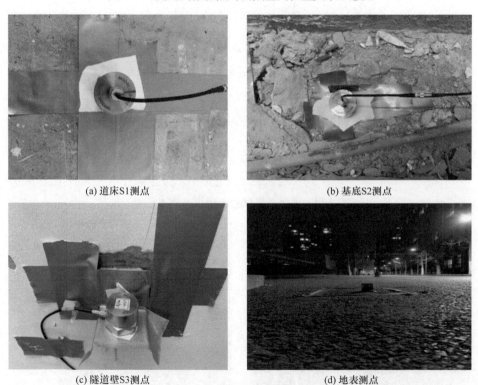

(a) 道床S1测点　　　　　　　　　　　　　(b) 基底S2测点

(c) 隧道壁S3测点　　　　　　　　　　　　(d) 地表测点

图 4.42　地下激振试验测点

　　地表激振试验激振点位置分别选取地表 P0 点及 P0 点以北 10、20、50、80 m
处，共计 5 个激振点，分别定义为 f1～f5 点。测点布置于隧道内道床上和隧道壁上(图 4.40 中 F 点和 S3 点)处,分别重新定义为 s1、s2 点。地表激振试验激振点与测点位置如图 4.43 所示。图 4.44 为试验过程中的工作照片。

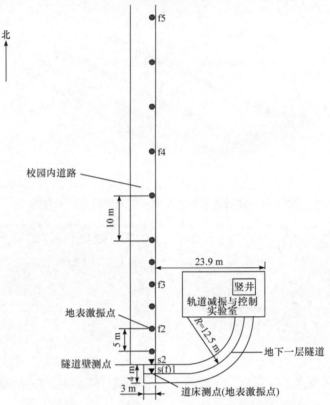

图 4.43　地表激振试验激振点与测点位置

(a) 隧道内落锤激励　　　　　　　　　　(b) 地面落锤激励

(c) 隧道内数据采集　　　　　　　　　(d) 地面数据采集

图 4.44　试验现场工作照片

4.3.3　试验结果

为了减小偶然误差，在隧道激振试验与地表激振试验中，每个激振点激振数据均选取 20 组有效数据进行平均处理。图 4.45 给出了 2 组试验激励力与各测点间的传递函数(均值与 95%置信区间)。

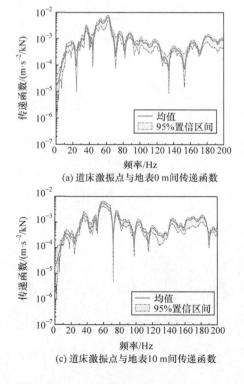

(a) 道床激振点与地表0 m间传递函数

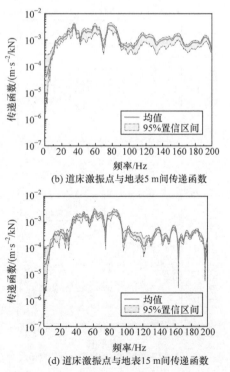

(b) 道床激振点与地表5 m间传递函数

(c) 道床激振点与地表10 m间传递函数

(d) 道床激振点与地表15 m间传递函数

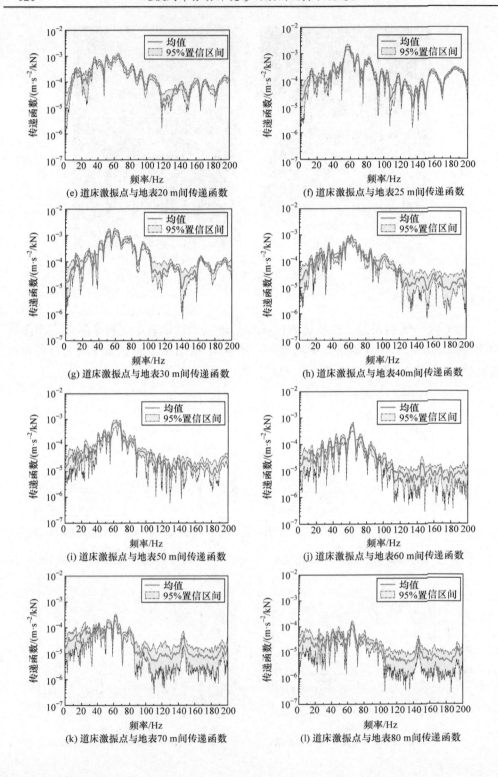

(e) 道床激振点与地表20 m间传递函数

(f) 道床激振点与地表25 m间传递函数

(g) 道床激振点与地表30 m间传递函数

(h) 道床激振点与地表40m间传递函数

(i) 道床激振点与地表50 m间传递函数

(j) 道床激振点与地表60 m间传递函数

(k) 道床激振点与地表70 m间传递函数

(l) 道床激振点与地表80 m间传递函数

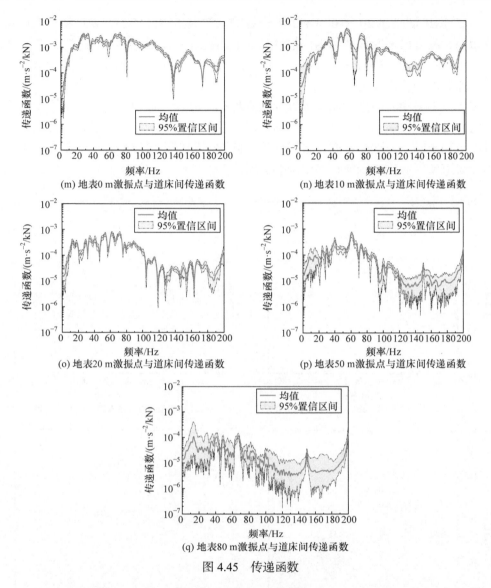

(m) 地表0 m激振点与道床间传递函数

(n) 地表10 m激振点与道床间传递函数

(o) 地表20 m激振点与道床间传递函数

(p) 地表50 m激振点与道床间传递函数

(q) 地表80 m激振点与道床间传递函数

图 4.45　传递函数

（1）在地表 50 m 以内，两组试验数据离散性较小，95%置信区间带宽基本处于同一个量级范围内。由于地表 50 m 以外信噪比较低，因此地表 50 m 以外数据的离散性较大。

（2）2 组试验数据在 20 Hz 频率范围内的离散性较大，这是因为 20 Hz 激励能量较小。随着地表水平距离的增加，100～200 Hz 的数据离散性逐渐变大，这可能是随着水平距离的增加，较高频率内的振动能量衰减加快，信噪比降低。

（3）两组试验在 20～100 Hz 的地表各测点数据离散性较小，并且随水平距离的增加，没有出现明显的数据离散性变大的情况。

（4）通过对数据进行平均处理，能有效降低偶然误差。下面传递函数均采用平均处理后的均值进行分析。

将地下激励时地表不同位置处的振动加速度时程经过快速傅里叶变换变到频域内，再将激振激励力信号经过快速傅里叶变换变到频域内，最后将二者相比，可以得到激励力与地表不同位置间的传递函数。同理，可以得到地上不同位置激励力与道床间的传递函数，如图 4.46 所示。

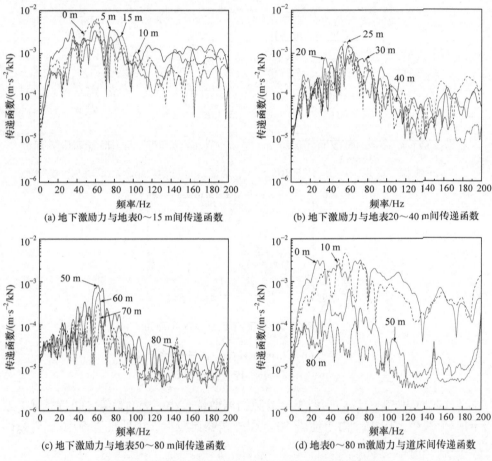

图 4.46　测点与激振点处于不同距离时传递函数比较

（1）地下激励力与地表不同位置间、地表不同位置处激励力与道床间传递函数随频率变化的趋势大致一致，均是从 0 Hz 开始逐渐升高，在 60 Hz 左右出现峰值，然后慢慢衰减。传递函数曲线均存在多个波峰波谷，部分波峰波谷所在频率点一样，只是量值有所不同。

(2)从地表 0～80 m 由近及远，传递函数整体量值也逐渐减少，随着地表水平距离的增加，激振产生的振动能量耗散也随之增加。15 Hz 以内低频部分的振动能量随着距离激振点水平距离的增加衰减并不明显，100 Hz 之后较高频段的能量随着距离激振点水平距离的增加衰减明显加快。这反映出土体对高频振动能量的衰减要大于对低频振动的衰减。

(3)地下激振试验测得的激励力与地表 5 m 间传递函数在 0～40 Hz 和 80～160 Hz 频段时的值明显大于激励力与地表 0 m 间传递函值。在地表 5 m 附近存在明显的振动放大区域。值得注意的是，地下 1 层隧道顶板埋深为 6 m，地表振动放大区域出现的距离与隧道顶板埋深接近。

为验证在传播路径一致的条件下，隧道-地层系统是否满足传递函数的互逆性，将隧道内激振试验的地下激励力与地表 0～80m 间传递函数(道床-地表)与地表激振试验的地表 0～80m 处激励力与道床间传递函数(地表-道床)进行对比，如图 4.47 所示。

(1)在传播路径一致的条件下，隧道内道床激振地面拾振与地面激振隧道内道床拾振的传递函数在 0～100 Hz 的变化趋势和量值大致一致；部分波峰所在的频率点相同，将传递函数互逆性应用于隧道内激振实测传递函数预测方法中，在 0～100 Hz 能够保证一定的预测精度。

(2)在距离隧道水平距离较近处(0 m、10 m、20 m)，0～40 Hz 两次试验测得的传递函数吻合程度非常好，在 120～200 Hz 较高频段范围内，地下激励测得的传递函数稍大于地表激励测得的传递函数。这是因为，隧道内激振时传播到地表的能量包括体波和表面波的叠加，而地表激振时传到隧道内的能量只含有体波，即后者测点的能量应该小于前者。地下与地表激励的激振力能量保持相近，地表激振道床测点的能量小于道床激振地表测点的能量，因此在地表同一点处，道床-地表传递函数稍大于地表-道床传递函数。此外，可以推测，地表激励时，距激振点较近的区域在这一频段部分的能量衰减得更快。

(3)在距离隧道水平距离较远处(50 m、80 m)，两次试验测得的传递函数整体量值比距隧道水平距离较近处(0 m、10 m、20 m)更接近。这可能是因为在地下激励时，产生了体波和面波两种振动能量传播到地表，距离激振点较近的区域能量高频部分衰减得少。随着水平距离的增加，越远的区域高频部分能量耗散越多，而地表激励时，振动能量只包含体波，产生的振动能量要小于地下激励的情况，所以地下激励时，远场的振动能量要更接近地表激励时的振动能量。因此，距离激振点越远，两次试验测得的传递函数量值越接近。

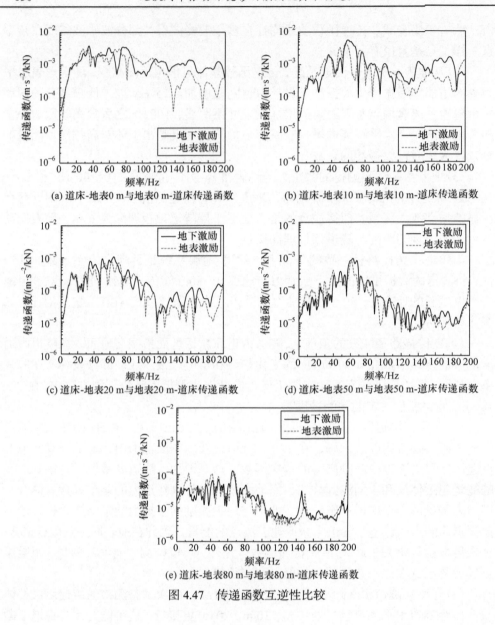

(a) 道床-地表0 m与地表0 m-道床传递函数

(b) 道床-地表10 m与地表10 m-道床传递函数

(c) 道床-地表20 m与地表20 m-道床传递函数

(d) 道床-地表50 m与地表50 m-道床传递函数

(e) 道床-地表80 m与地表80 m-道床传递函数

图 4.47 传递函数互逆性比较

第 5 章 基于 FTA 框架的地铁振动混合预测方法

混合预测方法是指在同一个预测模型框架内，使用两种及以上的预测方法。国际上最著名的混合预测模型是 Verbraken(2013) 和 Kuo 等 (2016) 等基于 FTA (Quagliata et al., 2018) 推荐详细振动评估方法提出的混合预测模型。该模型仅适用于轨道交通地面线环境振动预测。本章在上述研究的基础上，将其拓展至轨道交通地下线环境振动预测。

5.1 FDL+LSTML 预测模式的力学机理及混合预测模型

FTA 规定的预测程序包括敏感点筛查、初步评估、详细评估 3 个阶段。其中，详细评估阶段的振动分析需要在既有线路开展类比测试(如相同的线路形式、轨道类型、车辆类型等)确定振源力密度级，并通过敏感目标场地的实测分析(地下振源采用深孔内的激振试验法)获得振动在地层中的传播特性及土-结构相互作用引起的振动衰减特征，即

$$L_V(x_b) = L_F(\boldsymbol{X}, x) + \mathrm{TM}_L(\boldsymbol{X}, x) + C_b(x, x_b) \tag{5.1}$$

其中，$L_V(x_b)$ 为预测目标建筑物内的振动速度级(dB)，基准速度为 10^{-8} m/s；$L_F(\boldsymbol{X}, x)$ 为力密度级(dB)(force density level, FDL)，基准力密度 1 N/m$^{1/2}$；$\mathrm{TM}_L(\boldsymbol{X}, x)$ 为敏感目标所在场地的线传递率级(dB)，基准线传递率为 10^{-8} (m/s)/(N/m$^{1/2}$)；$C_b(x, x_b)$ 为振动由室外一点 x 传递进入建筑内部点 x_b 的振动损失量(dB)。

当只考虑自由场地的动力响应时，式(5.1)可简化为

$$L_V(x) = L_F(\boldsymbol{X}, x) + \mathrm{TM}_L(\boldsymbol{X}, x) \tag{5.2}$$

该预测模型的核心假设是，振源力密度级与反映振动传递特征的线传递率级是相互独立的分量。

(1)力密度。在 FTA 推荐的预测模型中，将轮轨接触产生的实际动荷载与轨道交通结构振动相结合构成等效的力密度，用于描述激励交通结构周围土壤/岩石介质的动荷载，本质上是去除地质影响的标准化后的振动响应。此外，力密度并不是一个可直接测量的物理量，需要通过测量同一地点的传递率和振动响应推算获得。

(2)力密度级。力密度级是力密度相对于 1 N/m$^{1/2}$ 的分贝级。

(3)传递率。道砟、隧道等轨道交通结构的振动能量以弹性波的形式从交通结构向周围土壤/岩石中辐射。当敏感目标所在地层具有复杂的弹性性能时，往往难以直接通过数学模型反映真实的振动传播特性。在 FTA 预测模型中，推荐采用实测的传递率表征振动在地层中的传播特性。

(4)线传递率。线传递率即描述线状分布的振动源(如多节车厢组成的地铁列车)的振动传递率，是通过点振源传递率的叠加获得的，用于列车运行经通引起振动响应的标准化计算及力密度的测算。

(5)线传递率级。线传递率级的参考值可根据具体分析指标进行选取，如预测指标为速度级、基准速度取为 10^{-8} m/s 时，基准线传递率取 10^{-8} (m/s)/(N/m$^{1/2}$)。

以 FTA 详细评估阶段的振动预测方法为基础，Verbraken(2013)提出混合使用先进数值方法及实测法进行敏感目标处振动预测的混合预测模型。其中，力密度级可通过两种方法获得。

(1)直接法。通过建立高精度的车轨耦合模型计算动态轴荷载，参考下式直接计算力密度级，即

$$L_F^{NUM}(\boldsymbol{X}_{RR}) = 10\lg\left(\frac{n_a}{L_t}g_{RMS}^2\right) \tag{5.3}$$

其中，n_a 为车轴数；L_t 为车长；g_{RMS} 为列车轴荷载在 1/3 倍频程域内的有效值。

如图 5.1 所示，直接法求解得到的力密度级是否准确可靠完全取决于车辆-轨道耦合模型及模型输入参数，其与振动在轨道-隧道-地层耦合系统中的传递特性无关。此时，力密度级振源点 $\boldsymbol{X}_{RR}$ 定义在 2 股钢轨轨顶。

(2)间接法。力密度级通过实测法或数值计算方法，分别求解列车荷载作用下测点 x 的速度级 $L_V(x)$ 及由定点锤击荷载作用下激振点 $\boldsymbol{X}$ 到测点 x 的线传递率级 $TM_L(\boldsymbol{X}, x)$，即

$$L_F(\boldsymbol{X}, x) = L_V(x) - TM_L(\boldsymbol{X}, x) \tag{5.4}$$

间接法获得的力密度级与激振点、测点的选取及振动传递特征等直接相关。此时，力密度级振源点 $\boldsymbol{X}$ 并不局限于两股钢轨轨顶位置，可根据现场情况设置于单股根钢轨顶部或道床中心等位置。

对比力密度级的求解公式及预测模型本身，线传递率级 $TM_L(\boldsymbol{X}, x)$ 的准确估计是获得准确振源力密度级及预测敏感目标处振动响应的基础。图 5.2 给出了线传递率级的测算流程。线传递率级是通过一系列等距的单点激励传递函数叠加计算获得的。对于隧道结构未建成的地下线路，可采用深孔激振的方法。此时，线传递率级可通过下式计算，即

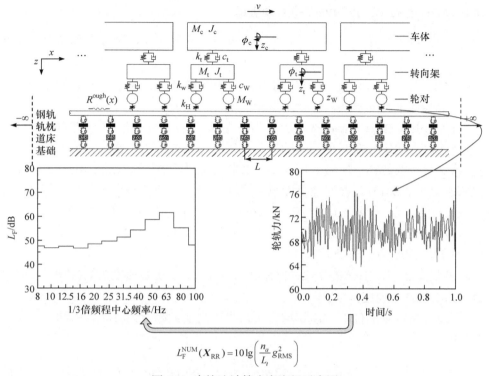

$$L_F^{NUM}(X_{RR}) = 10\lg\left(\frac{n_a}{L_t}g_{RMS}^2\right)$$

图 5.1　直接法计算力密度级示意图

$$\mathrm{TM_L}(X, x_S) = 10\lg\left(h\sum_{k=1}^{n} 10^{\mathrm{TM}_{P_k}/10}\right) \tag{5.5}$$

其中，$\mathrm{TM_{P_k}}$ 为点传递函数级(dB)；h 为激振点间距；n 为激励点数。

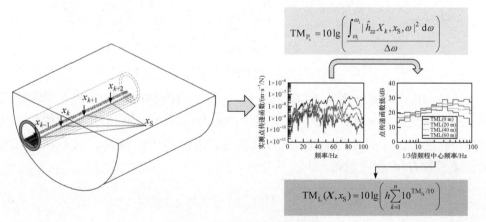

图 5.2　线传递率级测算流程

5.1.1　FDL+LSTML 预测模式的力学机理

城市轨道交通环境振动引起的土体动应变一般小于 10^{-5} 量级，假设土体在此振动量级下处于弹性状态，可视为符合线弹性本构和小变形假设的水平层状半空间体(ISO，2015)。因此，该问题可以简化为在弹性半无限空间内部施加移动荷载，求解弹性半无限空间内任意一点动力响应的问题。

首先，引入 Betti-Rayleigh 动力互易定理(简称动力互易定理)，即对于同一个弹性半无限空间体，在两种不同的荷载作用时分别处于 2 个状态，第 1 状态的外力在第 2 状态的位移上所做的功等于第 2 状态的外力在第 1 状态的位移上所做的功(Verbraken，2013)。设弹性半无限空间体为 Ω，假设该空间由均质、弹性、各向同性材料组成，材料密度为 ρ。在空间 Ω 内设定如下两个运动状态。

(1)状态 1。体力 $\rho b_1(x,t)$、初始位移 $u_1(x',0)$、初始速度 $v_1(x',0)$，t 时刻的位移 $u_1(x',t)$、速度为 $v_1(x',t)$。

(2)状态 2。体力 $\rho b_2(x,t)$、初始位移为 $u_2(x',0)$、初始速度为 $v_2(x',0)$，t 时刻的位移 $u_2(x',t)$、速度 $v_2(x',t)$。

假设初始时刻的位移、速度均为 0，当时间变量趋近无穷时，由动力互易定理可知

$$\int_{\Omega}\int_{-\infty}^{t}\rho b_1(x,\tau)u_2(x',t-\tau)\mathrm{d}x\mathrm{d}\tau = \int_{\Omega}\int_{-\infty}^{t}\rho b_2(x,\tau)u_1(x',t-\tau)\mathrm{d}x\mathrm{d}\tau \tag{5.6}$$

假设状态 1 为真实荷载作用状态，状态 2 为弹性体 ζ 点处作用单位脉冲荷载 $\delta(x-\zeta)\delta(t)$，在 Ω 内产生的位移定义为位移 Green 函数 $u^{G}(x',\zeta,t-\tau)$。因此，式(5.6)可以简化为

$$\begin{aligned}\int_{\Omega}\int_{-\infty}^{t}\rho b_1(x,\tau)u^{G}(x',\zeta,t-\tau)\mathrm{d}x\mathrm{d}\tau &= \int_{\Omega}\delta(x-\zeta)\int_{-\infty}^{t}\delta(t)u_1(x',t-\tau)\mathrm{d}\tau\mathrm{d}x\\ &= \int_{-\infty}^{t}\delta(t)u_1(x',t-\tau)\mathrm{d}\tau\Big|_{x=\zeta}\\ &= u_1(x',t)\big|_{x=\zeta}\end{aligned} \tag{5.7}$$

由此即可求得弹性半无限空间体内任一点的时域动响应。为与 FTA 推荐预测方法统一物理量，本节所有理论推导均采用速度作为动力响应分析的物理量，因此将位移变量 $u_1(x',t)$ 改为速度 $v(x',t)$ 来表达。位移 Green 函数 $u^{G}(x',\zeta,t)$ 用速度的传递函数 $H(x',\zeta,t)$ 代替，即

$$v(x',t) = \int_{\Omega}\int_{-\infty}^{t}H(x',x,t-\tau)\rho b(x,\tau)\mathrm{d}x\mathrm{d}\tau \tag{5.8}$$

　　弹性半无限空间体 Ω 是由轨道-隧道-地层耦合构成的整体系统。传递函数矩阵 $\boldsymbol{H}(x',x,t)$ 中的任一元素 $h_{ij}(x',x,t)$ 表示 0 时刻在 x' 点处、$\boldsymbol{e}_j$ 方向上作用脉冲荷载，t 时刻 x 点处 $\boldsymbol{e}_i$ 方向上的速度响应。采用 n_a 个沿轨道纵向 $\boldsymbol{e}_y$ 以常速 v 移动的轴荷载 $\boldsymbol{g}_k(t)$ 模拟列车移动荷载（图 5.3），即

$$\rho b(x,t) = \sum_{k=1}^{n_a} \delta(x - x_k(t)) \boldsymbol{g}_k(t) \tag{5.9}$$

其中，$x_k(t) = x_{k_0} + vt\boldsymbol{e}_y$，该函数与时间直接相关，表示第 k 个轴荷载的位置；x_{k_0} 为在 0 时刻第 k 个轴荷载的位置；$\boldsymbol{g}_k(t)$ 表示第 k 个轴荷载的时程函数。

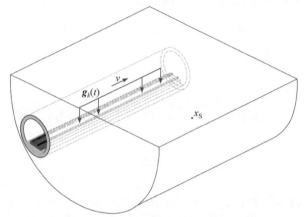

图 5.3　移动轴荷载列作用于轨道结构上的示意图

　　列车运行通过产生的动荷载 $\boldsymbol{g}_k(t)$ 可以分解为准静态激励分量 $\boldsymbol{g}_{sk}(t)$ 和动态激励分量 $\boldsymbol{g}_{dk}(t)$。由于产生机理不同，准静态激励分量与动态激励分量影响的主要影响区域及响应特征也不尽相同。Krylov 等（1994）、Krylov（1995）建立了仅考虑车辆运行的准静态荷载引起的环境振动响应的解析模型，发现在列车运行速度小于土体表面波波速的情况下，轨道附近区域内响应与实测值吻合良好。随着距离轨道中心线距离的进一步增加，与实测值的一致性越来越差。Degrande 等（2001），以及 Galvín 等（2007）也获得了相似结论。因此，准静态在荷载的影响区域主要集中在线路中线的附近区域。在列车运行速度接近或超过土体表面波波速的情况下，准静态在荷载的影响区域及振动幅值将显著变大。该现象在瑞典境内 X2000 列车通过西海岸线的软土地区时被发现（Takemiya，2003；Adolfsson et al.，1999）。对于城市轨道交通地下线路，Jin 等（2018）通过数值计算发现钢轨及隧道仰拱的振动响应在低频段（<10 Hz）由准静态荷载主导；隧道壁及地表的振动响应在 4 Hz 以上频段则均由动态分量 $\boldsymbol{g}_{dk}(t)$ 控制。

依据动力互易定理,可将 $H(x',x,t)$ 转换成为 $H^{\mathrm{T}}(x,x',t)$。将式 (5.9) 代入式 (5.8),可以得到由一列移动轴荷载作用下的弹性半无限空间的振动速度响应,即

$$
\begin{aligned}
v(x',t) &= \int_{-\infty}^{t}\int_{\Omega} H^{\mathrm{T}}(x,x',t-\tau)\sum_{k=1}^{n_a}\delta(x-x_k(\tau))g_k(\tau)\mathrm{d}x\mathrm{d}\tau \\
&= \int_{-\infty}^{t}\sum_{k=1}^{n_a} H^{\mathrm{T}}(x_k(\tau),x',t-\tau)g_k(\tau)\mathrm{d}\tau
\end{aligned}
\tag{5.10}
$$

本章重点关注轮、轨不平顺导致的动态激励分量 $g_{dk}(t)$ 引起的环境振动。

由于半空间内任意一点 x 的速度响应是瞬态的,作为一个随机过程,它的 2 阶统计特性可以应用非平稳自相关函数 $R_v(x',t_1,t_2)$ 表达,即

$$
R_v(x',t_1,t_2) = E[v(x',t_1)v^{\mathrm{T}}(x',t_2)]
\tag{5.11}
$$

其中,$E[\ ]$ 代表数学期望。

将式 (5.11) 代入式 (5.10) 可得

$$
\begin{aligned}
R_v(x',t_1,t_2) = E\Bigg[&\int_{-\infty}^{t_1}\sum_{k=1}^{n_a} H^{\mathrm{T}}(x_k(\tau_1),x',t_1-\tau_1)g_k(\tau_1)\mathrm{d}\tau_1 \\
&\cdot \int_{-\infty}^{t_2}\sum_{l=1}^{n_a} g_l^{\mathrm{T}}(\tau_2)H(x_l(\tau_2),x',t_2-\tau_2)\mathrm{d}\tau_2 \Bigg]
\end{aligned}
\tag{5.12}
$$

假设传递函数矩阵 $H(x',x,t)$ 是"隧道-地层"系统的固有特性,与激励振源无关,因此振动响应的随机性仅取决于各移动轴荷载的随机特性。从而,计算速度响应的自相关函数求解问题,可以转化为求解第 k 个和第 l 个移动轴荷载 $g_k(\tau_1)$ 和 $g_l(\tau_2)$ 的自相关函数问题。式 (5.12) 可以转化为

$$
\begin{aligned}
R_v(x',t_1,t_2) = &\int_{-\infty}^{t_1}\int_{-\infty}^{t_2}\sum_{k=1}^{n_a}\sum_{l=1}^{n_a} H^{\mathrm{T}}(x_k(\tau_1),x',t_1-\tau_1)E[g_k(\tau_1)g_l^{\mathrm{T}}(\tau_2)] \\
&\cdot H(x_l(\tau_2),x',t_2-\tau_2)\mathrm{d}\tau_1\mathrm{d}\tau_2
\end{aligned}
\tag{5.13}
$$

移动列车轴荷载可视为稳态随机过程,其数学期望 $E[g_k(\tau_1)g_l^{\mathrm{T}}(\tau_2)]$ 可以用时间间隔为 $\Delta\tau = \tau_1 - \tau_2$ 的第 k 个和第 l 个移动轴荷载的互相关函数代替。

参考 Wiener-Kintsjin 定理,互相关函数 $R_{gkl}(\tau_1-\tau_2)$ 等于互功率谱密度 $\hat{S}_{gkl}(\omega)$ 为 1 对傅里叶变换对,即

$$
R_{gkl}(\tau_1-\tau_2) = \int_0^{+\infty} \hat{S}_{gkl}(\omega)\mathrm{e}^{\mathrm{i}\omega(\tau_1-\tau_2)}\mathrm{d}\omega
\tag{5.14}
$$

将互相关函数 $\hat{S}_{gkl}(\omega)$ 代入式 (5.13),调整积分次序可得

$$\boldsymbol{R}_v(x',t_1,t_2) = \int_0^{+\infty} \sum_{k=1}^{n_a} \sum_{l=1}^{n_a} \left(\int_{-\infty}^{t_1} \boldsymbol{H}^{\mathrm{T}}(\boldsymbol{x}_k(\tau_1),x',t_1-\tau_1)\mathrm{e}^{\mathrm{i}\omega\tau_1}\mathrm{d}\tau_1 \hat{\boldsymbol{S}}_{gkl}(\omega) \right.$$

$$\left. \cdot \int_{-\infty}^{t_2} \boldsymbol{H}(\boldsymbol{x}_l(\tau_2),x',t_2-\tau_2)\mathrm{e}^{-\mathrm{i}\omega\tau_2}\mathrm{d}\tau_2 \right)\mathrm{d}\omega \qquad (5.15)$$

相比某一固定预测目标点，可认为由若干节具有相似动力参数的车辆组成的地铁列车是无限长的。所以，当列车经过时，随着车辆接近测试断面，预测目标点的振动响应有效值逐步增加，并在通过的时间内保持稳态，而随着列车的远离逐渐减小。因此，列车振动引起的环境动力响应包含一部分稳态响应(Verbraken，2013)。

假设可将移动轴荷载作用于固定的位置从而计算响应的稳态分量，即将移动列车荷载视为一列固定的轴荷载。此时，可以忽略式(5.15)中振源作用位置 $x_k(\tau_1)$ 和 $x_l(\tau_2)$ 的时间相关性。同时，自相关函数 $\boldsymbol{R}_v(x',t_1,t_2)$ 也仅与时间间隔 $\Delta t = t_1 - t_2$ 有关，式(5.15)可以变换为

$$\boldsymbol{R}_v(x',t_1-t_2) = \int_0^{+\infty} \sum_{k=1}^{n_a} \sum_{l=1}^{n_a} \left(\int_{-\infty}^{t_1} \boldsymbol{H}^{\mathrm{T}}(x_k,x',t_1-\tau_1)\mathrm{e}^{\mathrm{i}\omega\tau_1}\mathrm{d}\tau_1 \hat{\boldsymbol{S}}_{gkl}(\omega) \right.$$

$$\left. \cdot \int_{-\infty}^{t_2} \boldsymbol{H}(x_l,x',t_2-\tau_2)\mathrm{e}^{-\mathrm{i}\omega\tau_2}\mathrm{d}\tau_2 \right)\mathrm{d}\omega \qquad (5.16)$$

将 τ_1 和 τ_2 的积分上限分别从 t_1 和 t_2 扩大到 $+\infty$。同时，将关于 τ_1 和 τ_2 的积分等效替换成关于 $t_1 - \tau_1$ 和 $t_2 - \tau_2$ 的积分。对式(5.16)做傅里叶变换，可得

$$\boldsymbol{R}_v(x',t_1-t_2) = \int_0^{+\infty} \sum_{k=1}^{n_a} \sum_{l=1}^{n_a} [\hat{\boldsymbol{H}}^{\mathrm{T}}(x_k,x',\omega)\mathrm{e}^{\mathrm{i}\omega t_1} \hat{\boldsymbol{S}}_{gkl}(\omega)\hat{\boldsymbol{H}}^*(x_l,x',\omega)\mathrm{e}^{-\mathrm{i}\omega t_2}]\mathrm{d}\omega \quad (5.17)$$

同样，根据 Wiener-Kintsjin 定理，稳态响应的自相关函数 $\boldsymbol{R}_v(x',t_1-t_2)$ 与功率谱密度(power spectral density，PSD) $\hat{\boldsymbol{S}}_v(x',\omega)$ 互为傅里叶变换对，即

$$\boldsymbol{R}_v(x',t_1-t_2) = \int_0^{+\infty} \hat{\boldsymbol{S}}_v(x',\omega)\mathrm{e}^{\mathrm{i}\omega(t_1-t_2)}\mathrm{d}\omega \qquad (5.18)$$

通过对比式(5.17)和式(5.18)，可以得到振动速度响应 $v(x',t)$ 的功率谱密度 $\hat{S}_v(x',\omega)$，即

$$\hat{\boldsymbol{S}}_v(x',\omega) = \sum_{k=1}^{n_a} \sum_{l=1}^{n_a} \hat{\boldsymbol{H}}^{\mathrm{T}}(x_k,x',\omega) \ \hat{\boldsymbol{S}}_{gkl}(\omega)\hat{\boldsymbol{H}}^*(x_l,x',\omega) \qquad (5.19)$$

根据帕萨瓦尔定理，信号在时域及频域内的能量相等。因此，任一频带 $[\omega_1,\omega_2]$

内的振动速度响应的均方值 $v_{\mathrm{RMS}}^2(x')$ 可通过对该频带内的功率谱密度 $\hat{S}_v(x',\omega)$ 积分获得，即

$$v_{\mathrm{RMS}}^2(x') = \int_{\omega_1}^{\omega_2} \hat{S}_v(x',\omega)\mathrm{d}\omega \tag{5.20}$$

第 k 个和第 l 个轴荷载间的相关性可通过二者的互功率谱密度函数 $\hat{S}_{gkl}(\omega)$ 考虑。在窄带谱中，该函数表现为依赖特征频率 ω 的振荡函数。该特征频率 ω 与 2 个轴的间距 $d_{k,l}$ 及列车行驶速度 v 有关（$\omega = v / d_{k,l}$），导致 $\hat{S}_v(x',\omega)$ 在窄带谱内是显著振荡的。

Wu 等 (2001) 发现，当振动响应在较宽的频带内计算时，$\hat{S}_v(x',\omega)$ 的振荡特性可以通过在较宽频带内的平均计算消除，从而第 k 个和第 l 个轴荷载间的相干性对振动响应的贡献则可以忽略，则互功率谱密度 $\hat{S}_{gkl}(\omega)$ 可简化为 $\hat{S}_{gkk}(\omega)$。进一步，对任意的第 k 个轴而言，将功率谱密度 $\hat{S}_{gkk}(\omega)$ 用所有轴荷载的平均功率谱密度 $\hat{S}_g(\omega)$ 代替，则

$$\begin{aligned} v_{\mathrm{RMS}}^2(x') &= \int_{\omega_1}^{\omega_2} \sum_{k=1}^{n_a} \hat{\boldsymbol{H}}^{\mathrm{T}}(x_k,x',\omega)\hat{\boldsymbol{S}}_{gkk}(\omega)\hat{\boldsymbol{H}}^*(x_k,x',\omega)\mathrm{d}\omega \\ &= \int_{\omega_1}^{\omega_2} \hat{\boldsymbol{H}}^{\mathrm{T}}(x_k,x',\omega)\hat{\boldsymbol{S}}_g(\omega)\hat{\boldsymbol{H}}^*(x_k,x',\omega)\mathrm{d}\omega \end{aligned} \tag{5.21}$$

其中，传递函数矩阵 $\hat{\boldsymbol{H}}(x_k,x',\omega)$ 为

$$\hat{\boldsymbol{H}}^{\mathrm{T}}(x_k,x',\omega) = \begin{bmatrix} \hat{h}_{zz}(x_k,x',\omega) & \hat{h}_{zx}(x_k,x',\omega) & \hat{h}_{zy}(x_k,x',\omega) \\ \hat{h}_{xz}(x_k,x',\omega) & \hat{h}_{xx}(x_k,x',\omega) & \hat{h}_{xy}(v_k,x',\omega) \\ \hat{h}_{yz}(x_k,x',\omega) & \hat{h}_{yx}(x_k,x',\omega) & \hat{h}_{yy}(x_k,x',\omega) \end{bmatrix} \tag{5.22}$$

当仅考虑振源的垂向作用时，移动轴荷载列引起的垂向振动速度 $v_{\mathrm{RMS}z}(x')$ 可以表达为

$$v_{\mathrm{RMS}z}^2(x') = \int_{\omega_1}^{\omega_2} \sum_{k=1}^{n_a} \hat{S}_g(\omega)\left|\hat{h}_{zz}(x_k,x',\omega)\right|^2 \mathrm{d}\omega \tag{5.23}$$

在 FTA 的预测程序中，速度级的计算公式为

$$L_{\mathrm{V}} = 10\lg(v_{\mathrm{RMS}}^2) - 10\lg(v_0^2) \tag{5.24}$$

其中，参考速度 $v_0 = 10^{-8}$ m/s。

　　为将振动源强特性的振动传递特征进行分离，引入表示任一轴荷载在轨道纵向上平均作用范围的特征长度 L_a。它被定义为列车长度 L_t 与轴荷载数量 n_a 的比，即 $L_a = L_t/n_a$。同时，在 1/3 倍频程频域内的不同频带 $[\omega_1, \omega_2]$，带宽 $\Delta\omega = \omega_2 - \omega_1$。由 (5.24) 可得

$$v_{\text{RMS}z}^2(x') = \int_{\omega_1}^{\omega_2} \frac{\hat{S}_g(\omega)}{L_a} L_a \sum_{k=1}^{n_a} \left| \hat{h}_{zz}(x_k, x', \omega) \right|^2 d\omega \qquad (5.25)$$

　　假设隧道-地层系统的振动传递特性与振源特性间相互独立，因此可将表示振源特性和振动传递特性的计算项进行分离，即

$$v_{\text{RMS}z}^2(x') = \left(\int_{\omega_1}^{\omega_2} \frac{\hat{S}_g(\omega)}{L_a} d\omega \right) \left(\frac{L_a}{\Delta\omega} \int_{\omega_1}^{\omega_2} \sum_{k=1}^{n_a} \left| \hat{h}_{zz}(x_k, x', \omega) \right|^2 d\omega \right) \qquad (5.26)$$

　　同理，根据帕萨瓦尔定理，在任一频带 $[\omega_1, \omega_2]$ 内，轴荷载 $g_k(t)$ 的均方值 g_{RMS}^2 可通过对其功率谱密度 $\hat{S}_g(\omega)$ 在相应的频带内进行积分得到，即

$$g_{\text{RMS}}^2 = \int_{\omega_1}^{\omega_2} \hat{S}_g(\omega) d\omega \qquad (5.27)$$

　　联立式 (5.26) 和式 (5.27)，可得

$$v_{\text{RMS}z}^2(x') = \frac{g_{\text{RMS}}^2}{L_a} \frac{L_a}{\Delta\omega} \sum_{k=1}^{n_a} \int_{\omega_1}^{\omega_2} \left| \hat{h}_{zz}(x_k, x', \omega) \right|^2 d\omega \qquad (5.28)$$

其中，$1/\Delta\omega \cdot \int_{\omega_1}^{\omega_2} \left| \hat{h}_{zz}(x_k, x', \omega) \right|^2 d\omega$ 的物理意义是不同频带 $[\omega_1, \omega_2]$ 内振动传递函数 $\hat{h}_{zz}(x_k, x', \omega)$ 平方在对应频带内的平均值，则

$$\begin{aligned} L_V &= 10\lg(v_{\text{RMS}}^2) - 10\lg(v_0^2) \\ &= 10\lg\left(\frac{g_{\text{RMS}}^2}{L_a} \frac{L_a}{\Delta\omega} \sum_{k=1}^{n_a} \int_{\omega_1}^{\omega_2} \left| \hat{h}_{zz}(x_k, x', \omega) \right|^2 d\omega \right) - L_{V_0} \end{aligned} \qquad (5.29)$$

　　在接下来的推导过程中忽略 L_{V_0}（基准振动级，为常数），则式 (5.29) 可以表示为

$$L_V = \underbrace{10\lg\left(\frac{g_{\text{RMS}}^2}{L_a} \right)}_{L_F} + \underbrace{10\lg\left(\frac{L_a}{\Delta\omega} \sum_{k=1}^{n_a} \int_{\omega_1}^{\omega_2} \left| \hat{h}_{zz}(x_k, x', \omega) \right|^2 d\omega \right)}_{\text{TM}_L} \qquad (5.30)$$

　　振动传递特征项可通过等距的多点锤击荷载计算获得，即

$$\mathrm{TM_L} = 10\lg\left(\frac{L_a}{\Delta\omega}\sum_{k=1}^{n_a}\int_{\omega_1}^{\omega_2}\left|\hat{h}_{zz}(x_k,x',\omega)\right|^2\mathrm{d}\omega\right)$$

$$= 10\lg\left(L_a\sum_{k=1}^{n_a}10^{\mathrm{TM_{P_k}}/10}\right) \tag{5.31}$$

$$\mathrm{TM_{P_k}} = 10\lg\left(\frac{1}{\Delta\omega}\int_{\omega_1}^{\omega_2}\left|\hat{h}_{zz}(x_k,x',\omega)\right|^2\mathrm{d}\omega\right) \tag{5.32}$$

式(5.31)中，采用的固定间隔为实际列车轴荷载的影响范围L_a，如图5.4(a)所示。在实际测试过程中可采用激励点等间隔的布置方案替代，如图5.4(b)所示。由于预测断面点的振动响应主要由邻近的车辆控制，在实际操作过程中无须与实际轴荷载一一对应即可适当减少锤击点及锤击长度。此时，定点激励布置方式可简化为图5.4(c)。根据梯形法则，左右端点仅考虑$1/2h$的锤击间隔。式(5.31)可转化为

$$\mathrm{TM}_L = 10\lg\left[h\left(\frac{1}{2}10^{\mathrm{TM_{P_1}}/10} + 10^{\mathrm{TM_{P_2}}/10} + \cdots + 10^{\mathrm{TM_{P_{n-1}}}/10} + \frac{1}{2}10^{\mathrm{TM_{P_n}}/10}\right)\right] \tag{5.33}$$

其中，h为等距激励点的间隔；n为激励点数。

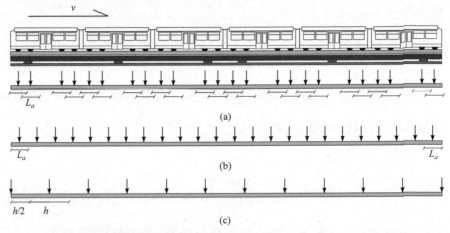

图5.4　线振源传递函数级测试激振点布置图示(Paneiro et al., 2015)

本节公式的推导均以振动速度为分析对象。在以加速度为预测指标时，FDL + LSTML 预测模式仍然适用，即

$$L_A(x_b) = L_F(X,x) + \mathrm{TM_{L,A}}(X,x) \tag{5.34}$$

其中，$L_A(x_b)$为预测目标建筑物内的振动加速度级(dB)，基准加速度为10^{-6} m/s²；基准力密度仍取为 1 N/m$^{1/2}$；$\mathrm{TM_{L,A}}(X,x)$为振动加速度的线传递率级(dB)，基准线传递率为 10^{-6} (m/s²)/(N/m$^{1/2}$)(后面的速度、加速度的线传递率级均表达为

TM_L，基准值的选择可根据不同的预测指标具体考虑）。

综上，在 FDL + LSTML 预测模式的理论分析过程中，Verbraken 等（2011）结合列车移动荷载引起的环境振动响应特征，做了以下假设。

（1）列车长度相较于某一个预测目标点可视为无限长，并且列车振动引起的环境振动响应包含一部分稳态响应。因此，将移动列车荷载简化为多点固定输入位置的轴荷载。

（2）在 1/3 倍频程域内，振动响应在较宽的频带内计算时不同轴荷载间的相干性对振动响应的贡献则可以忽略。因此，列车移动荷载可以简化为相互独立且相等的多点荷载。

（3）将传递函数的窄带谱转化为 1/3 倍频域各个频带内的平均值，描述各个振动的传递特征。

（4）将固定轴荷载位置的定点锤击荷载等效为等距离的多点锤击荷载。

针对地下铁路引起的环境振动预测问题，Verbraken 等（2011）通过数值计算对以上假设的合理性逐一进行了证明。

5.1.2　混合预测模型

受实际项目背景及实测条件的制约，振动预测工程中很难保证振源力密度级和敏感目标处的线传递率级均可通过现场测量获得。此外，获得振源力密度的振动测点与预测目标现场测点布置也很难一一对应。随着计算效率的飞速发展，以上问题均可通过建立精细化的数值模型解决。由于数值模型输入参数存在不确定性，因此有必要提出 1 套将数值算法与实测法结合的混合预测模型。

经过多年的发展，Verbraken（2013）和 Kuo 等（2016）开发出了适用于地面线路的混合预测模型框架，并将其用于布鲁塞尔与列日间的高速铁路 L2 线。Verbraken（2013）仅考虑自由场的振动响应预测，将混合预测模型分为 3 类。

在以下公式中，我们约定上角标 HYB 代表混合预测模型（hybrid）；NUM 代表数值计算方法（numerical），为方便叙述也用于表示解析方法；EXP 代表现实测法（experimental），下角标 RR 代表锤击两根钢轨轨头。激励点与测点位置如图 5.5 所示。

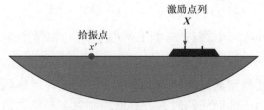

图 5.5　激励点与测点位置

1. 第 1 类混合预测模型

数值法解力密度级（Verbraken，2013），即

$$L_V^{HYB}(x') = L_F^{NUM}(\boldsymbol{X}, x') + TM_L^{EXP}(\boldsymbol{X}, x') \tag{5.35}$$

（1）直接求力密度级。该方法直接将列车荷载简化为多个定点轴荷载，通过车轨耦合模型计算动态轴荷载的力密度级。直接求解得到的力密度级不依赖振动在轨道-地层耦合系统中的传递特性与测试点位置，即

$$L_V^{HYB}(x') = L_F^{NUM}(\boldsymbol{X}_{RR}) + TM_L^{EXP}(\boldsymbol{X}_{RR}, x') \tag{5.36}$$

需要注意的是，若用于评估规划线路的环境振动响应，则需要在具体规划位置实测线传递率级，并应用数值法进行锤击位置改变的修正，即

$$L_V^{HYB}(x') = L_F^{NUM}(\boldsymbol{X}_{RR}) + \underbrace{TM_L^{NUM}(\boldsymbol{X}_{RR}, x') - TM_L^{NUM}(\boldsymbol{X}_1, x')}_{\Delta TM_L^{NUM}(\boldsymbol{X}_1, \boldsymbol{X}_{RR}, x')}$$
$$+ TM_L^{EXP}(\boldsymbol{X}_1, x') \tag{5.37}$$

（2）间接法求力密度级。需要建立轨道-地层耦合模型，通过数值法计算轨枕、钢轨等位置到地表点线振源传递函数级和列车荷载作用下地表点的振动速度级，即

$$L_F^{NUM}(\boldsymbol{X}, x') = L_V^{NUM}(x') - TM_L^{NUM}(\boldsymbol{X}, x') \tag{5.38}$$

$$L_V^{HYB}(x') = L_F^{NUM}(\boldsymbol{X}, x') + \underbrace{TM_L^{NUM}(\boldsymbol{X}, x') - TM_L^{NUM}(\boldsymbol{X}_1, x')}_{\Delta TM_L^{NUM}(\boldsymbol{X}_1, \boldsymbol{X}, x')} + TM_L^{EXP}(\boldsymbol{X}_1, x')$$
$$= L_V^{NUM}(\boldsymbol{X}, x') - TM_L^{NUM}(\boldsymbol{X}_1, x') + TM_L^{EXP}(\boldsymbol{X}_1, x') \tag{5.39}$$

第 1 类混合预测模型采用数值方法获得力密度级，实测法获得敏感目标处的线传递率级。若数值方法与现场测试获得线传递率级的激励点不一致，则需要采用数值方法进行修正。

2. 第 2 类混合预测模型

数值法解线传递率级，即

$$L_F^{EXP}(\boldsymbol{X}, x_1') = L_V^{EXP}(x_1') - TM_L^{EXP}(\boldsymbol{X}, x_1') \tag{5.40}$$

$$L_V^{HYB}(x_2') = L_V^{EXP}(x_1') - TM_L^{EXP}(\boldsymbol{X}, x_1') - TM_L^{NUM}(\boldsymbol{X}, x_2') \tag{5.41}$$

其中，x_1' 为力密度级类比测试场地测点；x_2' 为预测目标场地测点。

第 2 类混合预测模型通过实测的力密度级结合线传递率级的数值解进行敏感目标的振动预测。用于地面线路时，若数值法测点与现场测试测点布置的位置差异明显，会导致预测结果的准确性显著降低。

3. 第 3 类混合预测模型

应用数值法修正锤击点不同的差异，即

$$L_V^{HYB}(x') = L_F^{EXP}(\boldsymbol{X}_2, x') + \underbrace{TM_L^{NUM}(\boldsymbol{X}_2, x') - TM_L^{NUM}(\boldsymbol{X}_1, x')}_{\Delta TM_L^{NUM}(\boldsymbol{X}_1, \boldsymbol{X}_2, x')} + TM_L^{EXP}(\boldsymbol{X}_1, x')$$

$$(5.42)$$

第 3 类混合预测模型应用的振源力密度级和敏感目标所在场地的线传递率级均采用实测法获得。由于测试条件的局限性可能导致两个测试激励点的位置不同，需要应用数值方法对锤击位置不同导致的预测误差进行修正。

Kuo 等(2016)在 Verbraken(2013)的基础上进一步考虑建筑物的振动响应，将混合预测模型的使用工况具体分为两类，即

$$C_b(x', x_b) = L_V(x_b) - L_V(x')$$

或

$$C_b(x', x_b) = TM_L(\boldsymbol{X}_1, x_b) - TM_L(\boldsymbol{X}_1, x')$$

$$(5.43)$$

工况 1，尚无铁路线路。力密度级应用数值计算、传播路径、建筑结构的线传递率级应用实测，即

$$L_F^{NUM}(\boldsymbol{X}_1, x') = L_V^{NUM}(x') - TM_L^{NUM}(\boldsymbol{X}_1, x')$$

$$(5.44)$$

$$L_V^{HYB}(x_b) = L_F^{NUM}(\boldsymbol{X}_1, x') + TM_L^{EXP}(\boldsymbol{X}_1, x_b)$$

$$(5.45)$$

工况 2，尚无建筑物。力密度级及传播路径线传递率级应用实测，建筑结构的振动耦合损失应用数值计算，即

$$L_V^{HYB}(x_b) = L_F^{EXP}(\boldsymbol{X}, x') + TM_L^{EXP}(\boldsymbol{X}, x') + C_b^{NUM}(x', x_b)$$

$$(5.46)$$

该方法根据建筑结构与土体耦合损失不同的计算方式又可以细分为两种工况。

工况 2.1

$$C_b^{NUM}(x', x_b) = L_V^{NUM}(x_b) - L_V^{NUM}(x')$$

$$(5.47)$$

工况 2.2

$$C_b^{NUM}(x', x_b) = TM_L^{NUM}(\boldsymbol{X}_1, x_b) - TM_L^{NUM}(\boldsymbol{X}_1, x')$$

$$(5.48)$$

通过 Verbraken 和 Kuo 等的持续研究，适用于地面线路混合预测模型已逐步发展为具备明确理论基础及广泛适用性的精准、详细预测模型。综上可知，混合预测模型的核心在于测算线传递率级和力密度级。

5.2　不同地铁列车激励作用下振动响应对比分析

Verbraken 等(2011)通过理论推导及数值计算，证明 FTA 推荐的预测程序主要应用于动态激励引起的振动响应预测。因此，为分析该预测程序在地下线路中的适用性，首先对不同激励机理在整个振动传播系统不同位置处引起的振动响应进行对比分析。

不同激励作用下典型扣件支点反力时程及频谱如图 5.6 所示。计算列车为普通地铁 6 节编组 B 型车，总长 $L_t \approx 120\mathrm{m}$；车速 60 km/h；采用普通整体道床 DTVI$_2$ 扣件轨道。具体计算参数如表 2.1 和表 2.2 所示。其中，准静态荷载计算过程不考虑任何不平顺激励，计算合力采用美国 5 级谱作为输入激励。将 3 种激励分别施加于经过校核的"轨道-隧道-地层"3 维动力"有限元-无限元"耦合分析模型。

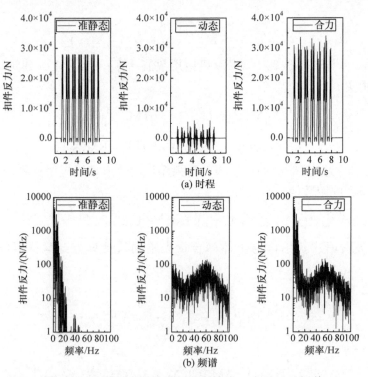

图 5.6　不同激励作用下典型扣件支点反力时程及频谱

1)轨道-隧道-地层 3 维动力耦合模型

以北京地铁 1 号线东单站～建国门站区间的隧道断面及地层分布为例，应用 ABAQUS 建立轨道-隧道-地层三维动力耦合模型。模型计算流程示意图如图 5.7 所示。

　　该模型首先采用 SVTIPIST 计算程序计算作用在道床板上不同扣件位置的支点反力；然后将该不同扣件点的支撑反力时程按照特定位置加载在道床板上，从而计算各个测点的振动响应。为避免固定边界对波的反射影响计算结果的准确性，在模型边界处设置无限单元。模型范围为 90 m×80 m×50 m，地表网格尺寸由振源处近场到远场，采用 0.6～1 m 的过渡网格。

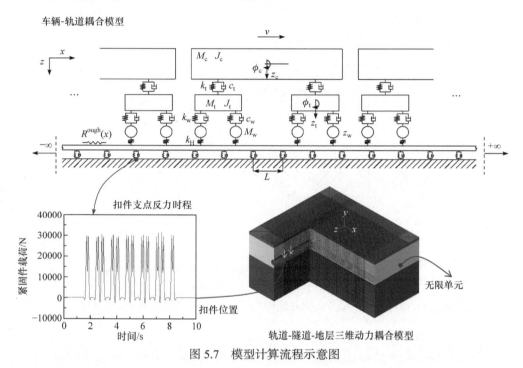

图 5.7　模型计算流程示意图

2) 模型参数

　　以北京地铁 1 号线东单站～建国门站区间的隧道-地层参数为例，预测普通 DTVI$_2$ 扣件轨道型式下地铁列车运行引起的环境振动水平。隧道结构和地层信息见表 2.3 和 3.2.2 节。

　　在计算列车荷载动力响应的模型中，采用瑞利阻尼假设，将系统的阻尼矩阵表达为质量矩阵与刚度矩阵的线性叠加，即

$$C = \alpha M + \beta K \tag{5.49}$$

瑞利阻尼常数 α 和 β 为

$$\begin{cases} \alpha = \dfrac{2\omega_i \omega_k}{\omega_i + \omega_k}\zeta \\[3mm] \beta = \dfrac{2}{\omega_i + \omega_k}\zeta \end{cases} \tag{5.50}$$

其中，ζ 为土层的阻尼比，取为 0.03；ω_i、ω_k 为分析模型关心频段的 2 个端点值，分别取 1 Hz、100 Hz（$\omega_i = 6.28$、$\omega_k = 628$）；瑞利阻尼常数分别为 $\alpha = 0.373$、$\beta = 9.454 \times 10^{-5}$。

3）模型准确性校验

如图 5.8 所示，数值模型计算获得的振动响应与马龙祥（2015）的预测结果趋势一致，计算结果基本吻合。同时，10～16 Hz 的实测结果明显高于数值计算结果，由繁忙的路面交通所致（孙晓静，2008）。

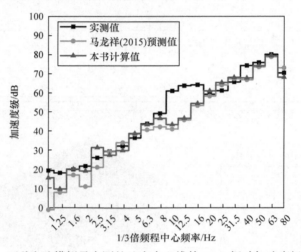

图 5.8　两种方法模拟及实测的地表中心线外 40 m 振动加速度级的比较

4）结果分析

不同激励作用下的振动加速度级比较如图 5.9 所示。显然，8 Hz 以上频段均由动态激励控制。对于隧道壁及地表测点，即使是在 4～8 Hz 的较低频段内，采用动态激励与全部激励作用下的振动加速度级相差也不超过 3 dB。

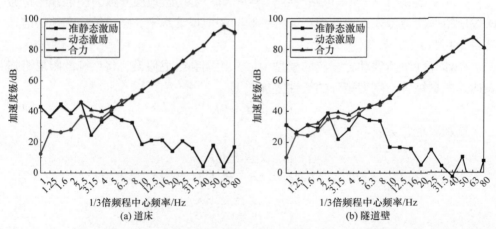

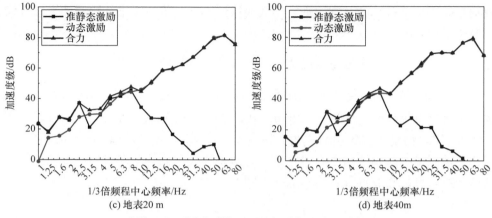

图 5.9　不同激励作用下的振动加速度级比较

综上所述，采用 FDL-LSTML 预测模式同样适用于地下线路列车诱发的环境振动响应预测。

5.3　线传递率级计算原理及影响因素分析

线传递率级的测算是整个预测程序的关键。轨道交通地面线路引起的环境振动主要以表面波的形式向远场传播。在实测线传递率级时，应采用可以激发较宽振动频带的大型落锤装置，保证在关心的频带内能提供足够的激振强度。通过多点激励等效线振源激励模式传递特征的操作程序已经在地面线路的振动预测框架中发展成熟，并且预测准确性也在实际案例中得到验证。

然而，一般情况下，以地铁隧道正上方对应的地表点为中心线，一定范围内的振动响应以体波为主。该影响辐射范围定义为振源半径。在振源半径之外，大部分振动由表面波贡献，距离振源半径点越远，体波所占的成分越小；在振源半径之内，体波所占比重往往很大，甚至占主导地位，不能忽略(马蒙等，2013)。表面波与体波的衰减规律不同，因此在地面线路获得的多点锤击与线振源激励模式的等效原则、测试过程中的简化程序等都需要在考虑地下线路实际工程特点的基础上重新验证。

在线传递率级的实际测算过程中，针对某一固定长度的列车线荷载，激励点列的覆盖长度、激励点间距直接影响预测结果准确性。对于既有线路，可采用隧道内激励；对于新建线路，隧道结构尚未落成时，可采用深孔激振方式进行地下激励。隧道结构引起的差异可通过数值模拟获得相应的修正函数解决。针对不同的地层条件、隧道结构形式、不同距离预测点等并不存在某一固定的修正函数。

本节以理论分析为主，基于土体 Green 函数法(Schevenels et al.，2009)计算分析弹性半无限空间内单位脉冲荷载作用下地表响应的传递特征，重点分析多点激励等效线振源激励的基本原理；等效线振源长度、等效激励间距对地下振源线传递率级的影响。

5.3.1　多点激励等效线振源激励模式振动传递特征的数学机理分析

式(5.31)给出了线传递率级的理论解。不同频段内的线传递率级为点传递函数级及激励点等效距离的累计。传递函数 $\hat{h}_{zz}(x_k, x', \omega)$ 可通过解析法、数值法、实测法等获得，但是无法给出显式的方程表达。结合动力互易定理，式(5.31)可视为固定激励点 x 引起与线路中心线相平行的地表测线上的等距多点响应传递函数的叠加。锤击点与测点等效互易示意图如图5.10所示。

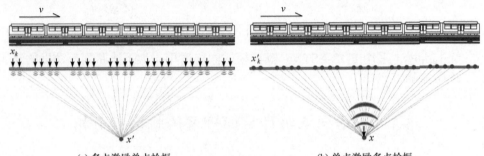

(a) 多点激励单点拾振　　　　　　　　　(b) 单点激励多点拾振

图5.10　锤击点与测点等效互易示意图

此时，式(5.31)可转换为

$$\text{TM}_L = 10\lg\left(\frac{L_a}{\Delta\omega}\sum_{k=1}^{n_a}\int_{\omega_1}^{\omega_2}\left|\hat{h}_{zz}(x', x_k, \omega)\right|^2 \mathrm{d}\omega\right) \tag{5.51}$$

进一步，式(5.51)为积分步长为 L_a、n_a 等分的复化梯形求积形式。对于埋深为 z_s 的地下线路，以激振点为坐标原点、垂向为 z 轴、线路方向为 x 轴、垂直于线路方向为 y 轴，可以建立空间直角坐标系。激励点与等效测点空间位置关系如图5.11所示。

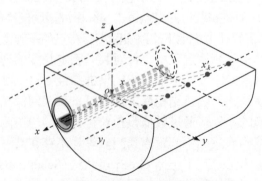

图5.11　激励点与等效测点空间位置关系

在原点激励，距离地表中心线 y_l 处的线传递率级的精确解为

$$\text{TM}_\text{L}(y_l, z_s) = 10\lg\left(\frac{2}{\Delta\omega}\int_0^{L/2} g(x, y_l, z_s, \omega)\right)\text{d}x \tag{5.52}$$

其中

$$g(x, y_l, z_s, \omega) = \frac{1}{\Delta\omega}\int_{\omega_1}^{\omega_2}\left|\hat{h}_{zz}[x(0,0,0), x'(x, y_l, z_s), \omega]\right|^2 \text{d}\omega \tag{5.53}$$

式 (5.51) 作为典型的数值积分解，必然存在积分精度的问题，即对应固定的列车长度，多点激励等效线振源激励模式必须满足一定的积分控制条件。此处定义为线振源覆盖率，具体含有等效覆盖率 (起、终激励点距离 L 比列车总长度 L_t，$L/L_t \times 100\%$)、等效覆盖密度 (等效轴间距 L_a 比相邻激励点间距 h，$L_a/h \times 100\%$)，即

$$p_{\text{等效覆盖率}} = \frac{L}{L_t} \times 100\% \tag{5.54}$$

$$p_{\text{等效覆盖密度}} = \frac{L_a}{h} \times 100\% \tag{5.55}$$

对于固定长度的线振源 (L_t)，当积分步长足够小 (相邻激励点间距 h)、积分点数 (激励点数 n) 足够多时，可以解得满足工程精度的线传递率级。

土层内部脉冲激励作用下的地表测点处的频响函数序列可以通过求解水平成层土体表面 Green 函数得到。Schevenels (2007)、刘卫丰等 (2009) 基于 Green 函数法得到半无限空间水平成层土体的解析解，可用于快速计算弹性半无限空间传递函数的计算分析。

本章以弹性半无限空间为研究对象，激励位置及地层分层如图 5.12 所示。应用鲁汶大学开发的 EDT 工具箱 (Schevenels et al.，2009) 分别计算半无限空间均匀土体及水平成层土体内不同激励深度条件下 ($z_s = 0$ m、10 m、20 m、30 m)，地表半径 200 m 范围内不同距离处的传递函数。

(a) 均一地层　　　　　　　　　　　　(b) 水平成层地层

图 5.12　激励位置及地层分层

5.3.2　均匀弹性半无限空间线传递率级计算精度影响因素分析

单一均质土体计算参数为剪切波速 $C_s = 105.65\ \mathrm{m/s}$、压缩波速 $C_p = 218.23\ \mathrm{m/s}$、阻尼比 $\zeta = 0.03$、泊松比 $\nu = 0.347$、土体密度 $\rho = 1826\ \mathrm{kg/m^3}$。激励点分别位于地表点、埋深 10 m、20 m、30 m 处。

振动响应传递比可以反映振动能量在传播系统中相对于某一位置 x_0 的衰减特性，一般定义为

$$I_{x_0}^{x_1}(\omega) = \frac{R_{x_1}(\omega)}{R_{x_0}(\omega)} \tag{5.56}$$

其中，$R_{x_0}(\omega)$ 表示 x_0 位置处的频域振动响应；$R_{x_1}(\omega)$ 表示 x_1 位置处的频域振动响应；$I_{x_0}^{x_1}(\omega)$ 为两点间的响应传递比。

在单位脉冲激励作用下，随着距离振源点的增加，地表不同位置测点相对于地表 0 m 处的振动加速度传递比如图 5.13 所示。

(1) 对于地表激励工况，在激励源半径 40 m 范围内，1～200 Hz 全频段的振动加速度迅速衰减 3～4 个数量级。然而，随着距离进一步增加，1～10 Hz 的振动加速度基本保持稳定；12.5 Hz 以上频段仍衰减较快，且呈现明显的"起伏式"衰减特征；50 Hz 以上频段，距离每增加 10 m，振动加速衰减接近一个数量级。

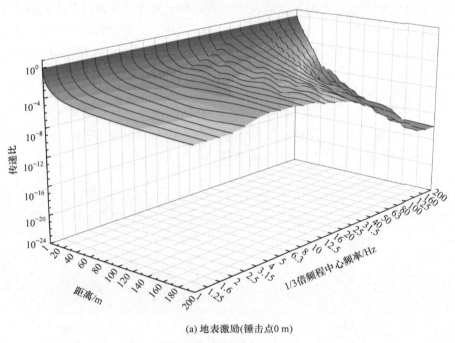

(a) 地表激励(锤击点 0 m)

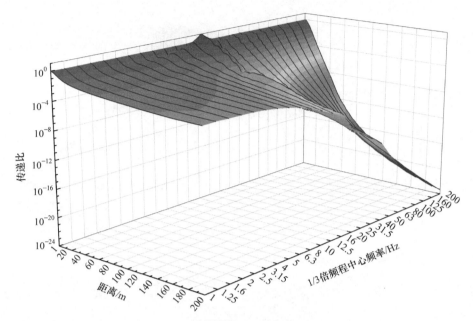

(b) 振源埋深 10 m(锤击点 10 m)

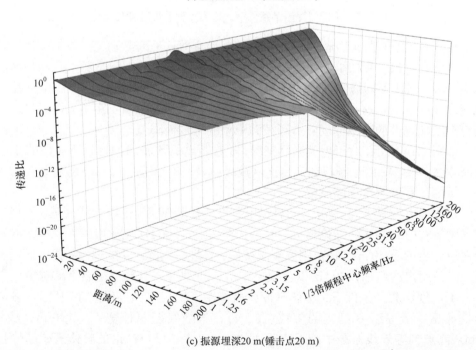

(c) 振源埋深 20 m(锤击点 20 m)

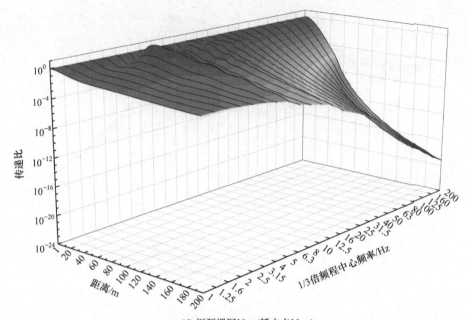

(d) 振源埋深30 m(锤击点30 m)

图 5.13　不同埋深激励条件下, 地表点振动加速度传递比

(2)对于地下激励工况, 1~10 Hz 的振动衰减比地表激励工况更加缓慢, 且随着埋深的增加, 衰减幅度降低; 随着距离的增加, 12.5 Hz 以上频段振动加速度快速衰减。对比不同埋深激励的振动衰减特征, 随着埋深的增加, 每 10 m 的振动衰减量逐渐降低。这是由于激振点埋深越深, 相同地表距离点距离振源点越远, 同时振动加速度的衰减速度随着距振源距离的增加而降低。

如图 5.14 所示, 对于地表激励工况, 随着距离的增加, 10 Hz 以下频段的 TM_P 衰减较慢; 40 Hz 以上频段的点传递函数级在 0~40 m 迅速衰减, 随着距离的进一步增加, 衰减速度逐渐放缓。

对于地下激励工况, 10~100 Hz 频段的 TM_P 呈现明显的起伏式衰减。该现象与马蒙等(2013)的试验结论相近。此外, 在 12.5~200 Hz 全频段内, TM_P 在激励源对应地表中心 20 m 半径范围内衰减缓慢, 且埋深越深、衰减越慢; 超出该范围后, 随着距离的增加, 40 Hz 以上频段 TM_P 迅速衰减, 且频率越高衰减越快。

不同埋深激励条件下, 单位脉冲荷载作用下地表 TM_L 如图 5.15 所示。参考地铁典型 6 节编组 B 型车的参数(表 2.1), 等效线振源长度 $L_t \approx 120$ m、$L_a \approx 5$ m。测点到等效线振源中心垂直距离的增加, TM_L 与 TM_P 的整体衰减趋势相似。TM_L 为等效线振源覆盖范围内不同距离 TM_P 的累加, 导致未出现明显的起伏式衰减规律。

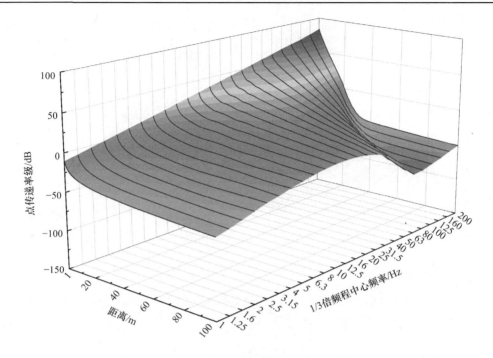

(a) 地表激励(锤击点0 m)

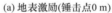

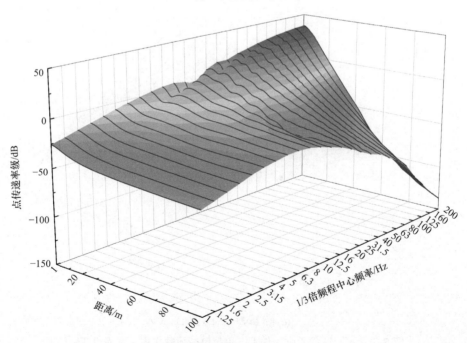

(b) 振源埋深10 m(锤击点10 m)

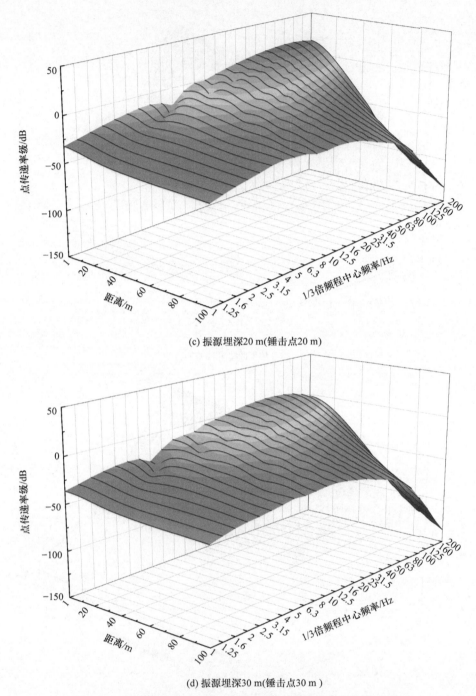

(c) 振源埋深20 m(锤击点20 m)

(d) 振源埋深30 m(锤击点30 m)

图 5.14　不同埋深激励条件下，单位脉冲荷载作用下地表点 TMp

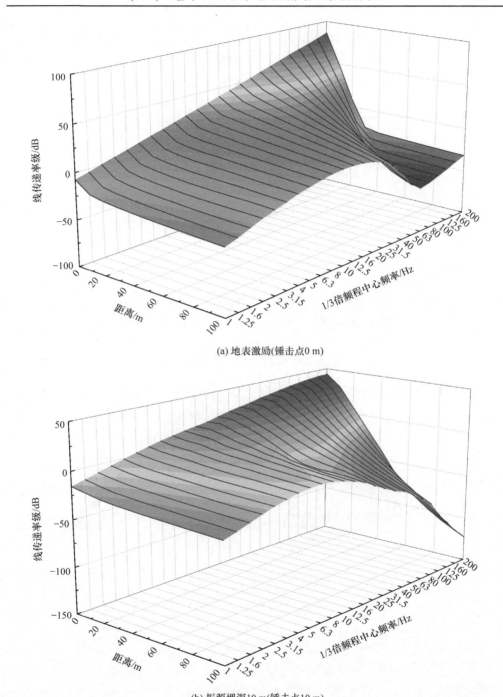

(a) 地表激励(锤击点0 m)

(b) 振源埋深10 m(锤击点10 m)

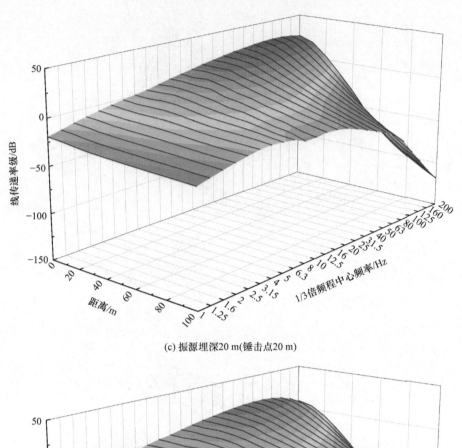

(c) 振源埋深20 m(锤击点20 m)

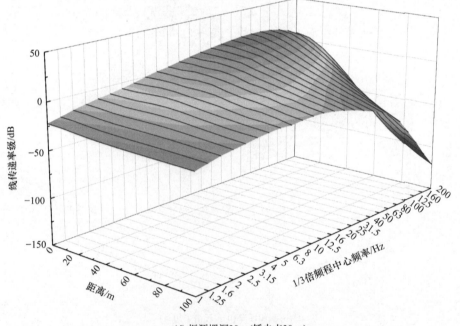

(d) 振源埋深30 m(锤击点30 m)

图 5.15　不同埋深激励条件下，单位脉冲荷载作用下地表 TM_L

为了获得较精确的 TM$_L$ 数值积分结果，设激励点间距 $h = 1$ m、等效线振源长度 $L = 120$ m，将 TM$_L$ 定义为准精确解。图 5.16～图 5.19 给出了固定激励间距($h = 5$ m)，不同等效线振源长度($L = 20$ m、40 m、80 m、100 m、120 m)对应的 TM$_L$。由图 5.16～图 5.19 可知，对比相同埋深等效线振源的 TM$_L$ 计算结果，随着测点到激励源中心垂直距离的增加，等效线振源长度 L 的选取对 TM$_L$ 的影响愈发显著，且对低频的影响程度更大；与准精确解对比，对于所有激励工况，为获得 4～

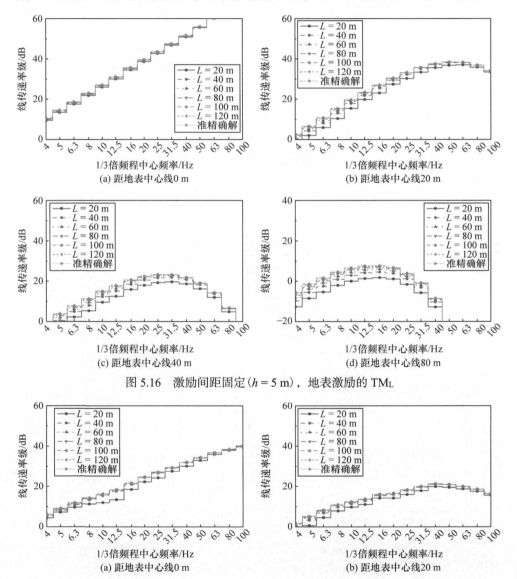

图 5.16　激励间距固定($h = 5$ m)，地表激励的 TM$_L$

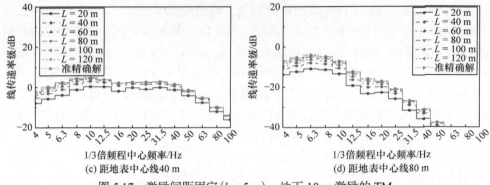

图 5.17　激励间距固定($h=5$ m)，地下 10 m 激励的 TM_L

100 Hz 全频段内准确的 TM_L，当等效激励间距 $h=5$ m 时，选择等效线振源长度 $L\geqslant 60$ m，即可获得其地表中心线两侧 40 m 范围内准确的 TM_L 计算结果，即使在 4~8 Hz 的较低频段，与准精确解间的误差也不超过 3 dB；当测点达到地表中心线以外 80 m 时，等效线振源长度须超过 80 m($L\geqslant 80$ m)，才可获得准确的 TM_L 计算结果。

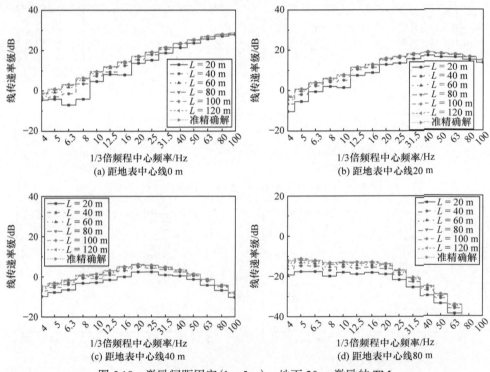

图 5.18　激励间距固定($h=5$ m)，地下 20 m 激励的 TM_L

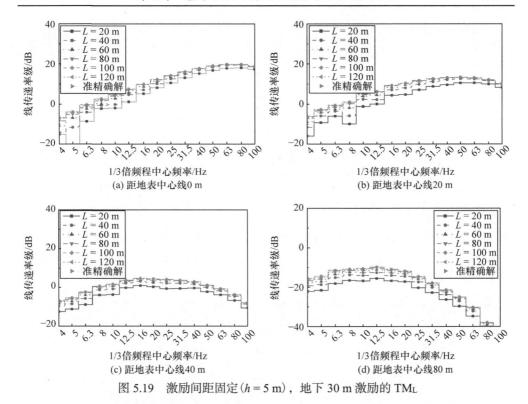

图 5.19　激励间距固定($h = 5\,\text{m}$)，地下 30 m 激励的 TM_L

图 5.20～图 5.23 给出了固定等效线振源长度($L = 120\,\text{m}$)，改变激励间距($h = 5\,\text{m}$、10 m、15 m、20 m、30 m、60 m)获得的 TM_L。与准精确解对比，对于所有激励工况，随着激励间距的降低，计算结果逐渐逼近准精确解，且当激励间距 $h \leqslant 10\,\text{m}$ 时可获得较理想的 TM_L 计算结果，即使是 40～100 Hz 频段的误差也不超过 3 dB。随着测点到激励源地表中心线中心垂直距离的增加，单位长度内的振动衰

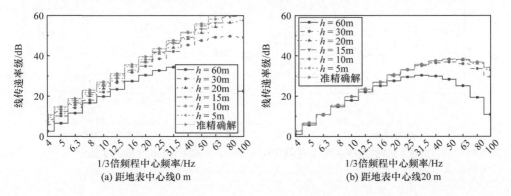

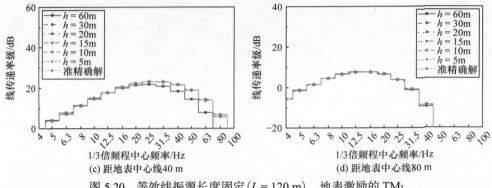

图 5.20　等效线振源长度固定($L = 120$ m)，地表激励的 TM$_L$

减程度迅速降低，振动衰减曲线趋于平缓。这导致激励间距 h 的改变对于 TM$_L$ 计算结果的影响逐渐降低，当距离地表中心线超过 40 m 范围时，采用 20 m 的激励间距，就可以获得准确的计算结果。

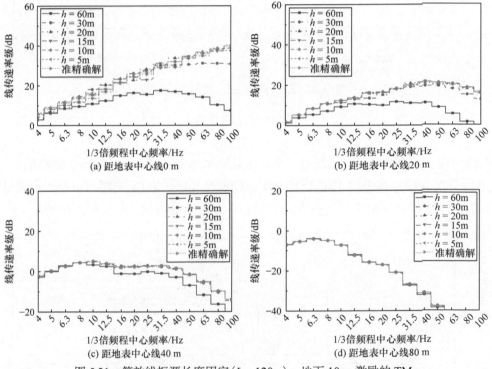

图 5.21　等效线振源长度固定($L = 120$m)，地下 10 m 激励的 TM$_L$

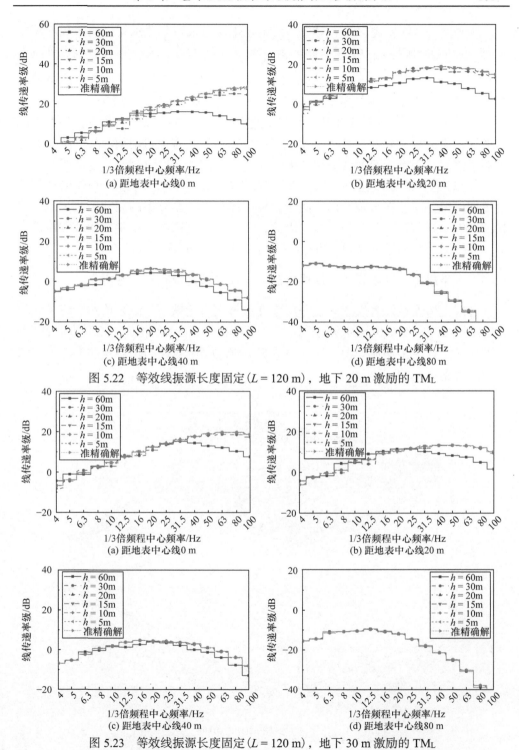

图 5.22　等效线振源长度固定（$L = 120 \, \text{m}$），地下 20 m 激励的 TM_L

图 5.23　等效线振源长度固定（$L = 120 \, \text{m}$），地下 30 m 激励的 TM_L

参考式(5.31)和式(5.54)，TM_L 采用复化梯形求积公式求解，当振源埋深为 z_s、测点到激励源地表中心垂直距离为 y_l 时，计算 TM_L 的积分点(激励点)到测点的距离 $d \in [\sqrt{z_s^2 + y_l^2}, \sqrt{z_s^2 + y_l^2 + (L/2)^2}]$。在该范围内，振动迅速衰减且衰减速度逐渐降低。对比图 5.16～图 5.19 和图 5.20～图 5.23，可得以下结论。

(1)对于 10 Hz 以下低频段，尤其是地表中心线 40 m 以外的测点，随着距离的增加，振动衰减并不显著。为保证等效计算精度，应尽量增加等效的线振源的等效覆盖率，即增加等效线振源长度 L(对于地铁 6 节编组 B 型车，$L \geqslant 80$ m)；

(2)对于 12.5 Hz 以上的较高频段，地表中心线 40 m 以内测点 TM_L 的计算精度更加值得关注。在该范围内，随着距离的增加，较高频率的振动迅速衰减，每 10 m 的衰减量接近 1 个数量级。因此，为保证计算精度应尽量增加等效覆盖密度，即缩短激励间距 h(对于地铁 6 节编组 B 型车，$h \leqslant 10$ m)。

5.3.3 水平成层弹性半无限空间线传递率级计算精度影响因素分析

分层土体参数及各层土体的分层厚度参考北京地铁 1 号线东单站～建国口站区间地层参数。在单位脉冲激励作用下，随着距离振源点的增加，相对于地表 0 m 处的振动加速度传递比如图 5.24 所示。其衰减趋势、规律与均匀弹性半无限空间地层工况基本一致。

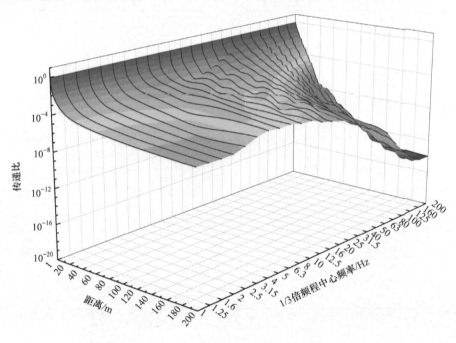

(a) 地表激励(锤击点0 m)

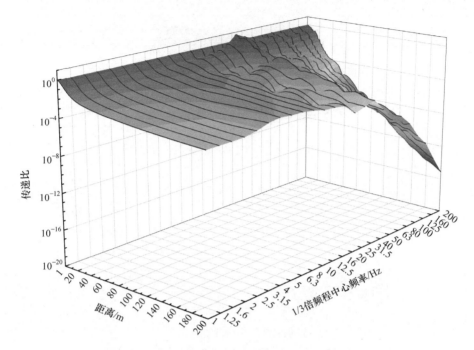

(b) 振源埋深10 m(锤击点10 m)

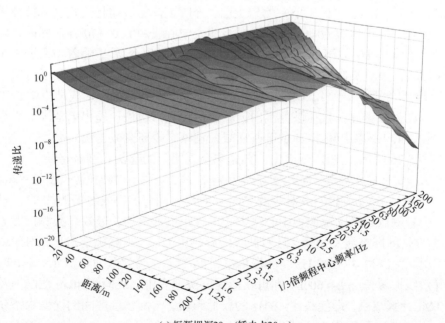

(c) 振源埋深20 m(锤击点20 m)

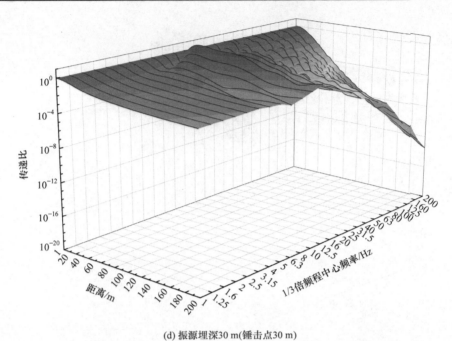

(d) 振源埋深30 m(锤击点30 m)

图 5.24　不同埋深激励条件下，分层土体地表点振动加速度传递比

如图 5.25 所示，相比于单一均匀土层，分层土体的振动起伏式衰减特征更加明显。此外，对于地表激励工况，线振源地表中心线两侧 0~40 m 范围内，随着距离的增加，10 Hz 以下低频 TM_P 衰减较快；超过 40 m 后，随着距离进一步增加，全频段的振动衰减速率逐渐放缓，但是高频振动的衰减速率仍高于低频。

对于地下激励工况，12.5~200 Hz 全频段内，TM_P 在激励源对应地表中心 20 m 半径范围内衰减缓慢，且在该范围内，埋深约深衰减越慢；超出该范围，随着距离的增加，40 Hz 以上频段 TM_P 迅速衰减，且频率越高衰减越快。

如图 5.26 所示，与 TM_P 相比，TM_L 未呈现明显的起伏式衰减特征。

图 5.27~图 5.30 给出了固定激励间距($h = 5$ m)，不同等效线振源长度($L = 20$ m、40 m、80 m、100 m、120 m)对应的 TM_L。对比相同深度等效线振源的 TM_L 计算结果，随着测点到激励源地表中心线中心垂直距离的增加，等效线振源长度 L 的选取对 TM_L 的影响愈发显著，且对低频的影响更大。与准精确解对比，对于所有激励工况，为获得 4~100 Hz 全频段内准确的 TM_L，等效激励间距 $h = 5$ m 时，选择等效线振源长度 $L \geqslant 60$ m，即可获得线振源地表中心线两侧 40 m 范围内较准确的 TM_L 计算结果，即使在 4~8 Hz 的较低频段，与准精确解间的误差也不超过 3 dB；当测点达到地表中心线以外 80 m 时，等效线振源长度 L 超过 80 m($L \geqslant$ 80 m)，才可获得准确的 TM_L 计算结果。

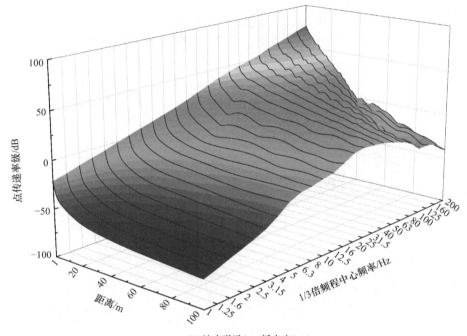

(a) 地表激励0 m(锤击点0 m)

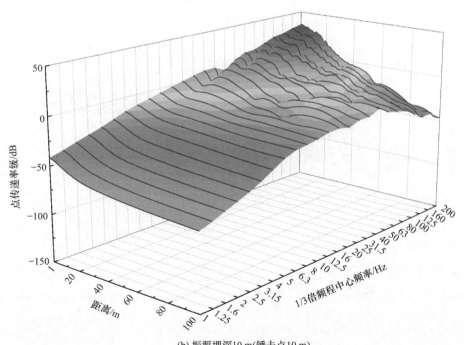

(b) 振源埋深10 m(锤击点10 m)

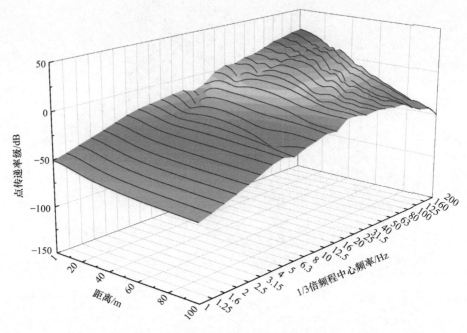

(c) 振源埋深20 m(锤击点20 m)

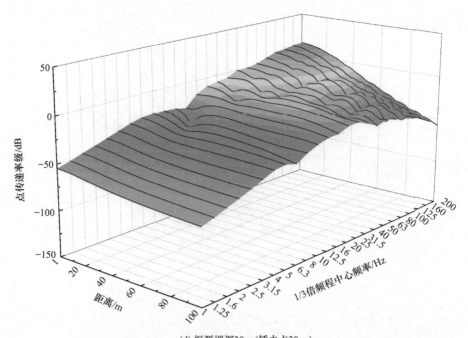

(d) 振源埋深30 m(锤击点30 m)

图 5.25　不同埋深激励条件下，单位脉冲荷载作用下分层土体地表点 TMp

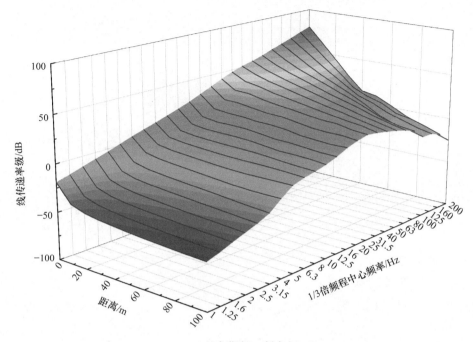

(a) 地表激励0 m(锤击点0 m)

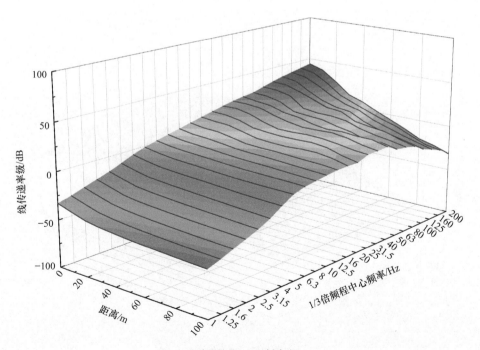

(b) 振源埋深10 m(锤击点10 m)

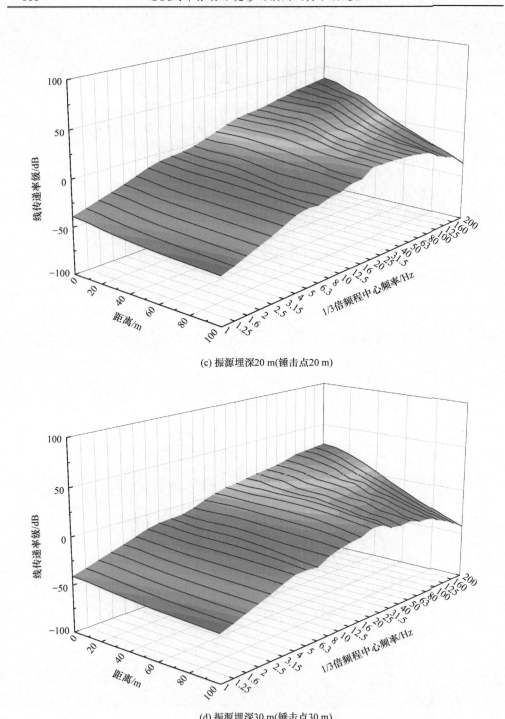

(c) 振源埋深20 m(锤击点20 m)

(d) 振源埋深30 m(锤击点30 m)

图 5.26　不同埋深激励条件下，单位脉冲荷载作用下分层土体地表点 TM_L

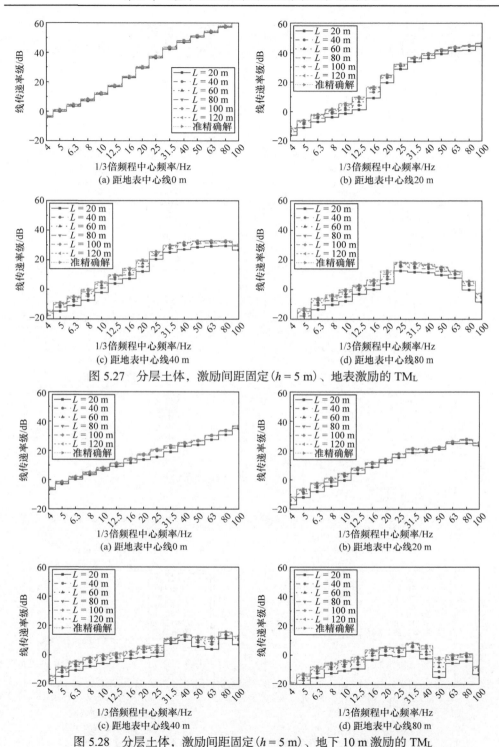

图 5.27　分层土体，激励间距固定（$h = 5\,\text{m}$）、地表激励的 TM_L

图 5.28　分层土体，激励间距固定（$h = 5\,\text{m}$）、地下 10 m 激励的 TM_L

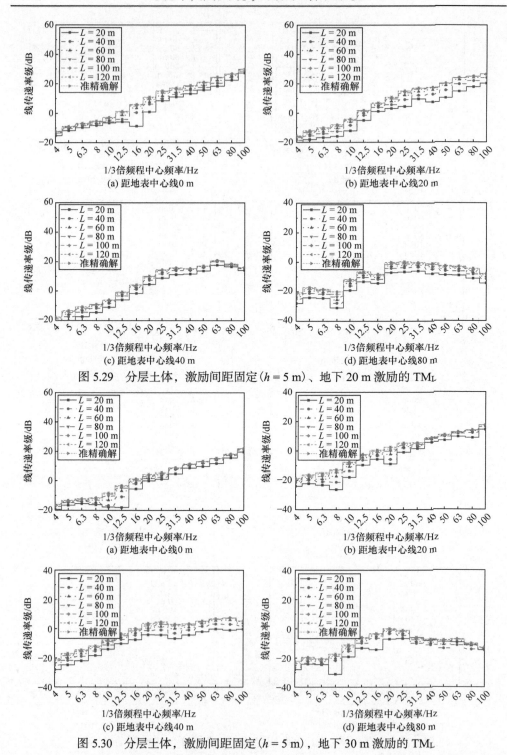

图 5.29 分层土体，激励间距固定（$h = 5$ m）、地下 20 m 激励的 TM$_L$

图 5.30 分层土体，激励间距固定（$h = 5$ m），地下 30 m 激励的 TM$_L$

图 5.31～图 5.34 给出了固定等效线振源长度($L=120$ m)，改变激励间距($h=$ 5 m、10 m、15 m、20 m、30 m、60 m)获得的 TM_L。与准精确解对比，对于所有激励工况，随着激励间距的减小，计算结果逐渐逼近准精确解，且当 $h \leqslant 10$ m 时可获得较理想的等效计算结果，等效误差不超过 3 dB。随着测点到激励源中心垂直距离的增加，激励间距 h 的改变对于 TM_L 计算结果的影响逐渐降低，当距离地表中心线超过 40 m 范围时，采用 20 m 的激励间距就可以获得准确的计算结果。

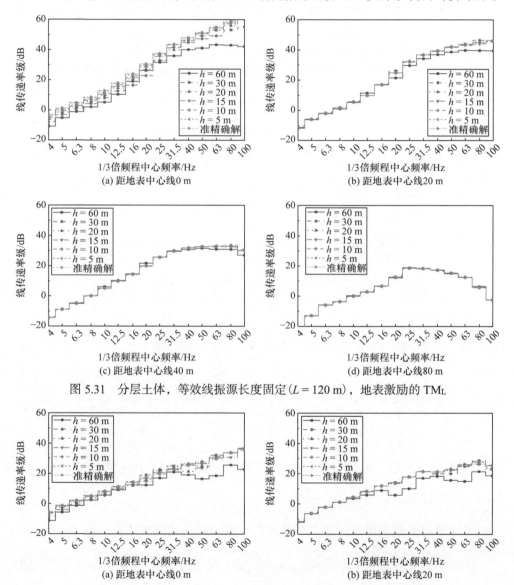

图 5.31　分层土体，等效线振源长度固定($L=120$ m)，地表激励的 TM_L

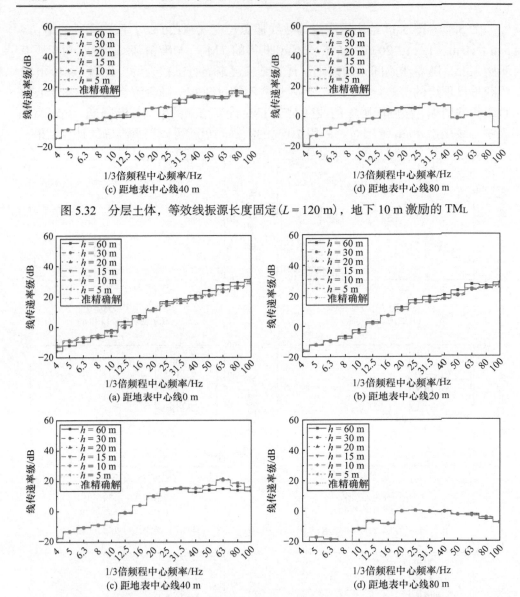

图 5.32　分层土体，等效线振源长度固定$(L=120\text{ m})$，地下 10 m 激励的 TM_L

图 5.33　分层土体，等效线振源长度固定$(L=120\text{ m})$，地下 20 m 激励的 TM_L

5.3.4　等效误差分析

平均绝对误差可用于评价多个估计值与约定真值之间的误差，即

$$M_{\text{AE}} = \frac{1}{n}\sum_{i=1}^{n}\left|x_i - X_i\right| \tag{5.57}$$

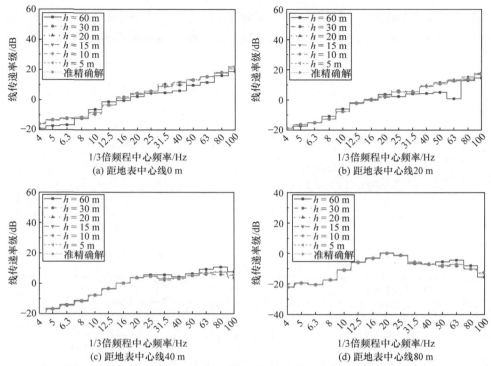

图 5.34　分层土体，等效线振源长度固定（$L = 120\text{m}$），地下 30 m 激励的 TM_L

其中，x_i 为估计值；X_i 为约定真值；n 为数对的个数。

首先，以地表不同测点的 TM_L 准精确解（工况 1）各中心频率的计算结果为约定真值，改变等效覆盖率及等效覆盖密度获得的计算结果为估计值。分析环境振动关心的 1～80 Hz 内 20 个中心频率的平均绝对误差。以水平成层弹性半无限空间 TM_L 计算结果为例。图 5.35～图 5.38 给出了不同埋深激励条件下的平均绝对误差计算结果。

随着等效覆盖率的增加，平均绝对误差迅速减小；在实际的 TM_L 测算过程中，近场应保证较大的等效覆盖密度，对于远场则应保证较大的等效覆盖率；振埋深越深，地表相同位置测点距离等效线振源中心的垂直距离越大，因此随着振源埋深的增加，在等效覆盖率和等效覆盖密度相同情况下，振源埋深越深，平均绝对误差越大。

在实际工程中，列车荷载并不是严格的线振源。FTA 规范（Quagliata et al.，2018）中也明确指出，相比于列车长度 L_t 及等效轴间距 L_a，可适当减小等效线振源长度 L、增加激励点间距 h。因此，以 6 节编组地铁 B 型车为例，将等效线振源长度 $L = 120\,\text{m}$、激励点间距 $h = 5\,\text{m}$（工况 2）计算获得的 TM_L 各中心频率计算结果视为约定真值。图 5.39～图 5.42 给出了 1～80 Hz 内 20 个中心频率的平均绝对误差。为保证 1～80 Hz 频段 TM_L 的平均绝对误差不超过 2 dB，等效线振源地表中心线两侧 40 m

范围内，等效覆盖率应不低于 50 %，等效覆盖密度不低于 50%；等效线振源地表中心线两侧 40~80 m 范围，等效覆盖率应超过 60%，等效覆盖密度不低于 25%。

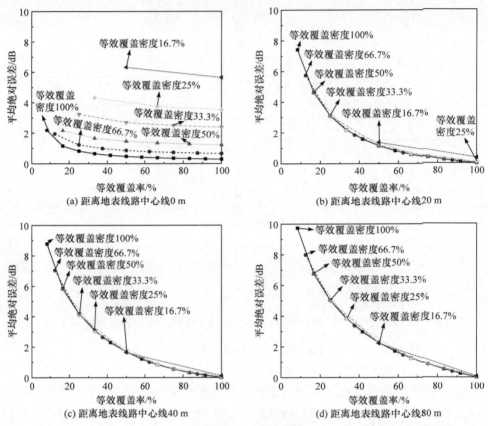

图 5.35　地表激励条件下，等效覆盖密度及等效覆盖率下对平均绝对误差的影响

（以工况 1 为真值）

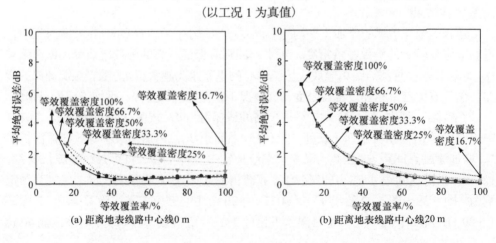

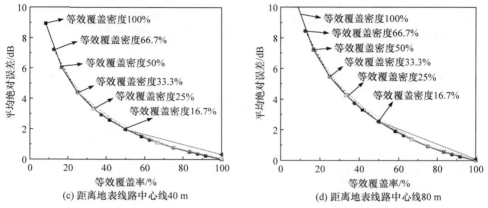

图 5.36　地下 10 m 激励条件下，等效覆盖密度及等效覆盖率下对平均绝对误差的影响

（以工况 1 为真值）

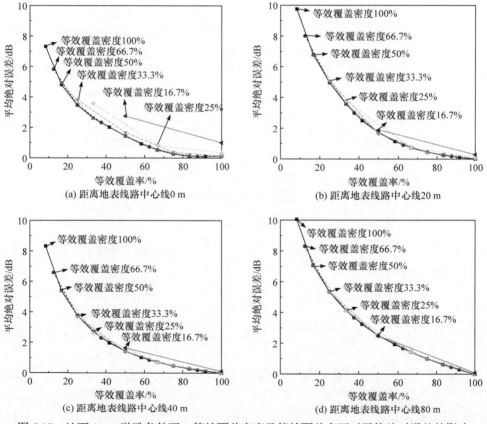

图 5.37　地下 20 m 激励条件下，等效覆盖密度及等效覆盖率下对平均绝对误差的影响

（以工况 1 为真值）

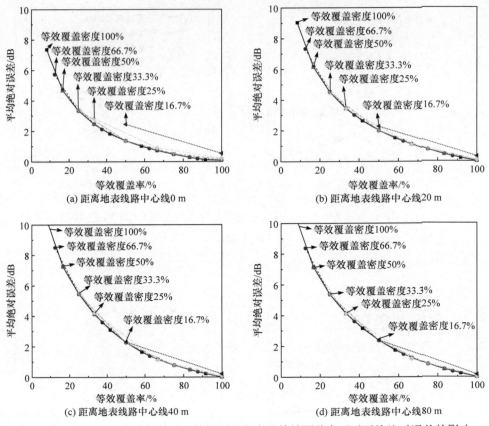

图 5.38　地下 30 m 激励条件下，等效覆盖密度及等效覆盖率下对平均绝对误差的影响
（以工况 1 为真值）

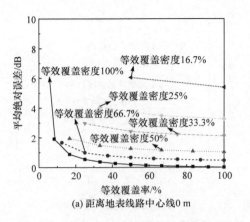

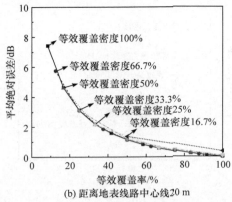

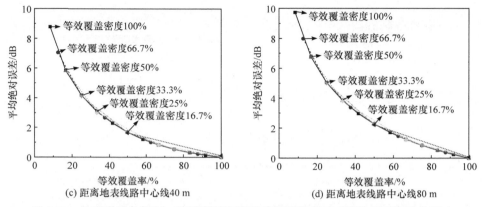

图 5.39　地表激励条件下，等效覆盖密度及等效覆盖率下对平均绝对误差的影响
（以工况 2 为真值）

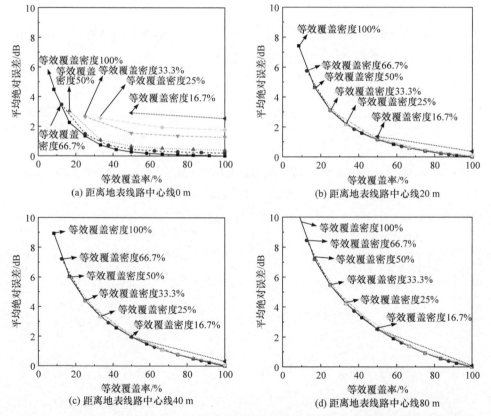

图 5.40　地下 10 m 激励条件下，等效覆盖密度及等效覆盖率下对平均绝对误差的影响
（以工况 2 为真值）

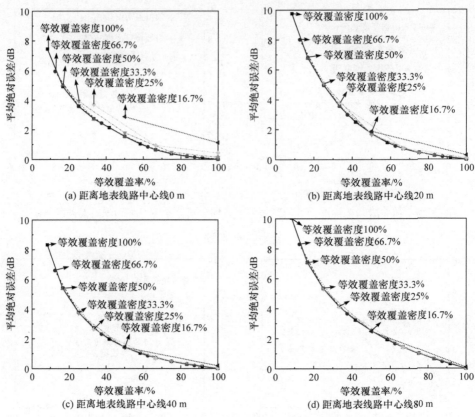

图 5.41　地下 20 m 激励条件下，等效覆盖密度及等效覆盖率下对平均绝对误差的影响
（以工况 2 为真值）

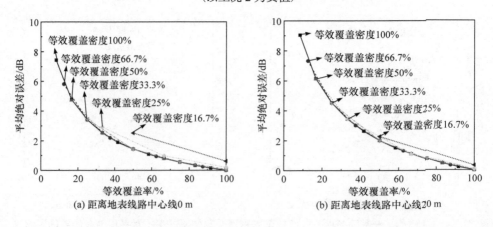

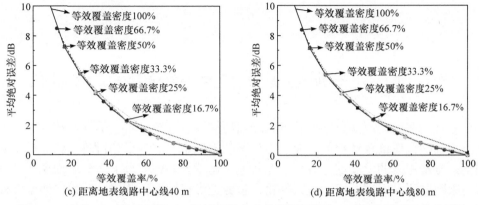

(c) 距离地表线路中心线 40 m　　　　(d) 距离地表线路中心线 80 m

图 5.42　地下 30 m 激励条件下，等效覆盖密度及等效覆盖率下对平均绝对误差的影响
（以工况 2 为真值）

第 6 章 列车振动源强的全系统跟踪试验研究

地铁列车振动源强与车轮及钢轨表面粗糙度、列车运量、悬挂参数、养护维修水平等随机变量息息相关，表现为显著的不确定性。为了分析轮、轨养护维修周期内振动源强的发展变化特征，在某地铁运营公司的配合下，开展为期超过 1 年的跟踪监测，测试周期涵盖完整轮、轨养护维修周期。测试内容包含典型断面隧道壁振源加速度、钢轨表面粗糙度、车轮踏面粗糙度。结合必要的信息调研工作，对环境振动源强(隧道壁振动加速度)的发展规律及统计分布特征进行分析，探究车轮镟修、钢轨打磨对地铁列车振动源强的影响。

6.1 全系统跟踪试验方案

振动源强的不确定性机理及其发展变化规律的研究关键在于，建立完整轮、轨养护维修周期内车轮不圆顺-轨道不平顺-振源加速度的对应关系。

对于某一运营线路，随着运营里程的增加，车轮磨耗随着运营里程的增加逐渐发展。当超过某一标准限值(轮径差、表面粗糙度级等指标)时，需要进行整车的车轮镟修，使车轮恢复良好的圆顺状态。为分析车轮镟修周期内振源加速度的发展变化规律，同时避免表达歧义，将列车实际的历史总累计运营里程定义为总运营里程，并且假设经过镟修后车轮圆顺状态达到理想水平。列车重新投入运营后的累计运营里程，定义为净运营里程，即经过车轮镟修(整车)后，列车的净运营里程计为 0。此外，针对某一特定的运营线路，所有运营列车基本参数一致，线路条件固定，则随着运营里程的增加，所有列车的车轮不圆顺呈现与线路形式相关的某种特定、相似的发展趋势。依此可假设，在每个完整的车轮镟修周期内，车轮磨耗发展只与列车车轮镟修后的净计运营里程有关。

本章设计的现场跟踪试验基本框架如图 6.1 所示。跟踪试验的具体任务包含选定测试断面的隧道壁振源加速度测试；加速度测试断面的钢轨表面粗糙度测试；覆盖列车养护维修周期不同运营里程列车的车轮踏面粗糙度测试。此外，在整个测试周期内需要对跟踪测试断面的钢轨进行 1 次打磨维修。

除了必要的跟踪试验工作，还同步开展大量的信息调研工作，例如整理每次振源加速度测试时间段内线路的列车编组及运营图资料，建立所有加速度测试数据与列车编号的一一对应关系；整理每次振源加速度测试时间内所有上线运营列车的累计运营里程；整理所有列车的车轮镟修历史记录及镟修时的累计运营里程。

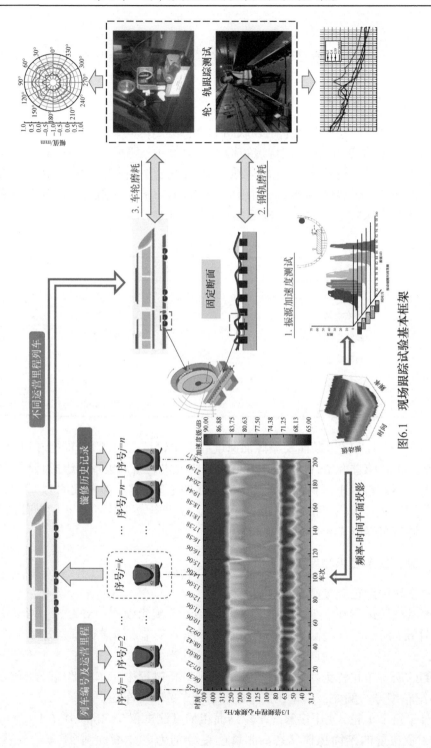

图6.1　现场跟踪试验基本框架

6.2 测试内容与测试设备

6.2.1 振源加速度测试

选定测试断面位于某地铁运营线路的下行隧道区间,测试对象为普通整体道床 DTVI₂ 扣件轨道。该区间的隧道结构为单洞单线马蹄形,采用钻爆法施工建造,埋深 16 m,全隧道断面位于花岗岩地层中。隧道结构衬砌由 0.12 m 厚的混凝土初期支护和 0.3 m 厚的混凝土二衬组成。在竖直方向上,隧道走向与地表基本平行,纵坡约为 4.5%。具体测试断面信息如表 6.1 所示。

表 6.1 测试断面信息

项目	信息
轨道类型	普通轨道
平面线型	直线
隧道形式	单洞单线马蹄形隧道
钢轨类型	60 kg/m
扣件类型	DTVI₂
车速	约 60 km/h

图 6.2 所示为隧道断面及振源加速度测点布置示意图。测量装置由 LC0130 压电型加速度传感器和 INV3062T0 型高精度便携式数据采集系统组成。隧道壁测点加速度传感器布置于钢轨顶面以上 1.5 m 处的隧道侧墙,灵敏度约为 1500 mV/g,测量范围为 3g,频率范围为 0.1~2000 Hz,分辨率为 $0.02 \times 10^{-3} g$。在跟踪测试过程中,测试采样频率统一设置为 5120 Hz。

6.2.2 轮、轨表面粗糙度测试

1) 车轮踏面粗糙度测试

测试线路运营地铁列车为 B 型车,采用 6 节编组模式(4M+2T),列车车轮编号如图 6.3 所示。通过测试断面时,1 号车厢为头车,沿着行车方向 1 号车厢的 1,3,5,7,…号车轮所在一侧的所有车轮称为右轮;2,4,6,8,…号车轮所在一侧的所有车轮称为左轮。在数据采集及分析过程中,车轮的编号规则为车辆编号-车轮编号。例如,车轮 3-2 代表第 3 辆车的 2 号车轮。

对于每个车轮,使用接触式车轮踏面粗糙度测试仪 TriTops(图 6.4(a))可同时测量 3 个位置的踏面粗糙状态。测量位置分别为名义滚动圆(距车轮轮缘外侧

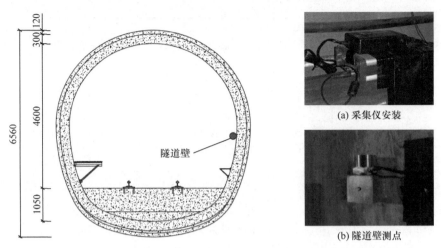

图 6.2　隧道断面及振源加速度测点布置示意图(单位：mm)

70 mm 处)及其左、右各 10 mm 处，如图 6.4(b)所示。在测试过程中，首先选用两个量程相同的千斤顶，分别置于同一车轮左、右两侧轴箱正下方，将轮对顶升脱离钢轨表面，通过人工转动车轮清理车轮踏面油污、锈迹。其次，将仪器上固定在的钢轨表面的适当位置处，通过调整仪器上的 Z 滑块锁、导轮滑块锁、横向滑块锁等，使中间测量探针接触到车轮踏面的车轮名义滚动圆上，调整 Z 滑块高

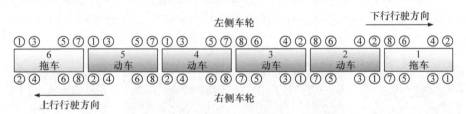

图 6.3　地铁车辆编组与车轮编号

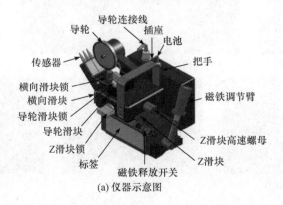

(a) 仪器示意图

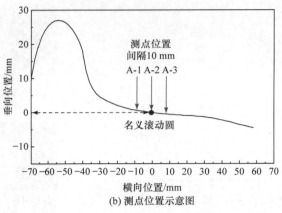

(b) 测点位置示意图

图 6.4　测试设备及测点位置

速螺母对传感器沿车轮径向位置微调，保证中间传感器感数值在 0 mm 附近。最后，手动转动车轮 4 周，完成车轮踏面粗糙度数据采集。测试过程中可通过计算机实时监测数据，判断测试数据是否有效。测试结束后拆卸测试仪器，随后同步拆卸 2 个千斤顶。

图 6.5 所示为 TriTops 使用流程，用 2 个千斤顶将轮对抬升脱离地面；确认车轮可以转动并关闭千斤顶油阀；擦拭车轮踏面的油渍、铁渣等污渍；安装 TriTops，使中间传感器位于名义滚动圆处，将仪器固定在轨道上；微调传感器测量点，使中间传感器的测量值接近 0 mm；转动车轮并采集数据；检查数据并转到另 1 个侧面。

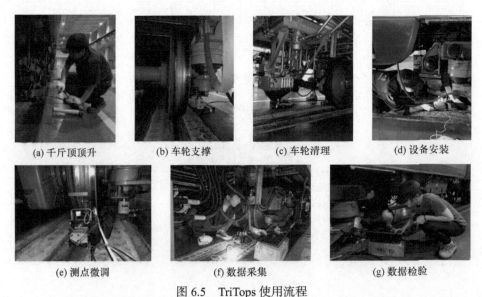

(a) 千斤顶顶升　　　(b) 车轮支撑　　　(c) 车轮清理　　　(d) 设备安装

(e) 测点微调　　　　(f) 数据采集　　　　(g) 数据检验

图 6.5　TriTops 使用流程

测试获得的 1-1 轮的典型原始数据及其极坐标形式如图 6.6 所示。

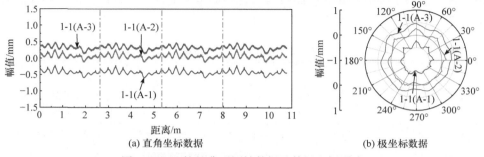

(a) 直角坐标数据　　　　　　　　(b) 极坐标数据

图 6.6　1-1 轮的典型原始数据及其极坐标形式

2）钢轨表面粗糙度跟踪测试

使用 CAT 对目标测试断面前后一整段钢轨的表面粗糙度进行测试分析，测试距离超过 100 m。波磨测试现场及钢轨打磨前后的表面状态如图 6.7 所示。CAT 可准确测量 10～3000 mm 波长范围内的钢轨表面静态不平顺状态，测量精度为 0.01 μm。

图 6.7　波磨测试现场及钢轨打磨前后的表面状态

6.3　跟踪试验分析

测试内容与测试时间如表 6.2 所示。根据既定测试计划，共完成振源加速度及钢轨表面粗糙度测试 5 次。其中，第 1、2、3 测试为钢轨打磨前测试工况，第 4、5 次测试为钢轨打磨后测试工况。车轮不圆顺测试共计 5 车次、240 轮次，测试列车运营里程分别为 1.5 万 km、8.6 万 km、11.3 万 km、14.1 万 km、15.5 万 km。为了区分不同的列车，按照每列车自身的编号简写为"Tr+车号"的格式，如 20 号车简写为 Tr20、7 号车简写为 Tr07。

表 6.2　测试内容与测试时间

编号	测试时间	测试内容	
		典型测试断面	车轮踏面粗糙度测试（列车编号及净运营里程）
1（钢轨打磨前）	2019 年 8 月 1～6 日	振源加速度、钢轨表面粗糙度	Tr20（11.3 万 km）
2（钢轨打磨前）	2019 年 10 月 18～22 日	振源加速度、钢轨表面粗糙度	Tr20（14.1 万 km）
3（钢轨打磨前）	2019 年 12 月 8～9 日	振源加速度、钢轨表面粗糙度（12 月 10 日凌晨钢轨打磨）	Tr20（15.5 万 km）
4（钢轨打磨后）	2019 年 12 月 11～12 日		
5（钢轨打磨后）	2020 年 9 月 19～22 日	振源加速度、钢轨表面粗糙度	Tr20（1.5 万 km）Tr07（8.6 万 km）

每次振源加速度测试时间内上线列车净运营里程统计如图 6.8 所示。显然，除第 1 次的少量样本，其他 4 次的上线车辆净运营里程上限介于 15 万～18 万 km。因此，选择净运营里程介于 1.5 万～15.5 万 km 的多列车作为车轮不圆顺测试对象，基本可以覆盖完整的车轮的镟修周期。

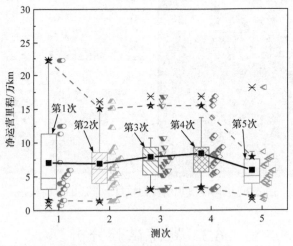

图 6.8　上线列车净运营里程统计

6.3.1　车轮踏面粗糙度测试结果

Tr20 车镟修前净运营里程为 15.5 万 km，镟修后净运营里程为 1.5 万 km。如

图 6.9 所示，净运营里程达到 15.5 万 km 时，车轮踏面变得明显凹凸不平，车轮 1-1 的极坐标图呈现明显的 8 边形磨耗趋势。如图 6.10 所示，经过车轮镟修后，1-1 轮和 2-5 轮的直角坐标数据恢复平直状态，极坐标内的多边形磨耗特征消失。

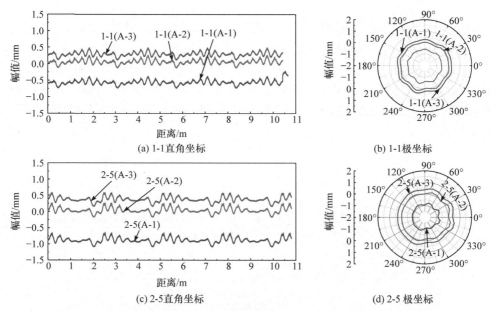

图 6.9　Tr20 车轮镟修前典型车轮踏面粗糙度的直角坐标和极坐标原始数据

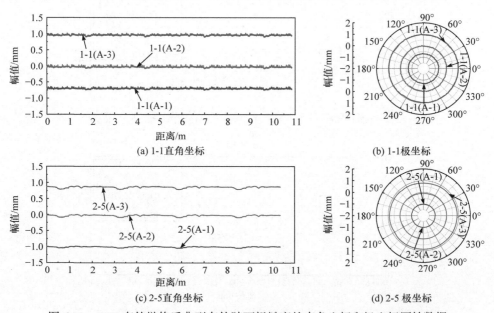

图 6.10　Tr20 车轮镟修后典型车轮踏面粗糙度的直角坐标和极坐标原始数据

车轮踏面粗糙度级计算公式为

$$L_{r}=10\lg\left(\frac{r_{\mathrm{RMS}}}{r_{0}}\right)^{2} \tag{6.1}$$

其中，L_{r} 为车轮粗糙度级（dB）；r_{0} 为基准值（1 μm）；r_{RMS} 为有效值。

不同分类车轮踏面粗糙度级如图 6.11 所示。左侧车轮在 400mm、250 mm 波长处有 2 个明显的特征峰值，并且随着运营里程的增加，车轮踏面粗糙度级持续发展；右侧车轮则仅有 400 mm 一个特征波长，并且在相同的净运营里程条件下，粗糙度级在全波长范围内普遍低于左侧车轮；同一侧拖车车轮的粗糙度水平高于动车车轮。

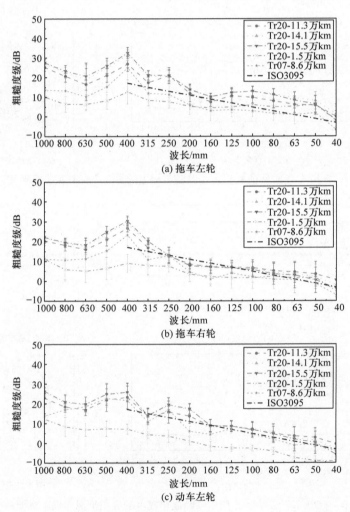

(a) 拖车左轮

(b) 拖车右轮

(c) 动车左轮

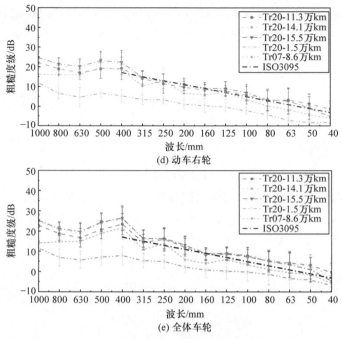

(d) 动车右轮

(e) 全体车轮

图 6.11　不同分类车轮踏面粗糙度级

如图 6.12 所示，250mm、400 mm 波长的粗糙度级与列车净运营里程呈现正相关。随着运营里程的增加，粗糙度级的增加速度逐渐降低，呈对数增长趋势。

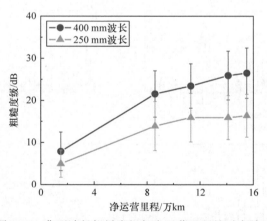

图 6.12　典型波长粗糙度级与净运营里程的对应关系

阶数图可直观反映车轮各阶多边形磨耗特征的发展规律。多边形磨耗的阶数及幅值为

$$r(\varphi) = a_0 + a_1\cos\varphi + a_2\cos2\varphi + \cdots + a_n\cos n\varphi + b_1\sin\varphi + b_2\sin2\varphi$$
$$+ \cdots + b_n\sin n\varphi$$
$$= a_0 + \sum_{k=1}^{n}(a_k\cos k\varphi + b_k\sin k\varphi) \tag{6.2}$$

其中，$r(\varphi)$ 为原始数据；a_0、a_k、b_k 均为待定系数；n 为多边形阶数，$n = 2\pi d / \lambda$，d 为车轮半径（0.42 m），λ 为波长。

各阶多边形幅值为

$$c_k = \sqrt{a_k^2 + b_k^2} \tag{6.3}$$

车轮多边形磨耗幅值统计结果对比如图 6.13 所示。随着净运营里程的增加，典型 1~3 阶及 7~9 阶（对应波长 0.29~0.38 m）多边形磨耗幅值显著增加，13~15 阶（对应波长 0.18~0.20 m）有出现峰值的趋势，但是并不明显。左侧及右侧磨耗幅值的规律与表面粗糙度级相似。

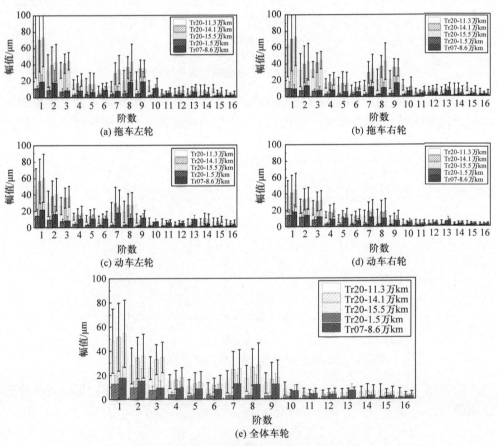

图 6.13　车轮多边形磨耗幅值统计结果对比

如图 6.14 所示，随着运营里程的增加，7、8、9 阶典型多边形磨耗幅值逐渐增加。此外，同一列车不同轮间的磨耗差异逐渐增大，导致样本标准差也逐渐变大。

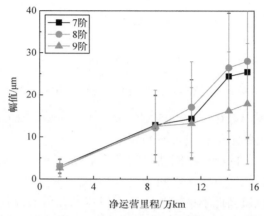

图 6.14　典型阶数粗糙度幅值与磨耗幅值的对应关系

对比左、右轮表面粗糙度级及多边形磨耗幅值可知，测试线路运营列车的左侧车轮整体磨耗程度高于右侧。该现象的发生与测试地铁线路整体呈现半圆环状"C"有关。运营过程中列车左侧轮经常处于外轨、右轮多处于内轨，左、右轮与钢轨接触及受力状态显著差异。线路整体为欠超高设计，长期作用下导致常处于外轨的左侧车轮磨耗程度高于右轮。

6.3.2　钢轨表面粗糙度测试与区间动态高低不平顺

图 6.15 给出了钢轨表面粗糙度级的跟踪测试结果。钢轨打磨前，内、外轨均出现明显的波磨现象，内轨在 31.5 mm 波长的粗糙度级峰值尤为凸显。钢轨打磨后，内、外轨特征波长处的粗糙度级明显降低，但打磨痕迹的存在导致 12.5 mm、25 mm 处出现峰值。这些短波的粗糙状态会随着线路运行时间的增加而迅速降低。直到 2020 年 9 月 21 日，外轨仍表现出较好的表面粗糙状态，未发生波磨现象；

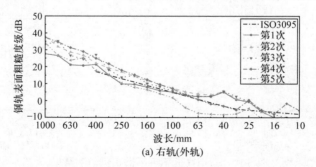

(a) 右轨(外轨)

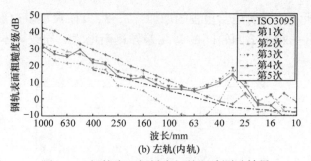

(b) 左轨(内轨)

图 6.15 钢轨表面粗糙度级的跟踪测试结果

内轨大部分波长范围内都在 ISO3095 的限值以下，但是 31.5 mm 波长处的粗糙度级逐渐发展至打磨前的水平，出现波磨现象。

地铁运营单位提供的测试区间轨道动态不平顺由 HARSCO RGH20C 型钢轨打磨车测量获得，延轨道方向采样间隔为 0.25 m。动态高低不平顺的典型测试数据如图 6.16 所示。轨道高低不平顺谱跟踪监测结果如图 6.17 所示。多次测试获得

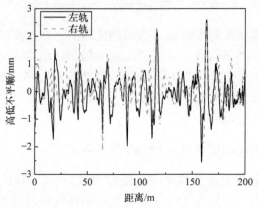

图 6.16 动态高低不平顺的典型测试数据

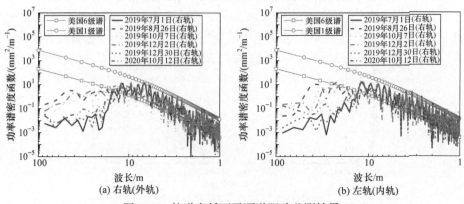

(a) 右轨(外轨)　　　　　　　　(b) 左轨(内轨)

图 6.17 轨道高低不平顺谱跟踪监测结果

的轨道高低不平顺在 10 m 以上波长的变化明显；1～10 m 波长范围内量级基本一致，位于美国 1～6 级谱之间。

2019 年 10 月实测钢轨粗糙度和轨道不平顺的平均谱如图 6.18 所示。在 0.6～10 m 波长范围内，动态高低不平顺谱与粗糙度谱的趋势一致，1 m 以下的粗糙度谱基本在动态高低不平顺的延长线上，并且在 1～2 m 重叠区间的谱值量级基本一致。

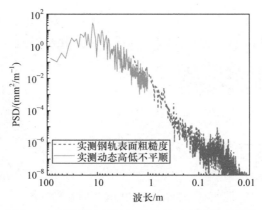

图 6.18　实测钢轨粗糙度和轨道不平顺的平均谱

6.3.3　隧道壁振动加速度分析

为涵盖列车通过的全部信息，实际加速度测试采样过程往往会设置较长的采样时间。在振动测试数据分析时，为了降低计算量并获得准确的列车通过时长，马蒙等(2016)通过计算计权加速度平方判定列车经过时间的方法，如图 6.19 所示。通过该方法可准确获得振动加速度有效值较为稳定时间段内的时程曲线。

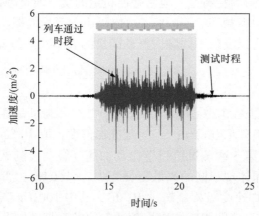

图 6.19　车通过信号截取区间

为明确列车通过速度及详细的频域振动响应信息，结合线路列车编组情况选取典型列车进行时域、频域对比分析。以第 5 次测试为例，Tr02 净运营里程为 18.0 万 km，Tr07 净运营里程为 8.5 万 km，Tr20 净运营里程为 1.5 万 km。3 列典型列车 Tr02、Tr07、Tr20 引起的隧道壁振动加速度时程和频谱如图 6.20 所示。对比振动加速度时程和频谱曲线典型峰值，判定列车通过测试断面车速约为 60 km/h。对比不同列车，测试前刚刚完成镟修作业的 Tr20 车运行引起的振动响应最小。

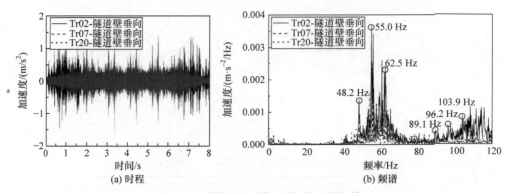

图 6.20　隧道壁振动加速度时程和频谱

加速度频谱峰值与车辆动力特征、车体特征长度、轨道不平顺、钢轨表面粗糙度特征波长、扣件特征间距、车轮踏面粗糙度特征波长等息息相关。其中，8 Hz 以下频段的振动响应由准静态激励控制；30 Hz 左右的峰值与扣件间距 (0.6 m) 对应；45～65 Hz 的 3 个峰值对应车轮的 7～9 阶不圆顺；89～105 Hz 的峰值分别对应 13～15 阶车轮不圆顺；40～120 Hz 的振动响应幅值直接受到列车车轮不圆顺水平的影响。

此外，以 Tr20 为例，虽然该列车刚经过车轮镟修，车轮状态良好，尚未出现明显的 7～9 阶多边形磨耗特征，但是普通轨道的簧下质量-钢轨-DTVI$_2$ 扣件形成的质量弹簧体系的自振频率，使 60～63 Hz 仍出现明显的振动峰值。

振动加速度级可以反映不同频段振动能量的大小，其公式为

$$\mathrm{VAL}(f_i) = 20\lg\frac{a_{\mathrm{rms}}(f_i)}{a_0} \tag{6.4}$$

其中，f_i 为 1/3 倍频程各个中心频率；$\mathrm{VAL}(f_i)$ 为分频振动加速度级 (dB)；$a_{\mathrm{rms}}(f_i)$ 为分频振动加速度有效值 (m/s^2)；a_0 为基准加速度，取 10^{-6} m/s^2。

图 6.21 给出了第 5 次测试隧道壁振动加速度级全天测试样本。不同频段的控制因素各异，从而体现不同的离散特征。31.5～160 Hz 大部分中心频率处不同测试样本分频振动加速度级相差超过 10 dB，其中 100 Hz 离散最为明显，甚至超过 20 dB。结合 1/3 倍频程不同中心频率对应的频带范围及车轮不圆顺的测试

结果，中心频率 50 Hz 涵盖车轮第 7、8 阶多边形磨耗引起的振动响应；63 Hz 主要对应第 9、10 阶多边形磨耗；100 Hz 涵盖第 13～16 阶多边形磨耗引起的振动响应。

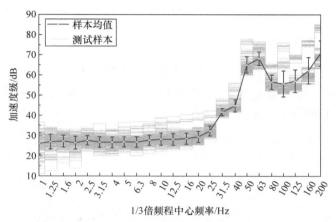

图 6.21　第 5 次测试隧道壁振动加速度级全天测试样本

如图 6.22 所示，同一列车在 31.5～1000 Hz 各中心频率处的加速度级均离散较小，分频加速度级最大值与最小值相差不超过 3 dB；25 Hz 以下频段，各中心频率处的离散较为明显，分频加速度级最大值与最小值相差超过 5 dB。

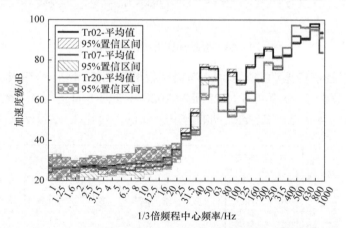

图 6.22　第 5 次测试典型列车通过隧道壁振动加速度级

此外，对于不同列车，40～315 Hz 不同列车引起的振动差异明显，在 100 Hz 处 Tr02 与 Tr20 的分频加速度级相差超过 20 dB；31.5～315 Hz 频段，3 列典型列车的分频振动加速度级 $VAL(f_i, Tr02) < VAL(f_i, Tr07) < VAL(f_i, Tr20)$，与净运营里程的大小关系一致；小于 25 Hz 的各个中心频率处，3 列车的加速度级离散程度与平均值基本一致。

测试线路的 B 型车车轮直径约为 0.84 m，可引起 2.63 m 以下波长对应的振动响应（大于 6.3 Hz）；400 Hz 以上更高频率的振动往往由钢轨波磨的特征波长控制。综合考虑不同频段的控制机理及实际测试数据可推断，不同列车间引起 31.5～315 Hz 频段振动响应的显著差异与不同列车间车轮不圆顺差异直接相关。

6.3.4　隧道壁加速度跟踪对比分析

振动加速度级跟踪对比如图 6.23 所示。对比打磨前后的振动响应，钢轨打磨会显著降低 400～630 Hz 钢轨波磨特征波长控制频段的振动响应；同时显著降低 25 Hz 以下的低频振动响应。

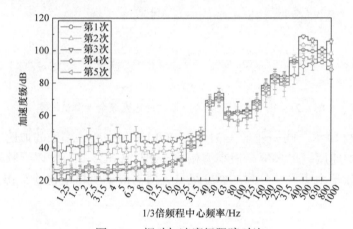

图 6.23　振动加速度级跟踪对比

典型列车隧道壁振动加速度级 1/3 倍频程谱如图 6.24 所示。在跟踪测试期间，Tr14 和 Tr20 分别于 2019 年 8 月 29 日和 2020 年 7 月 5 日进行了车轮镟修。经过车轮镟修作业，40～315 Hz 的振动响应显著降低。对比 1～25 Hz Tr14 和 Tr20 引

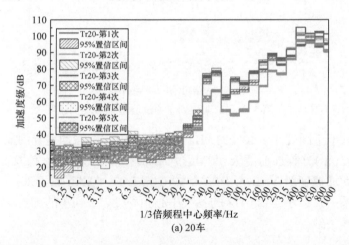

(a) 20 车

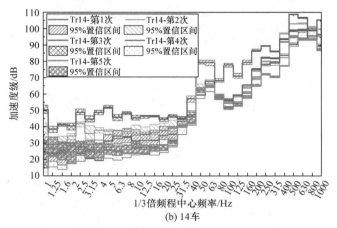

(b) 14 车

图 6.24　典型列车隧道壁振动加速度级 1/3 倍频程谱

起的隧道壁振动响应，显然低频振动响应的离散特征更加复杂，列车的车轮不圆顺及轨道高低不平顺(包含表面粗糙度)均是重要的影响因素，不能排除测量仪器的测量误差影响。

　　隧道壁分频振级与净运营里程对应关系如图 6.25 所示。

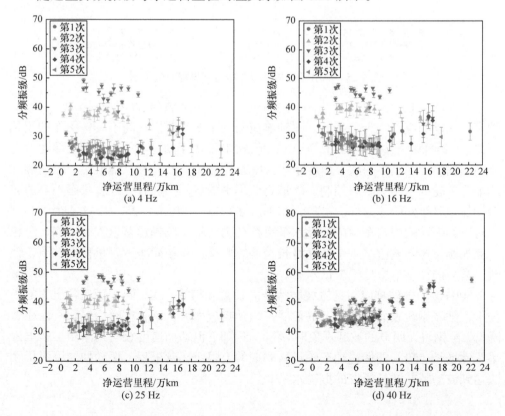

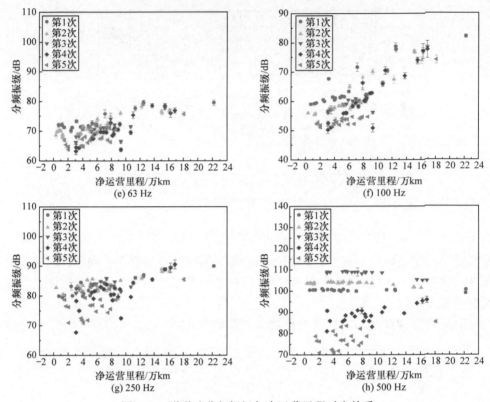

图 6.25　隧道壁分频振级与净运营里程对应关系

　　在 4 Hz、16 Hz、25 Hz 处，不同的轨道高低不平顺(包含表面粗糙度)对较低频率的振动响应影响十分明显。振动响应与列车净运营里程间不具备明显的正相关关系；列车净运营里程小于等于 12 万 km 时取决于轨道状态，且不同净运营里程列车的振动级基本一致；随着净运营里程的增加，大于 12 万 km 时，振动响应逐渐受车轮的不圆顺状态控制，轨道高低不平顺(包含表面粗糙度)状态不会造成振动加速度级的明显差异。显然，40 Hz、63 Hz、100 Hz、250 Hz 这 4 个中心频率对应的振动响应与车轮的磨耗水平直接相关。随着车辆运营里程的增加，车轮磨耗加剧，振动响应基本呈线性增长趋势。此外，在相同净运营里程条件下，钢轨打磨后的振动响应处于较低水平。

　　500 Hz 的振动响应与钢轨波磨特征波长直接相关，在相同车辆运营里程的条件下，随着钢轨表面粗糙状态的发展，振动响应增大，钢轨打磨后振动响应显著降低。当钢轨无明显的波磨现象时(第 4、5 次)，振动加速度级与列车净运营里程呈线性增长趋势，即使达到车轮镟修周期的上限净运营里程，振动加速度级仍无法达到波磨特征波长诱发的振动水平。

在评价城市区域的环境振动水平时，国内标准采用垂向计权加速度级（Z 振级）作为评价指标。Z 振级的时间积分常数为 1 s，设定重叠系数为 3/4。据此可获得 Z 振级随时间的变化过程，即运行 Z 振级 $VL_Z(t)$；最大 Z 振级，即列车通过时间内多个时段的 Z 振级最大值 $VL_{Z,max} = max_t(VL_Z(t))$；$VL_{Z,mean}$ 为列车通过时间内 Z 振级的算数平均值。进而可得

$$VL_Z = 10lg\left(\sum 10^{(VL_i+\alpha_i)/10}\right) \tag{6.5}$$

其中，VL_Z 为铅垂向 Z 计权振级，简称 Z 振级（dB）；VL_i 为第 i 个频带的振动加速度级（dB）；α_i 为第 i 个频带的计权因子（dB），统一采用 ISO 2631/1—1997 中规定的计权因子。

Z 振级反映 1～80 Hz 振动响应的统计结果，结合图 6.23 可知，不同列车引起的 Z 振级与其车轮磨耗状态息息相关。如图 6.26 所示，$VL_{Z,max}$ 和 $VL_{Z,mean}$ 波动规律一致，均呈现与线路列车编排顺序明显相关的周期性。

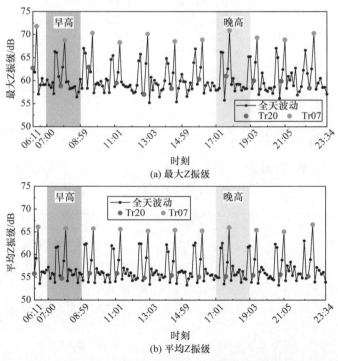

图 6.26　第 5 测试隧道壁 Z 振级全天波动

图 6.26（a）显示，即使是相同列车多次通过固定断面，引起的 $VL_{Z,max}$ 相差仍较大。这是由于 $VL_{Z,max}$ 取决于列车通过时间内某个 1 s 内的振动响应，具有较强的偶然性。与之形成鲜明对比的是，相同列车引起的 $VL_{Z,mean}$ 基本一致，这是由

于 $VL_{Z,mean}$ 取决于列车通过时间所有分析窗对应振动响应的平均值。对比 Tr07 和 Tr20 通过的 $VL_{Z,max}$ 和 $VL_{Z,mean}$ 可知，净运营里程与振动响应呈正相关，不同里程造成的隧道壁 $VL_{Z,max}$ 和 $VL_{Z,mean}$ 分别超过 15 dB 和 10 dB。该测试结果与李明航等(2020)在北京地铁某线路的振源加速度测试规律基本一致。

图 6.27 和图 6.28 给出了多次跟踪测试的隧道壁振动加速度 $VL_{Z,max}$ 和 $VL_{Z,mean}$ 的统计分布特征。首先，多次跟踪测试的数据显示 $VL_{Z,max}$ 离散均超过 10 dB。钢轨打磨前，随着钢轨表面粗糙状态的发展，$VL_{Z,max}$ 和 $VL_{Z,mean}$ 的均值增加接近 3 dB。钢轨打磨后，在上线运营列车净运营里程基本相同的条件下，$VL_{Z,max}$ 减小 8 dB、$VL_{Z,mean}$ 减小 5 dB。结合 1/3 倍频程谱的跟踪测试结果对比分析，随着轨道状态的发展，$VL_{Z,max}$ 和 $VL_{Z,mean}$ 均值的增加与减小部分源于 25 Hz 以下较低频段的振动变化。此外，对比图 6.8 可知，第 5 次测试结果较低的原因除了轨道状态保持良好，较低的列车净运营里程也是重要的影响因素。

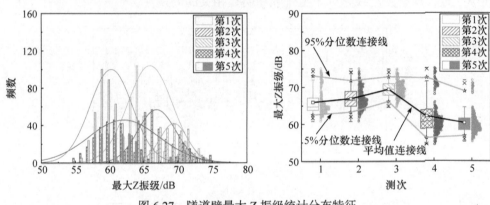

图 6.27　隧道壁最大 Z 振级统计分布特征

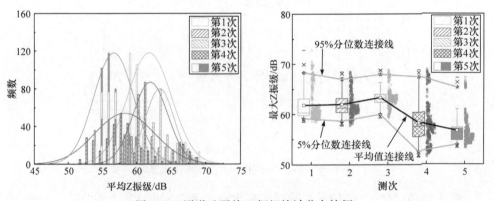

图 6.28　隧道壁平均 Z 振级统计分布特征

6.3.5　隧道壁测点 Z 振级与列车运营里程的对应关系

列车里程及镟修历史记录显示，线路开通运营后，大部分列车在总运营里程达到 17 万～22 万 km 时进行一次整车的车轮镟修。同时，地铁运营公司提供的调研信息显示，在随后的运营过程中，由于测试线路整体呈半圆"C"形，车轮发生严重的侧磨。因此，总运营里程约 30 万 km 时开展一次镟修作业。

隧道壁最大 Z 振级与运营里程对应关系如图 6.29 所示。列车在总运营里程达到 17 万～22 万 km，经过车轮镟修后，$VL_{z,max}$ 级减小接近 10 dB。在车轮镟修周期里程内，随着运营里程的增加，$VL_{z,max}$ 呈线性增加趋势。此外，当列车净运营里程较低时(小于等于 8 万 km)，在相同净运营里程条件下，钢轨打磨前后 $VL_{z,max}$ 相差接近 5 dB。

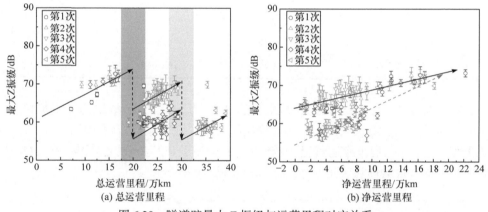

图 6.29　隧道壁最大 Z 振级与运营里程对应关系

图 6.30 和表 6.3 给出了多次测试，不同钢轨状态下 $VL_{z,max}$ 与净运营里程的

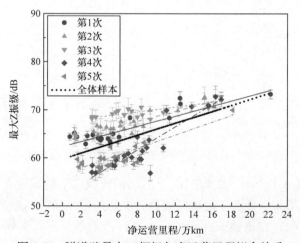

图 6.30　隧道壁最大 Z 振级与净运营里程拟合关系

线性拟合结果。显然，钢轨打磨后，线性拟合结果的斜率最大；打磨之前，斜率最小。这说明，在钢轨表面粗糙度水平较低的条件下，车轮不圆顺对振动的影响更显著。综合考虑不同钢轨表面粗糙度水平(多次测试的全体样本)，车轮镟修周期内，$VL_{Z,max}$ 增加超过 10 dB。

表 6.3　最大 Z 振级拟合结果对比

项目	$y = a + bx$		
	a	b	R^2
第 1 次	62.34	0.53	0.79
第 2 次	63.51	0.51	0.84
第 3 次	67.54	0.25	0.62
第 4 次	52.31	1.18	0.82
第 5 次	56.59	0.68	0.68
全体测试样本	59.40	0.66	0.41

如图 6.31 所示，列车在总运营里程达到 17 万～22 万 km，经过车轮镟修后，$VL_{Z,mean}$ 减小接近 10dB。在车轮镟修周期里程内，随着运营里程的增加，$VL_{Z,mean}$ 呈线性增加趋势。列车净运营里程较低时(小于等于 8 万 km)，在相同净运营里程条件下，钢轨打磨前后隧道壁 $VL_{Z,mean}$ 相差近 5 dB。

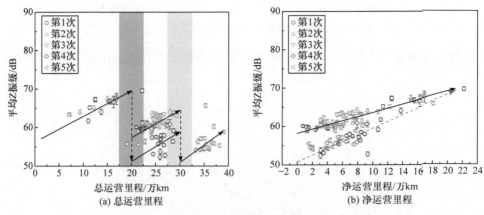

图 6.31　隧道壁平均 Z 振级与运营里程对应关系

图 6.32 和表 6.4 给出了多次测试，不同钢轨状态下隧道壁 $VL_{Z,mean}$ 级与运营里程的线性拟合结果。显然，钢轨打磨后，线性拟合结果的斜率最大；打磨之前，斜率最小。这说明，在钢轨表面粗糙度水平较低的条件下，车轮不圆顺对振动的影响更显著。同时，综合考虑不同钢轨表面粗糙度水平(多次测试的全体样本)，

车轮镟修周期内，$VL_{Z,mean}$ 增加超过 10 dB。

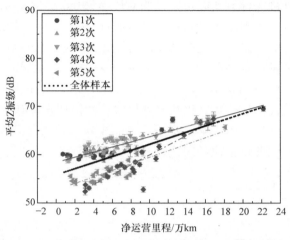

图 6.32　隧道壁平均 Z 振级与净运营里程拟合关系

表 6.4　平均 Z 振级拟合结果对比

项目	$y = a + bx$		
	a	b	R^2
第 1 次	58.39	0.54	0.82
第 2 次	58.16	0.55	0.92
第 3 次	60.16	0.58	0.75
第 4 次	49.77	1.02	0.84
第 5 次	52.66	0.68	0.70
全体测试样本	55.81	0.61	0.49

6.4　轮、轨养护维修对源强的影响

6.4.1　钢轨打磨对振源加速度的影响

在评价减振措施的效果时常采用插入损失作为评价指标。其定义为

$$IL(f_i) = 20\lg \frac{a_{\text{non-isolated}}(f_i)}{a_{\text{isolated}}(f_i)} \tag{6.6}$$

其中，$a_{\text{non-isolated}}(f_i)$ 和 $a_{\text{isolated}}(f_i)$ 为无减振措施和施加减振措施条件下的 1/3 倍频程域各个中心频率 f_i 对应的加速度有效值。

　　插入损失的定义要求采用减振措施前后，除了施加的减振措施，其他测试条件完全一致。当外部条件改变时可定义为对比损失(contrast loss，CL)。

　　将钢轨打磨视为减振措施，对比钢轨打磨前(第 3 次)的隧道壁振动响应(样本均值)与打磨后两次(第 4、5 次)测试的隧道壁振动响应(样本均值)。钢轨表面粗糙度变化对隧道壁振动的影响如图 6.33 所示。对于普通轨道，钢轨表面粗糙度的发展与打磨对全频段均有影响。在 50～315 Hz，第 3 次和第 4 次钢轨打磨前后的上线列车里程统计结果接近，钢轨打磨导致该频段的振动减小不超过 5 dB；对比第 3 次和第 5 次测试，由于第 5 次测试时上线列车的净运营里程普遍较小，车轮状态整体良好，因此该频段的对比损失较大。

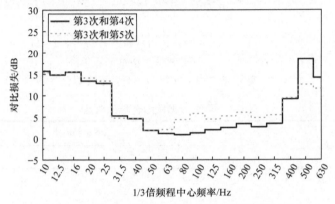

图 6.33　　钢轨表面粗糙度变化对隧道壁振动的影响

　　图 6.34 所示为钢轨打磨前后(第 3 次和第 4 次)不同运营里程的典型列车通过时，钢轨打磨表现出的减振能力。由于第 3 次和第 4 次测试仅间隔 2 日，可以认为两次测试时同一列车车轮的状态一致。对比钢轨表面粗糙度和车轮不圆顺的测试结果(图 6.11、图 6.15)，当列车净运营里程低于 11 万 km 时，较长波(大于 630 mm)的车轮踏面粗糙度级远低于钢轨表面粗糙度级，此时振动响应受钢轨粗糙状态控制；当净运营里程大于 11 万 km 时，较长波(大于 630 mm)的车轮踏面粗糙度级接近，甚至超过钢轨表面粗糙度级，此时振动响应受车轮不圆顺状态控制。因此，对于不同净运营里程的列车，钢轨打磨对 25 Hz 以下低频振动响应的降低效果差异显著。

　　此外，在 50～500 mm 波长段，当净运营里程大于 11 万 km 时，车轮踏面粗糙度级接近，甚至超过钢轨表面粗糙度级。因此，对于车轮不圆顺状态充分发展的列车(Tr20-15.5 万 km、Tr21-16.9 万 km、Tr22-16.2 万 km)，钢轨打磨对 31.5～315 Hz 的振动响应基本无任何降低作用。

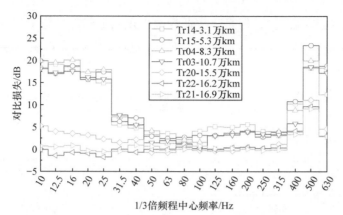

图 6.34　不同车轮状态下钢轨打磨对隧道壁振动的影响(第 3 次和第 4 次)

6.4.2　车轮镟修对振源加速度的影响

根据列车运营里程及镟修历史记录调查结果，Tr14 和 Tr20 分别于 2019 年 8 月 29 日和 2020 年 7 月 5 日进行了车轮镟修。结合具体的测试时间，两列车的车轮镟修前后里程差分别为 19.8 万 km 和 14 万 km。我们对比第 1 次和第 2 次测试 Tr14 通过引起的振动响应；第 4 次及第 5 次测试 Tr20 通过引起的振动响应。

Tr14 和 Tr20 车轮镟修对隧道壁加速度级的影响如图 6.35 所示。对比图 6.24 可知，在 40～315 Hz，车轮镟修导致 Tr14 和 Tr20 引起的隧道壁振动响应明显降低。此外，由于 Tr14 镟修前后的运营里程相差较大，镟修前后的对比损失更大。

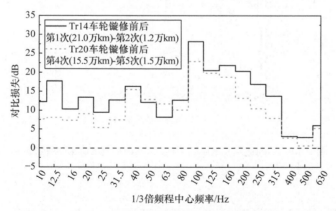

图 6.35　Tr14 和 Tr20 车轮镟修对隧道壁加速度级的影响

如图 6.36 所示，在 40～100 Hz 频段，净运营里程差 ΔM 越大，隧道壁加速度级差值越大。结合图 6.25 中典型分频振动级的分析结果可知，对于不同运营里程的列车，25 Hz 以下振动响应的控制因素更为复杂，与钢轨表面粗糙度、轨道动态不平顺、轨道及隧道赋存环境等息息相关。以第 3 次测试为例，虽然不同列车间的净运营里程差值巨大，但是在较低频段出现明显的振动增加。

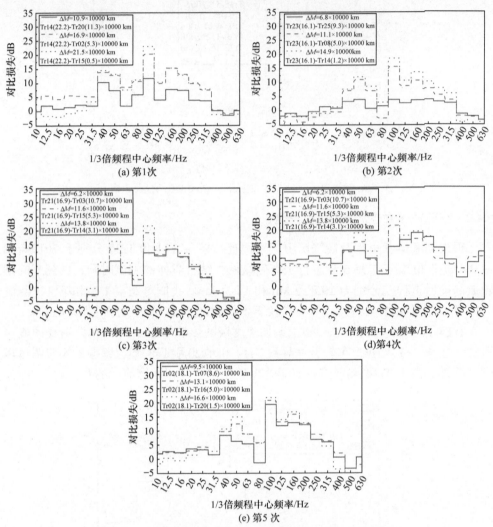

图 6.36　不同运营里程列车引起的隧道壁振动加速度级差异

第7章 车轮不圆顺谱与轨道不平顺谱随机 耦合激励模型

第6章的实测结果显示，在相同钢轨表面粗糙状态下，不同车轮不圆顺水平的列车通过引起的隧道壁加速度响应差异超过 20 dB。因此，在地铁列车振动环境影响预测领域，除轨道不平顺，车轮不圆顺作为主要的动态激励源同样不能忽视。本章从分析轮、轨随机激励联合机制出发，通过推导多输入线性时不变系统的输入谱与响应谱间的数学关系，构建轨道不平顺谱，以及车轮不圆顺谱随机耦合的轮、轨联合激励输入数学模型，并通过理论算例分析及现场试验案例验证激励模型的有效性。

7.1 振源分析模型中的轮、轨动态激励信息

地铁列车运行引起的振动由车辆、轨道相互作用产生，经轨道结构、隧道结构、地层及建筑基础，传至敏感建筑内部引起结构振动及二次噪声，对楼内居民生活和建筑功能造成潜在影响。根据不同的发生机理，列车荷载又可分为准静态激励和动态激励(Lombaert et al., 2009)。准静态激励由移动的列车轮轴荷载引起。动态激励的产生机理包括车轮不圆顺、轨道不平顺，钢轨结疤、车轮扁疤等局部损伤引起的激励，以及周期性轨道结构等固定长度引起的参数激励等。在空间域，轨道不平顺和车轮不圆顺由不同波长、不同幅值、不同相位的随机不平顺叠加而成，通常视为平稳的随机过程，可以采用功率谱密度函数表达。

目前，在地铁列车环境振动研究领域仍缺少被广泛认同的轨道不平顺谱，通常将美国谱或实测钢轨表面粗糙度作为输入激励。轮轨耦合粗糙度谱主要用于轮轨相互作用引起的滚动噪声问题。现有的轮、轨表面粗糙度谱主要形式分为 3 类。

(1)轮、轨分离谱，即分别对车轮踏面及钢轨表面粗糙度谱进行测量，然后在波数域内按照能量叠加的方式进行线性叠加(Remington, 1976)。该方法不考虑车轮踏面粗糙度与钢轨表面粗糙度间的相干性，在一定程度上会高估轮轨表面的真实激励状态。

(2)只考虑钢轨表面粗糙度(Ma et al., 2016)。这是目前车辆-轨道耦合分析中较常用的技术手段，然而该方法显然会低估轮、轨表面的激励信息。

（3）轮轨联合粗糙度谱（Janssens et al.，2006）。该方法通过现场测试列车通过引起的钢轨振动衰减规律等方式获得，可以体现车轮踏面粗糙度与钢轨表面粗糙度的相干性。

然而，在预测地铁列车诱发的环境振动时，鲜有文献考虑车轮不圆顺的影响，适用于环境振动预测分析的轨道不平顺与车轮不圆顺联合激励机制更是少有涉及。

7.2　轮、轨联合激励模型

轮轨系统激励可通过定点激励输入法和移动车辆激励输入法两种不同形式输入车辆-轨道耦合模型中。

定点激励输入法假设车辆与轨道相对位置固定，轮、轨表面随机不平顺以车辆运行速度沿行车相反方向移动，通过轮轨接触点激扰车辆-轨道耦合系统，如图 7.1(a) 所示。

移动车辆激励输入法采用将轮、轨表面随机不平顺按实际情况输入车辆-轨道耦合模型中，并通过实际车辆的移动激扰耦合系统，如图 7.1(b) 所示。显然，移动车辆激励输入法与真实、理想的激扰方式更为接近。

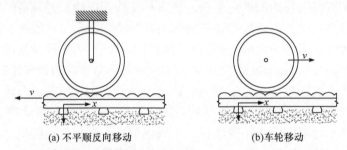

(a) 不平顺反向移动　　　　(b) 车轮移动

图 7.1　车轨系统的两种激励输入方式（翟婉明，2002）

7.2.1　简化的轮轨相互作用模型

假设在轮、轨粗糙度激励作用下，车轮与钢轨始终密切接触，并且在动荷载作用下车轮及轨道均只产生弹性变形。基于该假设，Remington(1976)建立了经典的轮轨随机振动模型(图 7.2)。翟婉明(1997)基于该模型推导了轮轨系统的阻抗特性，并给出轮轨高频随机振动响应谱的表达式。

轮轨接触几何关系如图 7.3 所示。其中，车轮踏面粗糙度和钢轨表面粗糙度分别被视为光滑参考轮圆和平面上的高低起伏。设车轮和钢轨表面粗糙度功率谱密度函数分别为 $S_w(k)$ 和 $S_r(k)$，根据"输出功率谱=|传递函数|² × 输入功率谱"的

基本规律，可得轮轨系统的输出响应谱。

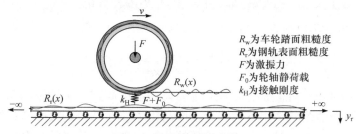

R_{w} 为车轮踏面粗糙度
R_{r} 为钢轨表面粗糙度
F 为激振力
F_{0} 为轮轴静荷载
k_{H} 为接触刚度

图 7.2 轮轨随机振动模型

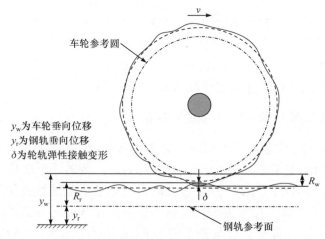

车轮参考圆

y_{w} 为车轮垂向位移
y_{r} 为钢轨垂向位移
δ 为轮轨弹性接触变形

钢轨参考面

图 7.3 轮轨接触几何关系(翟婉明, 1997)

1) 轮轨相互作用力

$$S_{F}(\omega) = \omega^{2} \left| \frac{Z_{w}Z_{r}}{Z_{w} + Z_{r} - i\omega Z_{w}Z_{r}/k_{H}} \right|^{2} \left| H(k) \right|^{2} S_{wr}(k) \frac{\mathrm{d}k}{\mathrm{d}\omega}$$

$$= \frac{\omega^{2}}{v} \left| \frac{Z_{w}Z_{r}}{Z_{w} + Z_{r} - i\omega Z_{w}Z_{r}/k_{H}} \right|^{2} \left| H(k) \right|^{2} S_{wr}(k) \tag{7.1}$$

2) 车轮及钢轨加速度功率谱

$$S_{a_{w}}(\omega) = \frac{\omega^{4}}{v} \left| \frac{Z_{r}}{Z_{w} + Z_{r} - i\omega Z_{w}Z_{r}/k_{H}} \right|^{2} \left| H(k) \right|^{2} S_{wr}(k) \tag{7.2}$$

$$S_{a_{r}}(\omega) = \frac{\omega^{4}}{v} \left| \frac{Z_{w}}{Z_{w} + Z_{r} - i\omega Z_{w}Z_{r}/k_{H}} \right|^{2} \left| H(k) \right|^{2} S_{wr}(k) \tag{7.3}$$

其中, $S_{wr}(k)$ 为轮轨耦合粗糙度谱; Z_{w} 为车轮的径向点阻抗函数; Z_{r} 为钢轨的垂向点阻抗函数；$H(k)$ 为接触滤波函数（波数 k、圆频率 ω、车速 v、波长 λ 满足 $k = \omega / v = 2\pi / \lambda$）；$k_H$ 为等效的接触刚度；i 为虚数单位。

Remington（1987）给出了圆形接触斑滤波函数 $H(k)$ 的解析估计式，即

$$|H(k)|^2 = \frac{1}{1 + \pi(kb)^3 / 4} \tag{7.4}$$

值得注意的是，接触域滤波效应主要体现在以高频为主的滚动噪声等领域。这是由于在列车轴荷载作用下，车轮踏面与钢轨接触部分的接触斑的椭圆平均半径一般介于 5～8 mm，对小于该波长的轮、轨粗糙度有明显的接触滤波作用，导致激励减弱。

然而，相比高频的轮轨滚动噪声，本章重点关注的是地铁列车引起的环境振动及结构二次噪声问题（小于 250 Hz），分析频率较低。由于振动响应频率、车速、波长的对应关系（$f = v / \lambda$），而且目标研究问题关心波长（大于等于 50 mm）远大于接触斑尺寸，因此模拟计算过程可忽略接触滤波效应。

7.2.2　线性时不变系统的"激励-响应"关系

在实际工程中，多数系统可以简化为多输入多输出的线性时不变系统。假设对于某一线性时不变系统，在 $x_1(t)$，$x_2(t)$，$x_3(t)$，…等若干激励作用下，系统的输出响应为 $y_1(t)$，$y_2(t)$，$y_3(t)$，…。线性时不变系统满足线性叠加原理，一般情况下可通过 n 阶线性常微分方程作为数学模型描述线性时不变系统的输入、输出关系，则某一输出响应 $y_1(t)$ 与若干输入 $x_1(t)$，$x_2(t)$，$x_3(t)$，…的线性常微分表达式为

$$
\begin{aligned}
a_n \frac{\mathrm{d}^n}{\mathrm{d}t^n} y_1(t) &+ a_{n-1} \frac{\mathrm{d}^{n-1}}{\mathrm{d}t^{n-1}} y_1(t) + \cdots + a_1 \frac{\mathrm{d}}{\mathrm{d}t} y_1(t) + a_0 y_1(t) \\
&= \left(b_r \frac{\mathrm{d}^r}{\mathrm{d}t^r} x_1(t) + b_{r-1} \frac{\mathrm{d}^{r-1}}{\mathrm{d}t^{r-1}} x_1(t) + \cdots + b_1 \frac{\mathrm{d}}{\mathrm{d}t} x_1(t) + b_0 x_1(t) \right. \\
&\quad + c_s \frac{\mathrm{d}^s}{\mathrm{d}t^s} x_2(t) + c_{s-1} \frac{\mathrm{d}^{s-1}}{\mathrm{d}t^{s-1}} x_2(t) + \cdots + c_1 \frac{\mathrm{d}}{\mathrm{d}t} x_2(t) + c_0 x_2(t) \\
&\quad \left. + d_t \frac{\mathrm{d}^t}{\mathrm{d}t^t} x_3(t) + d_{t-1} \frac{\mathrm{d}^{t-1}}{\mathrm{d}t^{t-1}} x_3(t) + \cdots + d_1 \frac{\mathrm{d}}{\mathrm{d}t} x_3(t) + d_0 x_3(t) + \cdots \right)
\end{aligned} \tag{7.5}
$$

1. 单一输入系统

首先，对于单输入单输出的线性时不变系统，式(7.5)可简化为

$$
a_n \frac{\mathrm{d}^n}{\mathrm{d}t^n} y(t) + a_{n-1} \frac{\mathrm{d}^{n-1}}{\mathrm{d}t^{n-1}} y(t) + \cdots + a_1 \frac{\mathrm{d}}{\mathrm{d}t} y(t) + a_0 y(t)
$$

$$= b_r \frac{\mathrm{d}^r}{\mathrm{d}t^r} x(t) + b_{r-1} \frac{\mathrm{d}^{r-1}}{\mathrm{d}t^{r-1}} x(t) + \cdots + b_1 \frac{\mathrm{d}}{\mathrm{d}t} x(t) + b_0 x(t) \tag{7.6}$$

然而，在实际求解过程中，随着微分阶次 n 的提高，其求解难度与计算成本均显著增大。因此，为了确定系统在某一输入信号作用下的输出响应，分析系统结构、参数与其性能间的关系，往往采用传递函数及单位脉冲响应函数描述系统特性。

1) 传递函数

传递函数定义为零初始条件下，线性系统响应的拉普拉斯变换与激励量拉普拉斯变换之比，即

$$H(\omega) = \frac{R(\omega)}{F(\omega)} \tag{7.7}$$

其中，$H(\omega)$ 为线性系统的传递函数；$R(\omega)$ 和 $F(\omega)$ 为输出量和输入量的拉普拉斯变换。

传递函数不仅可表征系统的动态特性，还可用来研究系统的结构或参数变化对系统性能的影响。在简谐荷载 $x(\omega) = x_0 \mathrm{e}^{\mathrm{i}\omega t}$ 下，系统的时域振动响应 $y(t)$ 为

$$y(t) = H(\omega) x_0 \mathrm{e}^{\mathrm{i}\omega t} \tag{7.8}$$

频域振动响应 $Y(\omega)$ 可以表达为

$$Y(\omega) = H(\omega) X(\omega) \tag{7.9}$$

2) 单位脉冲响应函数

单位脉冲响应函数为系统在零初始条件下，单位脉冲荷载 $\delta(t)$ 作用下系统的振动响应 $y(t) = h(t)$。$h(t)$ 表示在 0 时刻激励，间隔 t 时间的振动响应。单位脉冲响应仅取决于系统本身，反映系统的时域特性。传递函数与单位脉冲响应函数互为傅里叶变换对，即

$$\begin{cases} H(\omega) = \int_{-\infty}^{+\infty} h(t) \mathrm{e}^{-\mathrm{i}\omega t} \mathrm{d}t \\ h(t) = \dfrac{1}{2\pi} \int_{-\infty}^{+\infty} H(\omega) \mathrm{e}^{\mathrm{i}\omega t} \mathrm{d}\omega \end{cases} \tag{7.10}$$

对于任意荷载，即

$$X(\omega) = \frac{1}{2\pi} \int_{-\infty}^{+\infty} x(t) \mathrm{e}^{-\mathrm{i}\omega t} \mathrm{d}t \tag{7.11}$$

则式 (7.8) 可变换为

$$y(t) = \int_{-\infty}^{+\infty} H(\omega) \left(\frac{1}{2\pi} \int_{-\infty}^{+\infty} x(t) \mathrm{e}^{-\mathrm{i}\omega t} \mathrm{d}t \right) \mathrm{e}^{\mathrm{i}\omega t} \mathrm{d}\omega \tag{7.12}$$

令 $h(t-\tau)$ 表示在 τ 时刻作用单位脉冲荷载，系统在 t 时刻的振动响应。对于任意荷载 $x(t)$，可将其视为若干脉冲激励 $x(\tau)$ 的组合，如图 7.4 所示。为了求解系统响应 $y(t)$，需要将 $x(t)$ 的实践历程从$-\infty$到时间 t 所有 $x(\tau)$ 引起的脉冲响应 $h(t-\tau)x(\tau)\mathrm{d}\tau$ 叠加，即

$$y(t)=\int_{-\infty}^{t}h(t-\tau)x(\tau)\mathrm{d}\tau \tag{7.13}$$

由于 $\tau > t$ 时，$h(t-\tau)=0$，因此可将式(7.13)的积分区间扩展到$+\infty$，则

$$y(t)=\int_{-\infty}^{+\infty}h(t-\tau)x(\tau)\mathrm{d}\tau \tag{7.14}$$

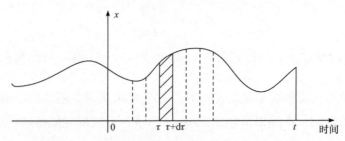

图 7.4　输入 $x(t)$ 离散为脉冲激励(Newland，2005)

进一步，用 θ 代表激励时刻 τ 与响应时刻 t 间的时间差 $\theta=t-\tau$，则 $\mathrm{d}\tau=-\mathrm{d}\theta$。当 $\tau=-\infty$ 时，$\theta=+\infty$；$\tau=t$ 时，$\theta=0$；$\theta<0$ 时，无振动响应，则式(7.14)变换为

$$y(t)=\int_{-\infty}^{+\infty}h(\theta)x(t-\theta)\mathrm{d}\theta \tag{7.15}$$

2. 多输入系统

以 2 个输入 $x_1(t)$、$x_2(t)$ 为例分析多输入条件下的系统响应，其中 $h_1(t)$、$H_1(\omega)$ 为 $x_1(t)$ 输入条件下的系统单位脉冲响应函数、传递函数；$h_2(t)$、$H_2(\omega)$ 为 $x_2(t)$ 输入条件下的系统单位脉冲响应函数、传递函数。由线性时不变系统的线性可叠加性可得

$$y(t)=\int_{-\infty}^{+\infty}h_1(\theta)x_1(t-\theta)\mathrm{d}\theta+\int_{-\infty}^{+\infty}h_2(\theta)x_2(t-\theta)\mathrm{d}\theta \tag{7.16}$$

输出响应的数学期望为

$$E[y(t)]=\int_{-\infty}^{+\infty}h_1(\theta)E[x_1(t-\theta)]\mathrm{d}\theta+\int_{-\infty}^{+\infty}h_2(\theta)E[x_2(t-\theta)]\mathrm{d}\theta \tag{7.17}$$

若输入信号 $x_1(t)$、$x_2(t)$ 为与时间无关的稳态输入信号，即 $E[x(t)]=E[x]$，则响应的数学期望也与时间无关。改变式(7.17)的积分次序，可得

$$E[y] = E[x_1] \int_{-\infty}^{+\infty} h_1(\theta) \mathrm{d}\theta + E[x_2] \int_{-\infty}^{+\infty} h_2(\theta) \mathrm{d}\theta \qquad (7.18)$$

当 $\omega = 0$ 时，$H(0) = \int_{-\infty}^{+\infty} h(t) \mathrm{d}t$，所以

$$E[y] = E[x_1] H_1(0) + E[x_2] H_2(0) \qquad (7.19)$$

7.2.3　输出响应的自相关函数

若输出响应的自相关函数为 $R_y(\tau) = E[y(t)y(t+\tau)]$。由式 (7.16)，为了避免歧义，在表达输出响应 $y(t)$ 和 $y(t+\tau)$ 时，采用 θ_1、θ_2 分别替换式 (7.16) 中的 θ，可得

$$y(t) = \int_{-\infty}^{+\infty} h_1(\theta_1) x_1(t-\theta_1) \mathrm{d}\theta_1 + \int_{-\infty}^{+\infty} h_2(\theta_1) x_2(t-\theta_1) \mathrm{d}\theta_1 \qquad (7.20)$$

$$y(t+\tau) = \int_{-\infty}^{+\infty} h_1(\theta_2) x_1(t+\tau-\theta_2) \mathrm{d}\theta_2 + \int_{-\infty}^{+\infty} h_2(\theta_2) x_2(t+\tau-\theta_2) \mathrm{d}\theta_2 \qquad (7.21)$$

基于式 (7.20) 和式 (7.21)，其自相关函数可以进一步表达为

$$
\begin{aligned}
E[y(t)y(t+\tau)] = E\Bigg[& \int_{-\infty}^{+\infty} h_1(\theta_1) x_1(t-\theta_1) \mathrm{d}\theta_1 \int_{-\infty}^{+\infty} h_1(\theta_2) x_1(t+\tau-\theta_2) \mathrm{d}\theta_2 \\
& + \int_{-\infty}^{+\infty} h_1(\theta_1) x_1(t-\theta_1) \mathrm{d}\theta_1 \int_{-\infty}^{+\infty} h_2(\theta_2) x_2(t+\tau-\theta_2) \mathrm{d}\theta_2 \\
& + \int_{-\infty}^{+\infty} h_2(\theta_1) x_2(t-\theta_1) \mathrm{d}\theta_1 \int_{-\infty}^{+\infty} h_1(\theta_2) x_1(t+\tau-\theta_2) \mathrm{d}\theta_2 \\
& + \int_{-\infty}^{+\infty} h_2(\theta_1) x_2(t-\theta_1) \mathrm{d}\theta_1 \int_{-\infty}^{+\infty} h_2(\theta_2) x_2(t+\tau-\theta_2) \mathrm{d}\theta_2 \Bigg]
\end{aligned} \qquad (7.22)
$$

以式 (7.22) 中第 1 项为例，由交换积分次序可得

$$
\begin{aligned}
& E\Bigg[\int_{-\infty}^{+\infty} h_1(\theta_1) x_1(t-\theta_1) \mathrm{d}\theta_1 \int_{-\infty}^{+\infty} h_1(\theta_2) x_1(t+\tau-\theta_2) \mathrm{d}\theta_2 \Bigg] \\
& = E\Bigg[\int_{-\infty}^{+\infty} \int_{-\infty}^{+\infty} h_1(\theta_1) h_1(\theta_2) x_1(t-\theta_1) x_1(t+\tau-\theta_2) \mathrm{d}\theta_1 \mathrm{d}\theta_2 \Bigg] \\
& = \int_{-\infty}^{+\infty} \int_{-\infty}^{+\infty} h_1(\theta_1) h_1(\theta_2) E[x_1(t-\theta_1) x_1(t+\tau-\theta_2)] \mathrm{d}\theta_1 \mathrm{d}\theta_2
\end{aligned} \qquad (7.23)
$$

对于输入的稳态信号 $x_1(t)$，其自相关函数只与绝对时间间隔相关，即

$$E[x_1(t-\theta_1) x_1(t+\tau-\theta_2)] = R_{x_1}(\tau-\theta_2+\theta_1) \qquad (7.24)$$

由式 (7.24)，式 (7.22) 可写为

$$R_y(\tau) = \int_{-\infty}^{+\infty} \int_{-\infty}^{+\infty} h_1(\theta_1) h_1(\theta_2) R_{x_1}(\tau - \theta_2 + \theta_1) d\theta_1 d\theta_2$$

$$+ \int_{-\infty}^{+\infty} \int_{-\infty}^{+\infty} h_1(\theta_1) h_2(\theta_2) R_{x_1 x_2}(\tau - \theta_2 + \theta_1) d\theta_1 d\theta_2$$

$$+ \int_{-\infty}^{+\infty} \int_{-\infty}^{+\infty} h_2(\theta_1) h_1(\theta_2) R_{x_2 x_1}(\tau - \theta_2 + \theta_1) d\theta_1 d\theta_2$$

$$+ \int_{-\infty}^{+\infty} \int_{-\infty}^{+\infty} h_2(\theta_1) h_2(\theta_2) R_{x_2}(\tau - \theta_2 + \theta_1) d\theta_1 d\theta_2 \tag{7.25}$$

根据 Wiener-Kintsjin 定理，随机过程的自相关函数与其功率谱密度函数互为傅里叶变换对。因此，对式 (7.25) 左右两侧分别进行傅里叶变换。以第 1 项为例，即

$$I_1 = \frac{1}{2\pi} \int_{-\infty}^{+\infty} d\tau e^{-i\omega\tau} \left(\int_{-\infty}^{+\infty} d\theta_1 \int_{-\infty}^{+\infty} d\theta_2 h_1(\theta_1) h_1(\theta_2) R_{x_1}(\tau - \theta_2 + \theta_1) \right)$$

$$= \frac{1}{2\pi} \int_{-\infty}^{+\infty} d\theta_1 h_1(\theta_1) \int_{-\infty}^{+\infty} d\theta_2 h_1(\theta_2) \int_{-\infty}^{+\infty} d\tau e^{-i\omega\tau} R_{x_1}(\tau - \theta_2 + \theta_1) \tag{7.26}$$

其中

$$\int_{-\infty}^{+\infty} d\tau e^{-i\omega\tau} R_{x_1}(\tau - \theta_2 + \theta_1) = e^{i\omega(\theta_1 - \theta_2)} 2\pi S_{x_1}(\omega) \tag{7.27}$$

其中，$S_{x_1}(\omega)$ 为输入信号 $x_1(t)$ 的功率谱密度函数。

式 (7.26) 可进一步转换为

$$I_1 = \frac{1}{2\pi} \int_{-\infty}^{+\infty} d\tau e^{-i\omega\tau} \left(\int_{-\infty}^{+\infty} d\theta_1 \int_{-\infty}^{+\infty} d\theta_2 h_1(\theta_1) h_1(\theta_2) R_{x_1}(\tau - \theta_2 + \theta_1) \right)$$

$$= \int_{-\infty}^{+\infty} d\theta_1 h_1(\theta_1) \int_{-\infty}^{+\infty} d\theta_2 h_1(\theta_2) e^{i\omega(\theta_1 - \theta_2)} S_{x_1}(\omega)$$

$$= \int_{-\infty}^{+\infty} h_1(\theta_1) e^{i\omega\theta_1} d\theta_1 \int_{-\infty}^{+\infty} h_1(\theta_2) e^{-i\omega\theta_2} d\theta_2 S_{x_1}(\omega) \tag{7.28}$$

根据传递函数与脉冲响应函数的对应关系，可得

$$H_1(\omega) = \int_{-\infty}^{+\infty} h_1(\theta_2) e^{-i\omega\theta_2} d\theta_2 \tag{7.29}$$

$$H_1^*(\omega) = \int_{-\infty}^{+\infty} h_1(\theta_1) e^{i\omega\theta_1} d\theta_1 \tag{7.30}$$

因此，$I_1 = H_1^*(\omega) H_1(\omega) S_{x_1}(\omega)$，按相同的计算流程处理式中其他 3 项，则

$$S_y(\omega) = H_1^*(\omega) H_1(\omega) S_{x_1}(\omega) + H_1^*(\omega) H_2(\omega) S_{x_1 x_2}(\omega)$$

$$+ H_2^*(\omega) H_1(\omega) S_{x_2 x_1}(\omega) + H_2^*(\omega) H_2(\omega) S_{x_2}(\omega) \tag{7.31}$$

其中，$S_{x_1 x_2}(\omega)$ 为 $x_1(t)$、$x_2(t)$ 的互功率谱密度函数。

更一般地，将输入信号扩展为 n 项，则

$$S_y(\omega) = \sum_{r=1}^{n} \sum_{s=1}^{n} H_r^*(\omega) H_s(\omega) S_{x_r x_s}(\omega) \tag{7.32}$$

综上所述，线性时不变系统的输出响应与输入信号间满足"输出功率谱＝|传递函数|^2×输入功率谱"的基本规律。对于一些特殊情况，分析如下。

1）特殊情况 1

若输入的激励相互独立时，即 $S_{x_r x_s}(\omega) = 0$，则

$$S_y(\omega) = \sum_{r=1}^{n} \left| H_r(\omega) \right|^2 S_{x_r}(\omega) \tag{7.33}$$

2）特殊情况 2

若输入的激励 $S_{x_1}(\omega) = S_{x_2}(\omega) = S_0$，而 $x_2(t+T) = x_1(t)$，则 $S_{x_1 x_2} = S_0(\omega) \mathrm{e}^{-\mathrm{i}\omega T}$、$S_{x_2 x_1} = S_0(\omega) \mathrm{e}^{\mathrm{i}\omega T}$，且 $H_1(\omega) = H_2(\omega) = H(\omega)$。此时，有

$$\begin{aligned} S_y(\omega) &= \left| H(\omega) \right|^2 \left(2S_0(\omega) + S_0(\omega) \mathrm{e}^{-\mathrm{i}\omega T} + S_0(\omega) \mathrm{e}^{\mathrm{i}\omega T} \right) \\ &= \left| H(\omega) \right|^2 \left(2S_0(\omega) + 2S_0(\omega) \cos(\omega T) \right) \end{aligned} \tag{7.34}$$

假设对不同的频率成分，$T \in [0, n \cdot 2\pi / \omega]$，$n = 1,2,3,\cdots$，在定义域内内服从均匀分布，$T \sim U(0, n \cdot 2\pi / \omega)$，则 $E[\cos(\omega T)] = 0$。因此，输出谱的分频数学期望满足

$$E[S_y(\omega)] = 2 \left| H(\omega) \right|^2 S_0(\omega) \tag{7.35}$$

若将图 7.2 中的轮轨动力相互作用模型考虑为车轮粗糙度及钢轨粗糙度以定点激励方式输入，轮轨相互作用过程中轮、轨相对位置始终固定，车轮粗糙度和钢轨粗糙度以列车行驶速度 v 向列车运行相反方向移动。因此，若只考虑垂向激励，则该系统可假设为 2 个输入、多输出的线性时不变系统。根据式（7.31），轮轨耦合粗糙度谱为

$$S_{\mathrm{wr}}(k) = S_{\mathrm{w}}(k) + S_{\mathrm{w-r}}(k) + S_{\mathrm{r-w}}(k) + S_{\mathrm{r}}(k) \tag{7.36}$$

其中，$S_{\mathrm{w-r}}(k)$ 和 $S_{\mathrm{r-w}}(k)$ 两项为车轮踏面粗糙度和钢轨表面粗糙度的互谱函数，可以反映二者的相干特性。

7.2.4　轮轨耦合粗糙度谱

钢轨表面粗糙度及车轮踏面粗糙度的测试数据可被视为广义平稳随机信号。

功率谱密度函数是表述平稳随机过程的常用统计指标，用于反映谱密度对频率的分布特征。

钢轨表面粗糙度谱与车轮踏面粗糙度谱密度函数是通过均方值形式的谱密度表达不平顺大小与波长的关系。目前常用的方法是采用离散傅里叶变换的快速算法对测试样本的功率谱密度函数进行估计，即周期图法。设离散时间序列 $\{x_s\}$，$s = 0,1,\cdots,N-1$，数据长度 $T = N \cdot \Delta t$，Δt 为采样时间间隔。由 Parseval 定理，信号在时域和频域的能量相等，则第 k 个中心频率处均方值的功率谱密度函数估计结果为

$$
\begin{aligned}
S'_{xx}(k) &= \left\{ \frac{1}{N} \sum_{s=0}^{N-1} x_s \exp\left[i\left(k\frac{2\pi}{N} \right)s \right] \right\} \left\{ \frac{1}{N} \sum_{s=0}^{N-1} x_j \exp\left[-i\left(k\frac{2\pi}{N} \right)j \right] \right\} \\
&= \frac{1}{N^2} \left| \mathrm{DFT}[x_s] \right|^2 \\
&= \frac{1}{N^2} (X^*(k)X(k))
\end{aligned}
\tag{7.37}
$$

其中，$X(k)$ 为时间序列 $\{x_s\}$ 的频谱，$k = 0,1,\cdots,N-1$。

在实际工程中，为反映单位频率分辨率下平均能量的分布特征，粗糙度测试样本 $\{x_s\}$ 的功率谱密度函数定义为 $\{x_s\}$ 在频率 f_k 到 $f_k + \Delta f$ 微小频带内的均方值 $S'_{xx}(k)$ 除以频带宽 Δf，即

$$
S_{xx}(k) = \frac{1}{\Delta f \cdot N^2} (X^*(k)X(k))
\tag{7.38}
$$

对于某一运营线路，随着运营时间的增加，累计运营里程逐步增加，钢轨表面粗糙度及车轮踏面粗糙度持续发展变化。不失一般性的，假设在某一段线路区间内，表征钢轨表面粗糙状态的随机函数为

$$
F_R = f(t, q_1, q_2, \cdots, q_n)
\tag{7.39}
$$

其中，t 为运行时间(与累计运营里程相关)；q_n 为影响钢轨表面粗糙度发展变化的若干客观因素，如车型(A 型车/B 型车)、轨道型式、线路形式(曲线/直线)、隧道结构形式等影响因素。

对于某一确定的参考断面，包含车型、轨道型式、线路形式、隧道结构形式等影响因素。在正常养护维修条件下，假设运行时间 $t < T_1$ 时，钢轨表面粗糙状态稳定，该随机函数特征与运行时间(与里程对应)并无明显的对应关系。如果轨道达到临界状态，但未进行适当的养护维修，随着运行时间的增加，在某一运行时间段 $T_1 \leqslant t < T_2$，该随机函数与服役时间可能呈线性增长关系(拟合系数待定)。随着运行时间的进一步增加，当 $t \geqslant T_2$ 时，该随机函数与运行时间可能呈现发展速率迅速增加的指数增长关系。

同理，可定义车轮踏面粗糙状态的随机函数，即

$$F_W = f(m, p_1, p_2, \cdots, p_n) \tag{7.40}$$

其中，m 为净运营里程；p_n 为代表影响车轮踏面粗糙状态发展变化的若干客观因素。

与某一固定区段的轨道断面不同，列车运营过程中需要历经全线所有的线路状态。因此，若某运营线路所有运营列车基本参数一致，则随着运营里程的增加，所有列车的车轮不圆顺呈现与运营线路相关的某种特定、相似的发展趋势。车轮踏面粗糙状态的随机函数 F_W 可进一步表达为

$$F_W = \begin{cases} C(f_1(m)), & m < M_1 \\ C(f_2(m)), & M_1 \leqslant m < M_2 \\ \quad\quad\quad \vdots \\ C(f_n(m)), & M_n \leqslant m \end{cases} \tag{7.41}$$

其中，$C(\ )$ 为反映运营线路特征的特征函数；m 为列车运营里程；$f(\ )$ 为车轮粗糙状态与运营里程间的函数。

在不同的运营里程区间，车轮踏面粗糙状态的随机函数 F_W 可能差别较大，可采用分段函数的方式表达。

综合分析，在轮、轨随机联合激励作用下，车辆-轨道相互作用分析领域的研究可具体分为以下 3 个研究层次、4 个子问题进行逐步分析。

1) 具有某种随机特征的不圆顺单一车轮，通过具有某种随机特征的不平顺轨道

子问题 1，单一不圆顺车轮通过某种不平顺状态的轨道。

对于单一不圆顺车轮通过某一段不平顺的轨道，式 (7.36) 给出了一般意义上轮轨耦合粗糙度谱的表达形式。显然，通过现场测试样本可获得车轮不圆顺谱 $S_w(k)$ 和钢轨表面粗糙度谱 $S_r(k)$ 的函数样本，结合统计分析可分别获得具备一般性的车轮不圆顺谱和钢轨表面粗糙度谱。由于轮、轨表面粗糙度的随机性，反映二者相干特性的 $S_{w-r}(k)$ 和 $S_{r-w}(k)$ 可通过数学方法构造不同波数 k_i 的随机相位差获得。

假设某不圆顺车轮多次通过某种不平顺状态的轨道，相对于轨道上某参考坐标点 $x_{r,0}$，每次通过时车轮起始位置随机，导致车轮踏面粗糙度 $R_w(x)$ 与钢轨表面粗糙度 $R_r(x)$ 间的相位差随机变化，如图 7.5 所示。对于某一波数 k_i，车轮和钢轨表面粗糙度谱密度函数的幅值分别为 $S_w(k_i)$ 和 $S_r(k_i)$，则该波数下的轮轨耦合粗糙度谱为

$$S_{wr}(k_i) = S_w(k_i) + S_r(k_i) + 2\sqrt{S_w(k_i)S_r(k_i)}\cos(k_i \Delta L) \tag{7.42}$$

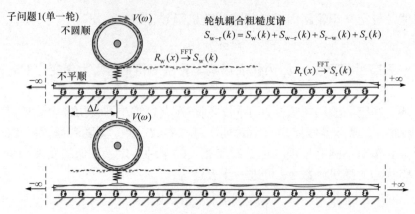

图 7.5　轮轨联合激励机制(子问题 1)

对于 2 维平面问题，实际输入系统的车轮不圆顺为平面圆周上的表面粗糙度以滚动圆周长为周期重复展开若干次。此时，无论车轮的初始位置如何变化，对于不同的波数 k_i，随机相位差 $\Delta L \in [0, 2\pi r_w]$（$r_w$ 为滚动圆半径），且在定义域内服从均匀分布 $\Delta L \sim U(0, 2\pi r_w)$。显然，对于不同波数 k_i，式(7.42)中表达相干信息的系数 $\cos(k_i \Delta L)$ 的波动范围并不一致。

然而，在实际列车行进过程中，由于车体的横向振动，车轮在钢轨上的滚动轨迹并不是某一确定轨迹线以车轮滚动圆周长为周期的若干次重复，而是在一定区间内的随机轨迹，如图 7.6 所示。由于波动范围较小，一般位于名义滚动圆左右 10 mm 宽范围内，可以假设不同滚动迹线上的粗糙度功率谱密度函数一致。

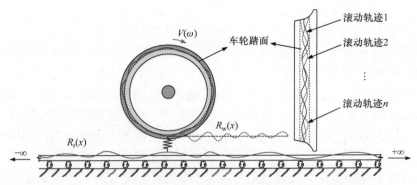

图 7.6　车轮在钢轨上滚动时与钢轨之间接触点的轨迹线示意图

因此，即使是单一车轮于不同起始位置滚动经过轨道上某参考坐标点 $x_{r,0}$，车轮不圆顺 $R_w(x)$ 与钢轨表面粗糙度 $R_r(x)$ 间的随机相位差 $\Delta L \in [0, +\infty)$。进一步，假设对不同的波数 k_i，随机相位差 $\Delta L \in [0, 2\pi n / k_i]$，$n = 1, 2, 3, \cdots$，且在定义域内服从均匀分布，$\Delta L \sim U(0, 2\pi n / k_i)$，$n = 1, 2, 3, \cdots$，则有 $E[\cos(k_i \Delta L)] = 0$。因此，轮轨耦合粗糙度谱的分频数学期望满足

$$E[S_{\mathrm{wr}}(k_i)] = S_{\mathrm{w}}(k_i) + S_{\mathrm{r}}(k_i) \tag{7.43}$$

代入式（7.3），则钢轨振动加速度响应的功率谱的数学期望可以表达为

$$E[S_{a_r}(k_i)] = \frac{\omega^4}{v}\left|\frac{Z_{\mathrm{w}}}{Z}\right|^2 |H(k)|^2 (S_{\mathrm{w}}(k_i) + S_{\mathrm{r}}(k_i)) \tag{7.44}$$

2）按某种组合的随机特征的不圆顺车轮组（列车），通过具有某种随机特征的不平顺轨道

在地铁列车环境振动预测模型的振源子模型研究中，为了给出精准的列车荷载，需要以一整列地铁列车为研究对象。由于动车与拖车不同轴簧下质量的差异、不同车轮空间位置差异、左右轮与钢轨的接触状态差异等，同一列车不同车轮的不圆顺水平有所差异（迟胜超等，2020）。此外，随着列车累计运营里程的增加，车轮不圆顺逐渐发展（Wu et al.，2017）。因此，该核心问题又可分为 2 个子问题。

子问题 2，一列车多个轮轴通过某种不平顺状态的轨道。

以某一整列车为研究对象，同一列车不同车轮的不圆顺有所差异，如图 7.7 所示。假设一整列车不同轮轴通过轨道上参考坐标点 $x_{\mathrm{r,0}}$ 时，整车历经的车轮不圆顺可视为不同车轮的不圆顺在空间域按车轮通过顺序依次展开，可采用所有车轮的不圆顺谱均值代表整车的车轮不圆顺。某一整列车的车轮不圆顺谱可以表达为

$$\bar{S}_{\mathrm{w}}(k) = \frac{1}{N_{\mathrm{w}}}\sum_{i=1}^{N_{\mathrm{w}}} S_{\mathrm{w}-i}(k) \tag{7.45}$$

其中，N_{w} 为一整列车所有车轮的数量；$i = 1, 2, \cdots, N_{\mathrm{w}}$。

子问题 3，列车运营里程与车轮不圆顺的发展变化关系。

以某一整列车为研究对象，随着运营里程的增加，车轮磨耗逐渐积累，整体的车轮不圆顺谱 $\bar{S}_{\mathrm{w}}(k)$ 随着运营里程的增加逐渐发展，如图 7.7 所示。6.3 节车轮

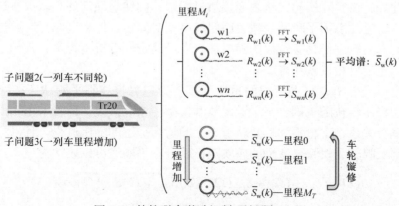

图 7.7　轮轨联合激励机制（子问题 2、3）

不圆顺跟踪测试结果显示，随着列车净营运里程的增加，车轮踏面粗糙度持续发展；经过镟修后，车轮圆顺状态恢复较为理想的水平。

3）车轮不圆顺符合某种随机分布特征的多列车，通过具有各种随机特征的不平顺谱轨道

子问题4，随机不圆顺车轮耦合随机不平顺轨道。

对于同一线路的所有运营列车，由于投入运营时间不同、养护维修状态差异、累计运营里程差异等，一天内不同列车的车轮不圆顺状态相差较大，引起的分频振级差异甚至超过 20 dB；钢轨打磨会显著降低隧道壁振动响应。为了反映所有的车轮不圆顺状态及轨道粗糙状态，需要根据不同运营里程的大量车轮踏面粗糙度测试样本、钢轨表面粗糙度测试样本，构建具备统计意义的随机车轮不圆顺谱及随机钢轨表面粗糙度谱，如图 7.8 所示。

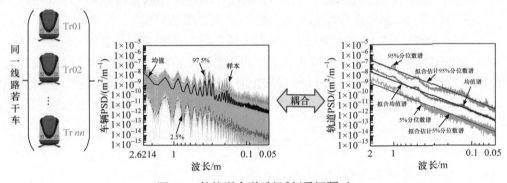

图 7.8　轮轨联合激励机制（子问题4）

在实际工程领域，轨道不平顺和车轮不圆顺通常采用功率谱密度函数表达，只能反映不同波数的谱密度值，已经丢失了轮、轨表面粗糙度相互耦合间的相位信息。此外，在实际的轮、轨表面接触过程中，即使是固定列车多次通过某一固定断面，轨道动态不平顺及钢轨表面粗糙度相对固定，但是列车每次通过时，轮轨接触的真实轨迹仍具备较强的随机性。在不确定性分析过程中，其相干特性需要通过构造随机相位差获得。

综合以上分析，将钢轨表面粗糙度扩展为包含长波不平顺状态的轨道不平顺。我们提出轮轨随机耦合不平顺谱数学模型的核心假设，即若采用线性弹簧模拟轮轨耦合关系，车轮不圆顺及轨道不平顺均为稳态的随机过程，且只考虑垂向激励，则反映轮、轨联合激励的轮轨随机耦合不平顺谱可以表达为

$$S(\Omega_l) = S_{\text{wheel}}(\Omega_l) + S_{\text{rail}}(\Omega_l) + 2\sqrt{S_{\text{wheel}}(\Omega_l)S_{\text{rail}}(\Omega_l)}\cos(\theta_{l,1}) \tag{7.46}$$

其中，$S(\Omega_l)$ 为轮轨随机耦合不平顺功率谱密度函数；$S_{\text{wheel}}(\Omega_l)$，$\Omega_l \leqslant 1/(2\pi r_w)$ 为车轮不圆顺功率谱密度函数；$S_{\text{rail}}(\Omega_l)$ 为钢轨不平顺功率谱密度函数，两者均

定义在空间角频率(波数)区间 $[\Omega_l, \Omega_{N_R}]$，$[\Omega_l, \Omega_{N_R}]$ 的选择依赖计算车速及关心的频率范围；$\theta_{l,1}$ 为不同空间频率 Ω_l 轮、轨不平顺间的随机相位差，在 $0\sim2\pi$ 服从均匀分布。

7.3 频域车辆-轨道耦合解析模型

列车动荷载的求解是环境振动预测的基础。针对不同的情况，目前已经形成理论模型分析法(杜林林，2018；马龙祥，2015)、实测数定法(Li et al.，2021；孙晓静，2008)等不同分析求解方法。刘维宁等(2020)对车辆-轨道耦合动力学的研究历史、发展现状，以及在各个工程领域的发展情况进行了详细梳理。

经过近 20 年的持续发展，马龙祥(2015)基于周期-无限结构理论建立了频域车辆-轨道耦合解析模型(图 7.9)和车辆-浮置板轨道耦合模型(图 7.10)；杜林林(2018)建立了空间曲线车轨耦合模型(图 7.11)，可用于分析曲线段、列车加减速段的轨道结构动力响应。

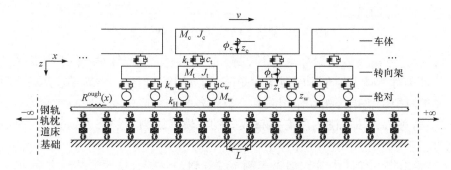

图 7.9 频域车辆-轨道耦合解析模型

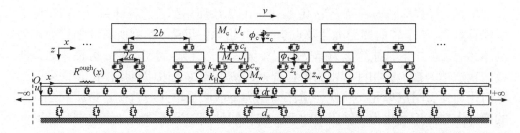

图 7.10 车辆-浮置板轨道耦合模型

本章基于马龙祥(2015)建立的频域车辆-轨道耦合解析模型，进行车辆、轨道相互作用的求解分析。该模型使用线性弹簧模拟轮轨相互作用关系，并采用移动列车激励输入法，考虑列车真实的移动效应引起的系统振动响应。此外，该模型具备力学概念清晰、全解析、高精度、求解速度快等优点，可验证轮轨耦合激励模型的有效性，为后续的环境振动预测方法研究提供高精度的振源输入力。该模型求解的基本思路如下。

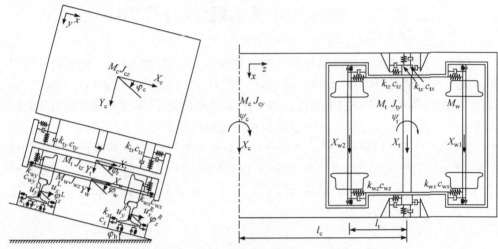

图 7.11　曲线车辆-轨道耦合空间模型

(1)通过三角级数法拟合轨道不平顺。在求解过程中，针对不同频率的不平顺成分，求解对应频率的车辆轮对柔度矩阵及轮轨接触点处的钢轨柔度矩阵，通过线性弹簧模拟轮轨耦合相互作用关系，求解各频率对应的动态轮轨激励力。

(2)将关心频段范围内所有频率成分的轮轨激励力及静态力相叠加，获得总轮轨力。

(3)将求得的轮轨力分别输入车辆系统和轨道系统，从而求解动力响应。

对于频域车辆-轨道耦合解析力学模型，在实际计算分析过程中，列车编组可灵活选择，每节车厢均可简化为 10 自由度的 2 系质量弹簧悬挂体系，包括车体的沉浮及点头、2 个转向架的沉浮及点头、4 个轮对的沉浮。模型所有部件均简化为刚体，一系及二系悬挂简化为弹簧阻尼单元。依据无限-周期理论，可将普通整体道床轨道结构视为以扣件间距为特征周期的离散支撑无限-周期结构，扣件系统同样简化为弹簧阻尼单元。轨枕、道床简化为离散质量单元，轨枕、道床及基础间的弹性支撑作用简化为弹簧阻尼单元。在相同计算工况条件下，该模型与 Sheng 等(2005)给出的计算结果一致。

7.3.1　车辆模型

车辆模型如图 7.12 所示。其振动控制方程可以通过 d'Alembert 原理计算获

得。第 m 节车辆的动力控制方程为

$$M_m\ddot{U}_m(t) + C_m\dot{U}_m(t) + K_mU_m(t) = Q_m(t) \tag{7.47}$$

其中，$U_m(t)$、$\dot{U}_m(t)$、$\ddot{U}_m(t)$ 分别为车辆的位移、速度、加速度向量；$Q_m(t)$ 为作用在第 m 节车辆上的动态激励力向量；M_m、C_m、K_m 分别为第 m 节车辆的质量、阻尼、刚度矩阵。

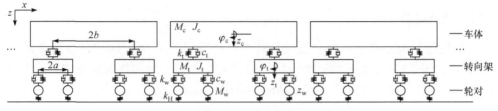

图 7.12　车辆模型

将式 (7.47) 的车辆控制方程变换到频域，可得

$$(-M_m\omega^2 + iC_m\omega + K_m)\hat{U}_m(\omega) = \hat{Q}_m(\omega) \tag{7.48}$$

其中，ω 为圆频率；符号"∧"代表频域内的物理量。

频域下的车辆位移向量为

$$\hat{U}_m(\omega) = (-M_m\omega^2 + iC_m\omega + K_m)^{-1}\hat{Q}_m(\omega) \tag{7.49}$$

整理式 (7.49)，第 m 节车辆的柔度矩阵 $A_{vm}(\omega)$ 为

$$A_{vm}(\omega) = \frac{\hat{U}_m(\omega)}{\hat{Q}_m(\omega)} = (-M_m\omega^2 + iC_m\omega + K_m)^{-1} \tag{7.50}$$

通过 $A_{vm}(\omega)$ 即可获得第 m 节车辆轮对柔度矩阵 $A_{wm}(\omega)$，即

$$A_{wm}(\omega) = HA_{vm}(\omega)H^{T} \tag{7.51}$$

其中，$H = [0_{6\times4}\ \ I_{4\times4}]^{T}$，$0_{6\times4}$ 为 6×4 的零矩阵，$I_{4\times4}$ 为 4×4 的单位矩阵。

考虑具有 n 节车辆编组列车时，轮对数 $m_w = 4n$，通过"装配"可以获得整列车所有轮对的柔度矩阵 $A^{wheel}(\omega)$，即

$$A^{wheel}(\omega) = \mathrm{diag}[A_{w1}(\omega), A_{w2}(\omega), \cdots, A_{wn}(\omega)] \tag{7.52}$$

其中，diag 代表对角阵。

在频率 ω_l 的简谐激励作用下，整列车轮对对应于激励频率 ω_l 轮轨力的位移响应幅值 $\bar{Z}^{wheel}(\omega_l)$，即

$$\bar{Z}^{\text{wheel}}(\omega_l) = -A^{\text{wheel}}(\omega_l)\bar{Q}^{\text{wr}}(\omega_l) \tag{7.53}$$

其中，$\bar{Q}^{\text{wr}}(\omega_l) = [\bar{Q}_1^{\text{wr}}(\omega_l), \bar{Q}_2^{\text{wr}}(\omega_l), \cdots, \bar{Q}_{m_{\text{w}}}^{\text{wr}}(\omega_l)]^{\text{T}}$ 为对应于激励频率 ω_l 的轮轨力幅值组成的向量，$\bar{Q}_i^{\text{wr}}(\omega_l)$ 为列车第 i 个轮轨力的幅值；$\bar{Z}^{\text{wheel}}(\omega_l) = [\bar{Z}_1^{\text{wheel}}(\omega_l), \bar{Z}_2^{\text{wheel}}(\omega_l), \cdots, \bar{Z}_{m_{\text{w}}}^{\text{wheel}}(\omega_l)]^{\text{T}}$，$\bar{Z}_i^{\text{wheel}}(\omega_l)$ 为列车第 i 个轮对的位移幅值；等式右侧的 "$-$" 代表轮对位移方向与轮轨力的作用方向是相反的。

7.3.2　轨道模型

依据无限-周期理论，将轨道结构视为以扣件间距 L 为周期的离散支撑无限-周期结构(图 7.13)。假设钢轨为无限长欧拉梁、扣件支撑为弹簧阻尼单元，则轨梁的振动响应可统一在一个特征周期长度内进行求解。

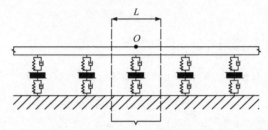

图 7.13　离散支撑无限-周期结构

在频域内频率为 ω_l 的单位移动荷载作用下，1 个特征周期内的轨梁振动方程为

$$E_{\text{r}}^* I_{\text{r}} \frac{\partial^4 \hat{u}_{\text{r}}}{\partial x^4} - \omega^2 m_{\text{r}} \hat{u}_{\text{r}} + \bar{k}_{\text{r}} \sum_{n=1}^{N_{\text{r}}} \hat{u}_{\text{r}} \delta(x - x_n) = \frac{1}{v} \text{e}^{\text{i}\frac{\omega_l - \omega}{v}(x - x_0^{\text{F}})} \tag{7.54}$$

其中，$\hat{u}_{\text{r}}(x, \omega, \omega_l)$ 为频域内的轨梁竖向位移响应，简写为 $\hat{u}_{\text{r}}$；$E_{\text{r}}^* = E_{\text{r}}(1 + \text{i}\eta_{\text{r}})$ 为包含钢轨材料阻尼特性的弹性模量，E_{r} 为钢轨的实弹性模量，η_{r} 为材料损耗因子；I_{r} 为钢轨惯性矩；m 为单位长度钢轨质量；x_0^{F} 为初始时刻移动荷载的位置；x_n 为第 n 个扣件支点的坐标。

同理，在频率 ω_l 的简谐激励作用下，钢轨上轮轨接触点的位移响应幅值 $\bar{Z}^{\text{rail}}(\omega_l)$ 为

$$\bar{Z}^{\text{rail}}(\omega_l) = A^{\text{rail}}(\omega_l)\bar{Q}^{\text{wr}}(\omega_l) \tag{7.55}$$

其中，$\bar{Z}^{\text{rail}}(\omega_l) = [\bar{Z}_1^{\text{rail}}(\omega_l), \bar{Z}_2^{\text{rail}}(\omega_l), \cdots, \bar{Z}_{m_{\text{w}}}^{\text{rail}}(\omega_l)]^{\text{T}}$，$\bar{Z}_i^{\text{rail}}(\omega_l)$ 为钢轨上第 i 个轮轨接触点的位移响应幅值，$i = 1, 2, \cdots, m_{\text{w}}$。

7.4　车辆-轨道的耦合关系及系统响应的求解

7.4.1　车辆-轨道的耦合关系

在频域内无法求解非线性弹簧，同时在以环境振动预测为研究目标的较低频振源特性分析中，采用线性弹簧模拟轮轨接触关系即可获得良好的计算精度。弹簧的等效刚度为

$$k_{\mathrm{H}k} = 3P_{k0}^{1/3} / G_{\mathrm{c}} \tag{7.56}$$

其中，G_{c} 为轮轨接触常数；P_{k0} 为列车第 k 轴轮轨静态相互作用力。

在单一激振频率 ω_l 的轨道不平顺作用下，假设车轮与钢轨始终保持接触，则轮轨力幅值为

$$\bar{\boldsymbol{Q}}^{\mathrm{wr}}(\omega_l) = \boldsymbol{k}_{\mathrm{H}}(\bar{\boldsymbol{Z}}^{\mathrm{wheel}}(\omega_l) - \bar{\boldsymbol{Z}}^{\mathrm{rail}}(\omega_l) - \bar{\boldsymbol{R}}^{\mathrm{ough}}(\omega_l)) \tag{7.57}$$

其中，$\boldsymbol{k}_{\mathrm{H}} = \mathrm{diag}(k_{\mathrm{H}1}, k_{\mathrm{H}2}, \cdots, k_{\mathrm{H}m_{\mathrm{w}}})$。

将式 (7.53)、式 (7.55) 代入式 (7.57)，有

$$\bar{\boldsymbol{Q}}^{\mathrm{wr}}(\omega_l) = \boldsymbol{k}_{\mathrm{H}}(-\boldsymbol{A}^{\mathrm{wheel}}(\omega_l)\bar{\boldsymbol{Q}}^{\mathrm{wr}}(\omega_l) - \boldsymbol{A}^{\mathrm{rail}}(\omega_l)\bar{\boldsymbol{Q}}^{\mathrm{wr}}(\omega_l) - \bar{\boldsymbol{R}}^{\mathrm{ough}}(\omega_l)) \tag{7.58}$$

整理可得

$$\bar{\boldsymbol{Q}}^{\mathrm{wr}}(\omega_l) = -(\boldsymbol{A}^{\mathrm{wheel}}(\omega_l) + \boldsymbol{A}^{\mathrm{rail}}(\omega_l) + \boldsymbol{k}_{\mathrm{H}}^{-1})^{-1} \bar{\boldsymbol{R}}^{\mathrm{ough}}(\omega_l) \tag{7.59}$$

即单一激振频率 ω_l 不平顺作用下的轮轨动态接触力幅值。对关心频率范围内的激振频率 ω_l 进行循环，即可求出各个激振频率不平顺对应的轮轨力幅值，然后将这些分频轮轨力进行叠加。

7.4.2　轮轨耦合不平顺谱拟合方法

轮轨耦合不平顺的拟合以刘维宁等 (2020) 给出的改进三角级数拟合方法为基础，同时考虑车轮不圆顺和轨道不平顺的影响。由于钢轨表面的走行带较为狭窄，可认为列车各个轮轴历经的不平顺状态具有相同的功率谱。参考传统的三角级数模拟方法和式 (7.46)，可将列车第 k 轴历经的不平顺表示为

$$
\begin{aligned}
R_k(x) &= \sum_{l=1}^{N_{\mathrm{R}}} \sqrt{2S(\Omega_l)\Delta\Omega} \cdot \cos[\Omega_l(x - x_k^{\mathrm{F}}) + \theta_{lk}] \\
&= \sum_{l=1}^{N_{\mathrm{R}}} \sqrt{2(S_{\mathrm{wheel}}(\Omega_l) + S_{\mathrm{rail}}(\Omega_l) + 2\sqrt{S_{\mathrm{wheel}}(\Omega_l)S_{\mathrm{rail}}(\Omega_l)}\cos(\Omega_l))\Delta\Omega} \\
&\quad \cdot \cos(\Omega_l(x - x_k^{\mathrm{F}}) + \theta_{lk})
\end{aligned} \tag{7.60}
$$

其中，$\Delta\Omega$ 和 Ω_l ($l = 1, 2, \cdots, N_R$) 是将区间 $[\Omega_l, \Omega_{N_R}]$ 等分为 N_R 个子区间后的各个子频率区间的长度和中心频率；θ_{lk} 为不同波长对应的随机相位，在 $0 \sim 2\pi$ 服从均匀分布；x_k^F 为第 k 轴的初始位置；x 为轨道结构的固定坐标。

式(7.60)可以进一步写为

$$R_k(x) = \sum_{l=1}^{N_R} \frac{\sqrt{2S(\Omega_l)\Delta\Omega}}{2} \cdot e^{i\left[\Omega_l(x - x_k^F) + \theta_{lk}\right]}$$

$$+ \sum_{l=1}^{N_R} \frac{\sqrt{2S(\Omega_l)\Delta\Omega}}{2} \cdot e^{-i\left[\Omega_l(x - x_k^F) + \theta_{lk}\right]} \tag{7.61}$$

由于 $x = x_k^F + vt$、$\Omega_l = \omega_l / v$，第 k 轴历经的不平顺为

$$R_k(x) = \sum_{l=1}^{N_R} \frac{\sqrt{2S(\Omega_l)\Delta\Omega}}{2} \cdot e^{i\theta_{lk}} e^{i\omega_l t} + \sum_{l=1}^{N_R} \frac{\sqrt{2S(\Omega_l)\Delta\Omega}}{2} \cdot e^{-i\theta_{lk}} e^{-i\omega_l t}$$

$$= \sum_{l=1}^{N_R} \frac{\sqrt{2S(\Omega_l)\Delta\Omega}}{2} \cdot e^{i\theta_{lk}} e^{i\omega_l t} + \sum_{l=-N_R}^{-1} \frac{\sqrt{2S(\Omega_l)\Delta\Omega}}{2} \cdot e^{i\theta_{lk}} e^{i\omega_l t} \tag{7.62}$$

其中，$\Omega_l = -\Omega_l$；$\omega_l = -\omega_{-l}$；$\theta_{lk} = -\theta_{(-l)k}$，随机相位 θ_{lk} 服从 $0 \sim 2\pi$ 的均匀分布；$S(\Omega_l) = S(-\Omega_l) = S(\Omega_l)$。

随机相位 $\theta_{lk} = \theta_{lk,2} + \theta_{lk,3}$，包含两层物理意义，即不同波长不平顺间的随机初始相位 $\theta_{lk,2}$ 及不同轴间历经不平顺间的随机相位差 $\theta_{lk,3}$，且 $\theta_{lk,2}$ 与 $\theta_{lk,3}$ 相互独立，在 $0 \sim 2\pi$ 之间服从均匀分布。

不平顺样本函数可视为不同频率成分的谐波分量组合而成的，并假设在不同波长间相互独立，则第 k 轴历经的激励频率对应 $\omega_l (l = -N_R, \cdots, -1, 1, \cdots, N_R)$ 的不平顺幅值可以表达为

$$\bar{R}_k^{ough}(\omega_l) = \bar{R}_k(\Omega_l) \cdot e^{i\theta_{lk}} \tag{7.63}$$

$$\bar{R}_k(\Omega_l) = \sqrt{2S(\Omega_l)\Delta\Omega} / 2 \tag{7.64}$$

所有轮轨接触点历经的对应于单一激振频率 ω_l 的轨道不平顺幅值向量为

$$\bar{\boldsymbol{R}}^{ough}(\omega_l) = [\bar{R}_1^{ough}(\omega_l), \bar{R}_2^{ough}(\omega_l), \cdots, \bar{R}_{m_w}^{ough}(\omega_l)]^T \tag{7.65}$$

其中，$\bar{R}_k^{ough}(\omega_l)$，$k = 1, 2, \cdots, m_w$；$m_w$ 为列车轴数。

7.4.3　轮轨力的求解

叠加轨道不平顺引起的动态轮轨力和静态列车轮轴荷载，即可获得第 k 轴的总轮轨力，即

$$Q_k^{\mathrm{wr}}(t) = 2P_{k0} + \sum_{l=1}^{N_{\mathrm{R}}} \bar{Q}_k^{\mathrm{wr}}(\omega_l)\mathrm{e}^{\mathrm{i}\omega_l t} + \sum_{l=-N_{\mathrm{R}}}^{-1} \bar{Q}_k^{\mathrm{wr}}(\omega_l)\mathrm{e}^{\mathrm{i}\omega_l t} \tag{7.66}$$

其中，ω_l 为激振频率；P_{k0} 为单股钢轨对应的第 k 轴静轮轨力，$2P_{k0}$ 为第 k 轴的静轴重（对应双股钢轨）。

进一步，式(7.66)可以统一写为

$$Q_k^{\mathrm{wr}}(t) = \sum_{l=-N_{\mathrm{R}}}^{N_{\mathrm{R}}} \bar{Q}_k^{\mathrm{wr}}(\omega_l)\mathrm{e}^{\mathrm{i}\omega_l t} \tag{7.67}$$

其中，$\omega_0 = 0 \text{ rad/s}$；$\bar{Q}_k^{\mathrm{wr}}(\omega_0) = 2P_{k0}$。

由于 $\bar{R}_k^{\mathrm{ough}}(\omega_l) = \bar{R}_k^{\mathrm{ough}}(\omega_l)^*$，因此列车第 k 轴的轮轨力可表达为

$$Q_k^{\mathrm{wr}}(t) = 2P_{k0} + 2\mathrm{Re}\left(\sum_{l=1}^{N_{\mathrm{R}}} \bar{Q}_k^{\mathrm{wr}}(\omega_l)\mathrm{e}^{\mathrm{i}\omega_l t}\right) \tag{7.68}$$

7.4.4　轨道动力响应的求解

以计算获得的轮轨力为基础，可进一步求解轨道动响应。一系列移动谐振荷载 $\bar{Q}_k^{\mathrm{wr}}(\omega_l)\mathrm{e}^{\mathrm{i}\omega_l t}$ 作用下轨道系统的频域位移可表达为

$$\hat{u}_j(x,\omega,\omega_l) = \left(\sum_{k=1}^{m_{\mathrm{w}}} \bar{Q}_k^{\mathrm{wr}}(\omega_l)\mathrm{e}^{\mathrm{i}\frac{\omega_l-\omega}{v}d_{1k}}\right)\hat{u}_{1j}(x,\omega,\omega_l) \tag{7.69}$$

其中，$\hat{u}_{1j}(x,\omega,\omega_l)$ 为一个假想的、绑定于系列移动荷载第 1 个轮轴位置随系列荷载移动的（移动速度为 v 且荷载作用点始终位于系列荷载第一轴位置）、频率同为 ω_l 的单位谐振荷载 $\mathrm{e}^{\mathrm{i}\omega_l t}$ 引起轨道结构上 x 点的频域位移响应。

由叠加原理，多频率成分的轮轨力 $Q_k^{\mathrm{wr}}(t)$ 作用引起的轨道频域位移可写为

$$\hat{u}_j(x,\omega) = \sum_{l=0}^{N_{\mathrm{R}}} \hat{u}_j(x,\omega,\omega_l) = \sum_{l=0}^{N_{\mathrm{R}}}\left[\left(\sum_{k=1}^{m_{\mathrm{w}}} \bar{Q}_k^{\mathrm{wr}}(\omega_l)\mathrm{e}^{\mathrm{i}\frac{\omega_l-\omega}{v}d_{1k}}\right)\hat{u}_{1j}(x,\omega,\omega_l)\right] \tag{7.70}$$

通过对频率 ω 的循环计算，其中最小值 $\omega_{\mathrm{smallest}}$ 可设为 0、最大值为 $\omega_{\mathrm{largest}}$（须小于轨道不平顺考虑的最高激振频率 $\omega_{N_{\mathrm{R}}}$），即可获得钢轨的位移响应频谱，进而通过数学微分获得速度和加速度。

7.5　轮、轨联合激励模型的案例计算及试验分析

式(7.46)给出了车轮不圆顺谱及轨道不平顺谱一般意义上的耦合模型。该模

型是基于多输入多输出线性时不变系统的"输出功率谱＝|传递函数|²×输入功率谱"基本规律提出的，依托的物理力学模型为车轮踏面粗糙度及钢轨表面粗糙度以定点激励输入简单轮轨相互作用模型（Remington，1987）。因此，在考虑移动车辆激励方式的多输入车辆-轨道耦合系统中，式(7.46)给出的车轮不圆顺谱及轨道不平顺谱耦合模型是否依然成立，并且可以反映真实的列车振源频域振动响应，需要进一步分析验证。

7.5.1　理论算例分析

在统计意义上，式(7.46)给出的轮轨随机耦合不平顺谱模型的数学期望是 $E[S(\Omega_l)] = S_{\text{wheel}}(\Omega_l) + S_{\text{rail}}(\Omega_l)$。因此，若该轮轨耦合不平顺谱的数学模型成立，则以随机的轮轨耦合不平顺谱作为激励，获得的频域随机振动响应谱的数学期望，必然与以 $S_{\text{wheel}}(\Omega_l) + S_{\text{rail}}(\Omega_l)$ 作为激励获得的频域随机振动响应谱一致。本节以单一车轮、一整列车为研究对象进行对比验证。

1)具有某种随机不圆顺特征的单一车轮，通过具有某种随机不平顺特征的单一轨道

为了验证轮轨耦合不平顺模型的合理性，首先分析单一波长简谐不平顺激励作用下的轮、轨动力响应。激励频率分别为 40、80 Hz，并且车轮不圆顺谱、轨道不平顺谱的幅值均为 S_0；计算车轮运行速度为 70km/h；车轮不圆顺、轨道不平顺空间域峰值均为 1 μm；轮对质量 M_w 为 1.7×10^3 kg。轨道参数如表 2.2 所示。

(1)不考虑各波长轮轨耦合不平顺的初始相位，即 $\theta_{lk,2} = 0$。

工况 1，车轮不圆顺及轨道不平顺间的随机相位差 $\theta_{l,1}$，0～2π 服从均匀分布，计算 500 个随机样本。

工况 2，轮轨耦合不平顺的均值谱 $2S_0(\Omega_l)$。

图 7.14 和图 7.15 分别给出了轮轨力有效值及某参考点 $(x_{r,0})$ 处钢轨振动加速

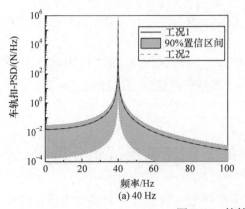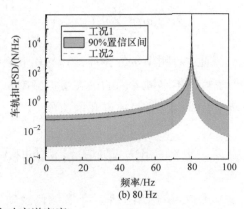

图 7.14　轮轨力功率谱密度

度响应的功率谱密度函数。参考式(7.1)和式(7.3)，轮轨力和钢轨的振动响应依赖输入的不平顺功率谱密度函数。车轮不圆顺和轨道不平顺间的随机相位 $\theta_{l,1}$ 导致轮轨力及钢轨振动加速度的离散接近 2 个数量级。计算样本的均值与直接输入轮轨耦合粗糙度谱的期望值 $2S_0(\Omega_l)$ 诱发的振动响应基本完全重合。

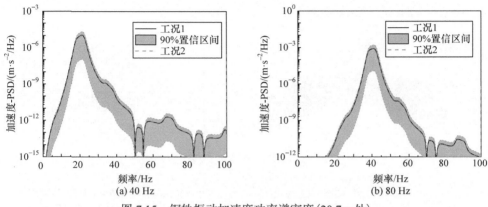

图 7.15　钢轨振动加速度功率谱密度(20.7m 处)

(2)不同波长间的轮轨耦合不平顺间具备随机的初始相位，且在 0~2π 服从均匀分布，车轮不圆顺($\Omega_l \leqslant 1/(2\pi r_w)$, $r_w = 0.42m$)及轨道不平顺均考虑为美国 5 级谱。所有工况均计算 500 个样本，具体计算工况如下。

工况 3，相同频率下车轮不圆顺及轨道不平顺间的相位差 $\theta_{l,1}$ ，0~2π 服从均匀分布。

工况 4，轮轨耦合不平顺均值谱为 $S(\Omega_l) = S_{\text{wheel}}(\Omega_l) + S_{\text{rail}}(\Omega_l)$ 。

美国轨道 5 级谱的表达式为

$$S(\Omega) = \frac{kA_v\Omega_c^2}{\Omega^2(\Omega^2 + \Omega_c^2)}(\text{cm}^2/(\text{rad}/\text{m})) \tag{7.71}$$

其中， $k = 0.25$ ； $A_v = 0.2095$ ； $\Omega_c = 0.8245$ 。

参考式(7.46)和式(7.60)，对于单一车轮的特殊情况，相同频率下车轮不圆顺及轨道不平顺间的耦合结果的随机性取决于二者的相位差 $\theta_{l,1}$ 。对于钢轨上某参考点($x_{r,0}$)，钢轨的振动响应还取决于轮轨耦合不平顺的初始相位 $\theta_{lk,2}$ 。然而，在轮轨相互作用过程中，轮轨力则随着车轮的位置时刻改变。其频谱特征取决于车轮历经的各个波长的不平顺幅值。因此，理论上耦合粗糙度的初始相位 $\theta_{lk,2}$ 对轮轨力的影响并不明显。

如图 7.16 所示，轮轨力及钢轨振动加速度的功率谱均值重合，且工况 3 及工况 4 的钢轨振动加速度功率谱的离散特征也基本一致。图 7.17(a)给出的轮轨力有效值统计结果证明,不同空间频率不平顺的随机初始相位 $\theta_{lk,2}$ 对轮轨力影响并不明显。如图 7.17 所示,不同空间频率的随机初始相位 $\theta_{lk,2}$ 对钢轨参振动加速度的影响显著,工况 3 和工况 4 的样本均值,以及 90% 置信区间均基本一致。

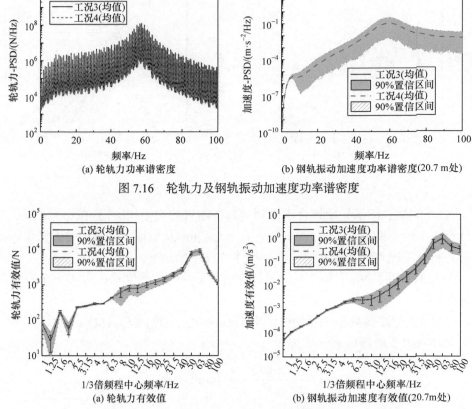

(a) 轮轨力功率谱密度　　　　　(b) 钢轨振动加速度功率谱密度(20.7 m处)

图 7.16　轮轨力及钢轨振动加速度功率谱密度

(a) 轮轨力有效值　　　　　(b) 钢轨振动加速度有效值(20.7m处)

图 7.17　轮轨力及钢轨振动加速度有效值

2) 具有某种随机不圆顺车轮的列车,通过具有某种随机不平顺特征的轨道

参考式(7.62),对于一整列车通过钢轨上某参考点 $(x_{r,0})$,除了需要考虑相同频率下车轮不圆顺及轨道不平顺间的相位差 $\theta_{l,1}$ 和轮轨耦合不平顺的初始相位 $\theta_{lk,2}$,同时需要考虑不同轴间历经不平顺的相位差 $\theta_{lk,3}$。在计算过程中,为了不引入过多的随机变量,不同轴间的相位差 $\theta_{lk,3}$ 仅考虑为与固定轴间距和速度决定的固定相位差。计算列车参数如表 2.1 所示。列车模型示意图如图 7.18 所示。

不同波长轮轨耦合不平顺具备随机的初始相位 $\theta_{lk,2}$,服从 $0\sim2\pi$ 均匀分布,车轮不圆顺及轨道不平顺均考虑为美国 5 级谱。所有工况均计算 500 个样本,具体计算工况如下。

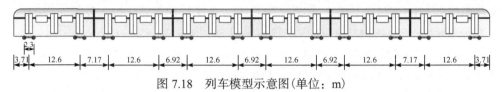

图 7.18　列车模型示意图（单位：m）

工况 5，相同频率下车轮不圆顺及轨道不平顺间的随机相位差 $\theta_{l,1}$，$0\sim2\pi$ 服从均匀分布。

工况 6，轮轨耦合不平顺均值谱：$S(\Omega_l) = S_{\text{wheel}}(\Omega_l) + S_{\text{rail}}(\Omega_l)$。

对比整车模型及单轮模型，图 7.19 和图 7.20 给出的不同统计结果分布规律与单轮模型的计算结果基本一致。此外，在进行车辆-轨道耦合相互作用体系的轨道系统频域随机振动响应分析时，不同空间频率的随机初始相位对于轨道的振动响应的不确定性影响显著；在分析动态轮轨相互作用力的随机特征时，应充分考虑各个空间频率车轮不圆顺与轨道不平顺的相位差 $\theta_{l,1}$。

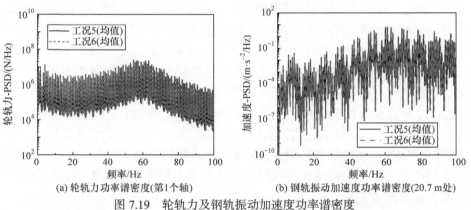

(a) 轮轨力功率谱密度(第1个轴)　　　　(b) 钢轨振动加速度功率谱密度(20.7 m处)

图 7.19　轮轨力及钢轨振动加速度功率谱密度

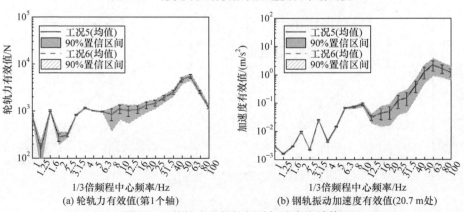

(a) 轮轨力有效值(第1个轴)　　　　(b) 钢轨振动加速度有效值(20.7 m处)

图 7.20　轮轨力及钢轨振动加速度有效值

　　本节针对单轮单频耦合激励、单轮多频耦合激励、整列车多轮多频耦合激励3 种典型案例进行对比计算。分析结果显示，基于轮轨线性 Hertz 接触前提假设，以轮轨耦合不平顺均值谱作为车辆-轨道耦合系统输入激励获得响应功率谱，与考虑随机相干特征的计算样本均值一致。因此，对于移动车辆激励方式的多输入车辆-轨道耦合系统，式(7.46)给出的轮轨随机耦合不平顺谱数学模型可用于分析车辆-轨道耦合系统随机振动的频域统计特征。同时，若只关心轮、轨相互作用的频域轮轨力平均值，可采用车轮不圆顺谱与轨道不平顺谱激励能量线性叠加的方式

$$S(\Omega_l) = S_{\text{wheel}}(\Omega_l) + S_{\text{rail}}(\Omega_l)$$ 作为车辆-轨道耦合模型的动态激励输入谱。

7.5.2　现场试验案例分析

　　为了对比轮轨耦合不平顺谱与其他不平顺谱激励模型对轨道振动响应的影响，选取第 6 章跟踪试验中 2019 年 10 月的现场测试作为分析案例。其中，车轮表面粗糙度测试列车(Tr20)累计运营里程为 14.1 万 km，尚未进行过车轮镟修作业。

　　图 7.21(a)给出了实测车轮不圆顺谱的样本均值和美国谱的对比情况，测试列车车轮不圆顺的均值谱在 0.5 m 以下波长段远高于美国 1 级谱。在地铁车辆-轨道耦合模型中，以美国谱作为输入激励，均难以客观反映车轮不圆顺的激励信息。

　　图 7.21(b)给出了实测轨道动态高低不平顺谱、钢轨表面粗糙度均值谱及美国谱。实测高低不平顺谱在 2～20 m 波长范围内，在美国 1 级谱及 6 级谱之间波动，0.5～2 m 波长段的实测粗糙度谱与美国 1 级谱基本吻合；0.05～0.5 m 大部分波长介于在美国 1～6 级谱之间；粗糙度谱在 0.04 m 左右出现明显的峰值，该波长与测试区间的钢轨波磨直接相关。因此，在地铁的车辆-轨道耦合相互作用分析中，采用适当等级的美国谱作为激励信息，基本可以反映地铁轨道的动态高低不平顺及钢轨粗糙度的状态。

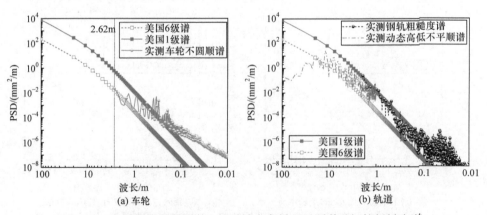

图 7.21　实测车轮不圆顺谱、轨道动态高低不平顺谱及钢轨粗糙度谱

　　为了对比分析不同激励模式轨道响应计算准确性,设计 5 组计算工况(表 7.1)。其中,轨道不平顺考虑美国谱和实测轨道不平顺及钢轨表面粗糙度谱等,车轮不圆顺为实测样本均值谱。对于实测轨道谱分析工况,大于等于 2 m 波长段,采用测试区间的实测轨道动态高低不平顺谱;小于 2 m 波长段,采用实测钢轨表面粗糙度谱。车轮不圆顺谱仅影响小于等于 2.62m 波长段。工况 5 为轮轨耦合不平顺均值谱激励工况。车辆-轨道耦合模型的轨道参数和车辆参数如表 2.1 和表 2.2 所示。

表 7.1　计算工况

工况	轨道不平顺	车轮不圆顺
1	无	无
2	美国 1 级谱	无
3	美国 6 级谱	无
4	⩾2 m,实测高低不平顺谱;<2 m,实测钢轨粗糙度谱	无
5	⩾2 m,实测高低不平顺谱;<2 m,实测钢轨粗糙度谱	>2.62 m,无 ⩽2.62 m,实测车轮不圆顺均值谱

　　为验证计算结果的准确性,在跟踪测试区间断面,连续 24 h 监测钢轨垂向振动加速度。加速度传感器灵敏度约为 25 mV/g,量程 200 g,频率范围 0.2～11000 Hz,分辨率约为 1×10^{-3} g。

　　根据地铁运营单位提供的线路运营图,提取车轮不圆顺测试列车(Tr20)通过测试区间的钢轨振动加速度典型时程和频谱如图 7.22 所示。实测不平顺谱及 Tr20 的轮轨耦合不平顺谱如图 7.23 所示。

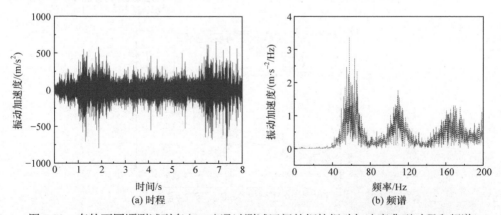

图 7.22　车轮不圆顺测试列车(Tr20)通过测试区间的钢轨振动加速度典型时程和频谱

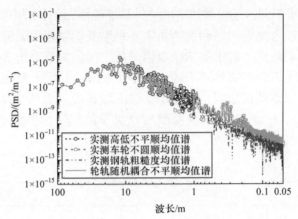

图 7.23　实测不平顺谱及 Tr20 的轮轨耦合不平顺谱

如图 7.24(a)所示，10 Hz 以上全频段，美国 1 级谱计算结果高于 5 级谱约 10 dB，且 1 级谱的计算结果在 8~40 Hz 与测试结果较接近；8 Hz 以下频段的振

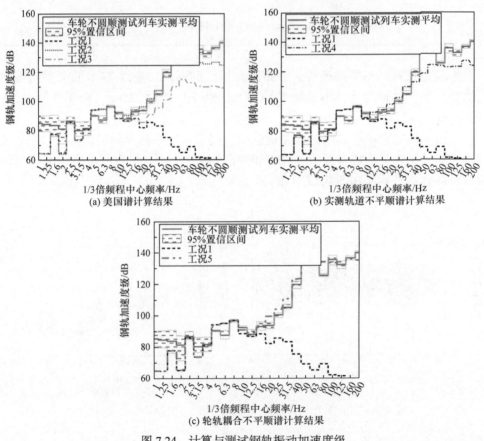

图 7.24　计算与测试钢轨振动加速度级

动响应受准静态激励控制,轨道不平顺的输入对计算结果基本没有影响。如图 7.24(b)所示,在分段输入实测轨道高低不平顺及钢轨表面粗糙度时,16～31.5 Hz 频段计算结果略高于测试结果。在美国谱及实测轨道不平顺作用下,50 Hz 以上全频段,计算结果都显著小于测试结果,部分中心频率处相差甚至超过 15 dB。如图 7.24(c)所示,计算结果在 8 Hz 以上全频段吻合良好;除 80 Hz 外,计算值与测试值相差均不超过 5 dB。综合比较,考虑车轮不圆顺的影响,可以完善轮、轨动态激励信息,尤其是在车轮不圆顺对应的典型波长段,可以明显提高计算结果的准确性。

引入平均绝对百分比误差的概念定量分析模拟计算结果与测试结果(设为约定真值)间的差异。平均绝对百分比误差是绝对误差与被约定真值之比,一般以百分数表示,即

$$\mathrm{MAPE} = \frac{1}{n}\sum_{i=1}^{n}\left|\frac{q_i - Q_i}{Q_i}\right| \times 100\% \tag{7.72}$$

其中,q_i 为计算值;Q_i 为约定真值;以计算值,真值形成一组数对,n 表示数对的个数。

部分计算工况的平均绝对百分比误差如图 7.25 所示。考虑车轮不圆顺时,仅在 20～31.5、80 Hz 处的平均绝对百分比误差高于其他工况;绝大部分中心频率处的平均绝对百分比误差低于 1.5%;8～200Hz 全频段的平均绝对百分比误差计算结果仅为 2.4%,远低于其他工况。

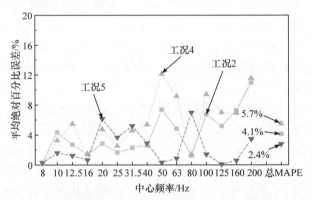

图 7.25　部分计算工况的平均绝对百分比误差

第 8 章 多随机因素联合作用下列车振源
不确定性分析

影响列车振动源强不确定性的随机因素除了轮、轨表面粗糙状态，还包括车厢内乘客人数变化导致的车辆实际轴重的随机变化。制造误差、结构部件老化、温度影响等因素导致车辆动力参数随机变化(主要包括一、二系悬挂刚度与阻尼的随机变化)。本章在详细分析大量既有实测钢轨表面粗糙度及车轮踏面粗糙度数据样本的基础上，构建钢轨表面粗糙度谱及车轮不圆顺谱的随机模型；基于频域车辆-轨道耦合解析模型，参考轨道不平顺谱及车轮不圆顺谱随机耦合关系，采用蒙特卡罗法计算分析随机车辆参数、随机车轮不圆顺谱及随机钢轨表面粗糙度谱多因素联合作用下振源频域响应的不确定性。

8.1 轨道钢轨表面粗糙度谱及车轮不圆顺谱的随机模型

轨道不平顺及车轮不圆顺的空间分布，以及随运营时间的发展均为典型的随机过程，即显著的时-空随机性。以轨道不平顺为例，其空间随机性表现为幅值及相位沿线路走行方向随机分布，一般采用功率谱密度函数表达；其时间维度体现为轨道上各点幅值的时域随机演化特征。综合考虑，这种典型的时-空随机性表现为功率谱的随机性。

因此，分析轮、轨道不平顺谱的随机性引起的随机振动响应，重点在于建立随机功率谱的数学模型，并遍历所有随机不平顺的激励状态。

武广高铁的实测数据显示，同一线路的不平顺谱极大值与极小值谱相差超过 3 个数量级(徐磊等，2018)。如果选取平均谱为激励源，只能获得平均轨道不平顺状态下的系统动态响应，无法体现不平顺随机演化引起的系统随机动态响应。在轨道不平顺随机模型方面，从信号处理方法角度出发，Perrin 等(2013)、Panunzio 等(2017)、Lestoille 等(2016)将轨道不平顺视为一般的非平稳、相关随机信号，开展了大量研究工作。从谱分析角度入手，徐磊等(2018)、徐磊等(2018a；2018b)提出轨道不平顺谱概率模型。该方法保证轨道不平顺随机激励源的完备性，并考虑车轮的随机磨耗，包含车、轨综合不平顺影响的车辆-轨道耦合随机振动响应分析方法。上述研究内容多适用于高速铁路列车运营安全性、舒适度分析等领域。

在城市轨道交通列车振动环境影响预测与评估领域，尚无考虑轮、轨随机谱的相关研究。此外，与高速铁路不同，城市轨道交通运行速度较低，一般介于 40～100 km/h，2 m 以上波长的不平顺响应频率低于 5.56～13.89 Hz（1 m 波长对应 11.11～27.78 Hz）；50 mm 以下波长的不平顺响应频率高于 222.22～555.56 Hz。车速、典型波长控制频率示意图如图 8.1 所示。

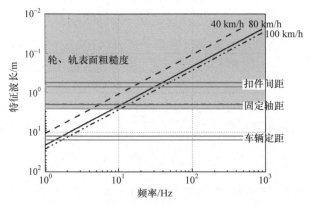

图 8.1　车速、典型波长控制频率示意图

因此，在城市轨道交通环境振动影响预测领域应重点关注 0.05～2 m 波长的轨道不平顺和车轮不圆顺特征。考虑数据样本的测试精度、车轮不圆顺的上限波长（车轮周长），本节轨道高低不平顺的研究对象特指 0.05～2 m 波长的钢轨表面粗糙度，车轮不圆顺则重点关注 0.05～2.62 m 波长。

8.1.1　随机钢轨表面粗糙度谱

分析钢轨粗糙度谱时-空随机性引起的振源不确定性问题，重点在于遍历轨道随机不平顺的所有激励形态，并赋予相应的统计信息。因此，首先需要依据实测样本，构造粗糙度谱的统计特征。

本章选取 DTVI$_2$ 扣件普通整体式道床轨道实测钢轨短波不平顺数据作为研究对象。结合实测短波不平顺样本 $X_i(x)$（i 为样本数，x 样本采样区间长度），则可对不同频率功率谱密度的概率密度函数进行估算。实测钢轨表面粗糙度数据的功率谱密度样本集可表达为

$$\boldsymbol{\Psi}(\lambda) = S_i(\lambda) = \begin{bmatrix} S_1(\lambda_l) & S_1(\lambda_l + \Delta\lambda) & \cdots & S_1(\lambda_u) \\ S_2(\lambda_l) & S_2(\lambda_l + \Delta\lambda) & \cdots & S_2(\lambda_u) \\ \vdots & \vdots & & \vdots \\ S_N(\lambda_l) & S_N(\lambda_l + \Delta\lambda) & \cdots & S_N(\lambda_u) \end{bmatrix}, \quad \lambda \in [\lambda_l, \lambda_u] \qquad (8.1)$$

$$S_i(\lambda) = \mathrm{PSD}(X_i(x)), \quad x \in \Theta \tag{8.2}$$

其中，λ 为离散波长点；λ_l 和 λ_u 为上限截止波长和下限截止波长，$\lambda_l = 0.05\,\mathrm{m}$、$\lambda_u = 2.0\,\mathrm{m}$；$\Delta\lambda$ 为波长分布间隔；$S_i(\lambda)$ 为第 i 个功率谱密度样本；$\Theta = 1,2,\cdots,N$，N 为样本数。

针对不同离散波长点 λ 对应的功率谱密度进行概率密度函数计算，可得

$$f_\lambda(p_k) = P_{\mathrm{rob}}(S_i(\lambda)) \tag{8.3}$$

$$p_l = \min(S_i(\lambda)), \quad p_u = \max(S_i(\lambda)) \tag{8.4}$$

其中，$P_{\mathrm{rob}}()$ 为功率谱密度的概率密度算子；$p_k \in [p_l, p_u]$，为功率谱密度点；p_l 和 p_u 为功率谱密度的上限和下限；$f_\lambda(p_k)$ 为钢轨表面粗糙度功率谱密度在波长 λ 处的概率密度函数，$\int_{p_l}^{p_u} f_\lambda(p_k) \approx 1$。

波长为 λ 的概率密度函数 $f_\lambda(p_k)$ 对应的累计概率密度分布函数为

$$F_\lambda(p_k) = \int_{-\infty}^{p} f_\lambda(p_k) \tag{8.5}$$

在数据分析过程中，每条测试数据截取 100 m 作为分析样本。采用周期图法、加汉宁窗（加窗恢复系数为 2），将实测钢轨表面粗糙度样本转换为功率谱密度样本。钢轨表面粗糙度功率谱密度数样本统计结果如图 8.2 所示。在既有的轨道不平顺随机模型中，康雄等(2014)应用自由度为 2 的卡方分布对实测轨道不平顺谱进行概率密度估计；卢炜等(2020)同样采用自由度为 2 的卡方分布构造北京地铁线路轨道不平顺谱的随机模型；徐磊等(2018)采用广义极值分布对实测的武广高铁不平顺谱进行概率密度估计。

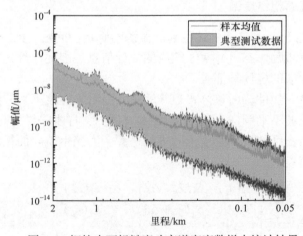

图 8.2　钢轨表面粗糙度功率谱密度数样本统计结果

典型波长功率谱分布特征如图 8.3 所示。显然，不同波长的功率谱密度均呈现明显的偏态分布特征。

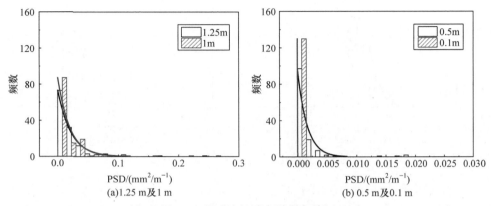

(a)1.25 m及1 m
(b) 0.5 m及0.1 m

图 8.3　典型波长功率谱分布特征

此外，不同分位数的钢轨表面粗糙度功率谱密度离散超过 3 个数量级，并且量值较小。参考粗糙度级的计算方法，将功率谱密度进行对数变换，转换为窄带的等效粗糙度级谱，即

$$L_{\mathrm{PSD}}(\lambda) = \lg \frac{\mathrm{PSD}(\lambda)}{r_0^2} \tag{8.6}$$

其中，r_0 为参考值，取 1 μm；λ 为关心波长范围内的不同波长取值。

如图 8.4 所示，将功率谱密度进行对数转换后，5%和 95%分位数谱基本关于均值谱对称分布。典型波长 $L_{\mathrm{PSD}}(\lambda)$ 样本分布特征如图 8.5 所示。$L_{\mathrm{PSD}}(\lambda)$ 样本呈显著的正态分布特征。

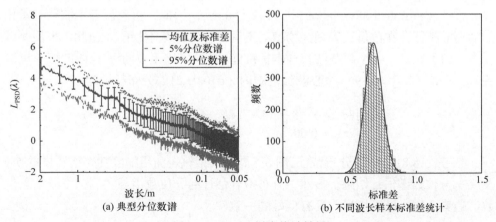

(a) 典型分位数谱
(b) 不同波长样本标准差统计

图 8.4　$L_{\mathrm{PSD}}(\lambda)$ 样本统计结果

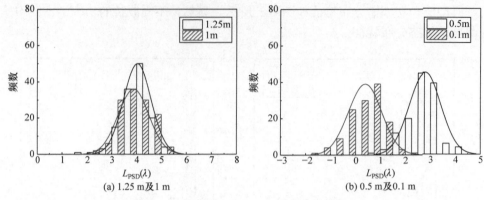

图 8.5　典型波长 $L_{\text{PSD}}(\lambda)$ 样本分布特征

采用最大似然估计法对不同波长的 $L_{\text{PSD}}(\lambda)$ 对应的概率密度函数参数进行估计。假设检验方法采用柯尔莫哥洛夫-斯米尔诺夫检验(K-S 检验法或 D_n 检验法)。K-S 检验法通过检验每一个试验点上的经验分布函数 $S_n(x)$ 和假设分布函数 $F(x)$ 之间的偏差,构造统计量 D_n。不同的置信度 α(通常取 0.05)均对应一个临界值 $D_{\alpha,n}$,若 $D_n < D_{\alpha,n}$,则接受假设分布函数 $F(x)$;反之,拒绝接受假设分布函数 $F(x)$。对于不同的分布函数,当置信度 α 取值一定时,D_n 计算值越小,拟合优度越高,即

$$D_n = \max_{-\infty < x < +\infty} \left| S_n(x) - F(x) \right| = \max_{-\infty < x < +\infty} D_n(x) \tag{8.7}$$

检验结果显示,当 $\alpha = 0.05$ 时,0.05~2 m 波长范围内超过 80 % 的离散波长点对应的 $L_{\text{PSD}}(\lambda)$ 服从正态分布。

进一步,由图 8.4(b)可知,不同波长的等效粗糙度级的标准差基本一致,其变异系数(coefficient of variation,CV)仅为 0.096。因此,可假设各个波长具备相似的离散特征,在数值上表现为均值的不同,标准差基本相同。因此,采用测试样本 $\lambda \in [0.05,2]$,各个离散波长样本标准差的数学期望作为全波长段的统一标准差 $\sigma_{\text{tot}} = E[\sigma(\lambda_k)] = 0.69$。关心波长范围内 $\lambda \in [0.05,2]$ 的分布特征为

$$\begin{cases} L_{\text{PSD}}(\lambda) \sim N(\mu(\lambda), \sigma_{\text{tot}}^2), \quad \lambda \in [0.05,2] \\ \sigma_{\text{tot}} = 0.69 \end{cases} \tag{8.8}$$

参考式(8.8)给出的分布特征,图 8.6 展示了钢轨表面粗糙度功率谱密度的 5%及 95%分位数谱估计结果。显然,分布拟合估计的分位数谱与实测样本统计分位数谱趋势一致、量级相当,具有良好的一致性。

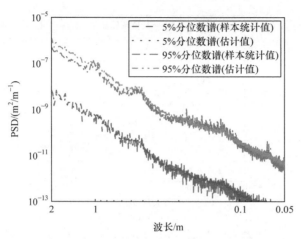

图 8.6　估计分位数谱与原始数据样本统计分位数谱比较

　　为了给出更具一般性的粗糙度谱概率密度函数，对样本统计结果进行曲线拟合。如图 8.2 所示，$\lambda \in [0.05, 2]$ 时，实测钢轨表面粗糙度谱在双对数坐标系下呈明显的线性特征，并且转化的粗糙度级谱线在对数波长坐标系下同样呈明显的线性特征。因此，采用线性模式进行平均谱及分位数谱的拟合。该模型本质上与线性坐标的幂函数进行分段拟合方式一致，即

$$L_{\mathrm{PSD}}(\lambda) = a + b\lg\lambda \tag{8.9}$$

　　不同分位数 $L_{\mathrm{PSD}}(\lambda)$ 谱拟合曲线如图 8.7 所示。具体的拟合参数及其检验结果如表 8.1 和表 8.2。拟合结果显示，平均值谱与 5%、95% 两条分位数谱斜率相差不超过 ± 0.1；5%、95% 两条分位数谱的截距与平均值谱基本关于平均值谱线对称。

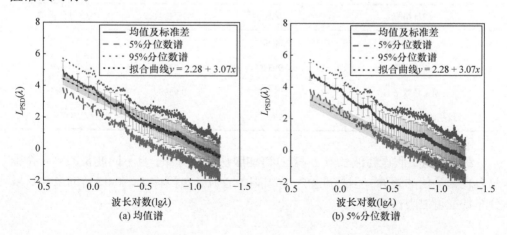

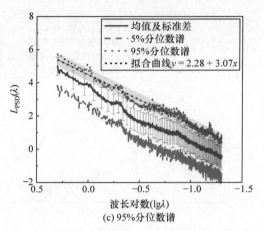

(c) 95%分位数谱

图 8.7　不同分位数 $L_{PSD}(\lambda)$ 谱拟合曲线

表 8.1　分位数 $L_{PSD}(\lambda)$ 谱拟合参数

项目	拟合参数	取值	标准差	t 检验值	t 检验概率
均值	截距 a	3.49138	0.04043	86.35209	≈ 0
	斜率 b	3.07921	0.04156	74.08466	≈ 0
P5	截距 a	2.28339	0.01382	165.27952	≈ 0
	斜率 b	3.06881	0.01421	215.9607	≈ 0
P95	截距 a	4.47662	0.01203	372.00473	≈ 0
	斜率 b	2.99752	0.01238	242.17287	≈ 0

表 8.2　分位数 $L_{PSD}(\lambda)$ 谱拟合检验结果

统计指标	均值	5%分位数谱	95%分位数谱
残差平方和	73.6604	93.26492	70.7623
相关系数	0.99336	0.97974	0.98379
相关系数平方	0.98676	0.95989	0.96784
校正的相关系数平方	0.98675	0.95987	0.96782

　　综上所述，假设各波长点 $L_{PSD}(\lambda)$ 谱均服从正态分布，且不同波长的分布特征只表现为均值的差异，但标准差一致，则关心波长范围内 $\lambda \in [0.05, 2]$ 的全波长段分布特征可以表达为

$$
\begin{cases}
L_{\mathrm{PSD}}(\lambda) \sim N(\mu(\lambda), \sigma_{\mathrm{tot}}^2) \\
\mu(\lambda) = L_{\mathrm{PSD},\mu}(\lambda) = 3.49 + 3.08\lg\lambda, \quad \lambda \in [0.05, 2] \\
\sigma_{\mathrm{tot}} = 0.69
\end{cases}
\tag{8.10}
$$

其概率密度函数为

$$
f_\lambda(L_{\mathrm{PSD}}) = \frac{1}{\sqrt{2\pi}\sigma_{\mathrm{tot}}} \exp\left(-\frac{(L_{\mathrm{PSD}} - \mu(\lambda))^2}{2\sigma_{\mathrm{tot}}^2}\right)
\tag{8.11}
$$

如图 8.8 所示，在重点关注波长段，采用拟合形式的轨道不平顺拟合谱可以较好地反映实测轨道不平顺谱的趋势；结合功率谱的概率分布特征，不同分位数谱的估计结果与实测分位数谱趋势与量级均具备良好的一致性。

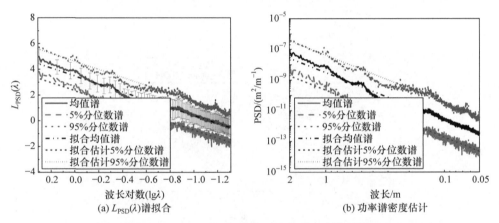

图 8.8　$L_{\mathrm{PSD}}(\lambda)$ 谱拟合曲线及功率谱密度估计结果

8.1.2　随机车轮不圆顺谱

以车轮踏面粗糙度测试样本为基础，分析构造车轮不圆顺功率谱密度的随机模型。测试线路列车净运营里程达到 15 万～17 万 km 时，进行车轮镟修作业。为涵盖车轮养护维修周期，保证测试样本较为均匀地覆盖不同的车轮不圆顺状态，选择净运营里程为 1.5 万 km、8.6 万 km、15.5 万 km 的 3 列车测试样本作为构造随机车轮不圆顺功率谱密度的样本集。

车轮不圆顺的功率谱密度估计同样采用周期图法。不同运营里程车轮粗糙度谱统计结果如图 8.9 所示。如图 8.10 所示，随着净运营里程的增加，几乎所有波长点的功率谱密度幅值均明显增加。

值得注意的是，车轮不圆顺的功率谱密度曲线呈现明显的起伏峰值，各个峰值与车轮的各阶多边形磨耗直接相关。在描述车轮不圆顺的功率谱密度特征时，应充分考虑车轮的多边形磨耗，因此无法明确给出全波长段内的显式拟合公式，而是需要通过统计分析实测数据，给出不同分位点车轮不圆顺功率谱密度及其对应的概率密度函数。

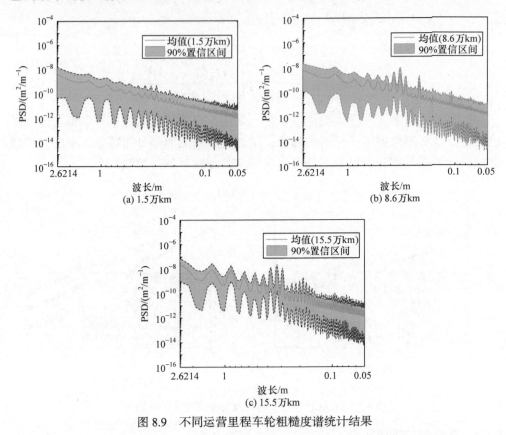

(a) 1.5万km

(b) 8.6万km

(c) 15.5万km

图 8.9　不同运营里程车轮粗糙度谱统计结果

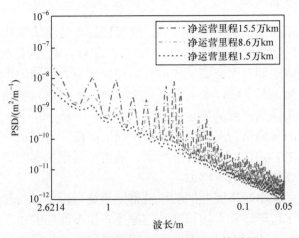

图 8.10　不同运营里程车轮粗糙度均值谱对比

典型列车车轮不圆顺谱测试功率谱密度样本与分位数谱如图 8.11 所示。在某些波长处，不同测试样本功率谱密度幅值相差超过三个数量级；功率谱密度曲线包含大量与各阶多边形磨耗典型波长相关的周期成分，在描述车轮不圆顺状态时应重点考虑车轮的多边形磨耗特征。此外，均值谱、5%、95%分位数谱呈现相似的波动趋势，三条统计谱线主要表现为量级的差异。

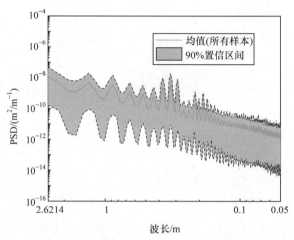

图 8.11　典型列车车轮不圆顺谱测试功率谱密度样本与分位数谱

参考式(8.6)，同样对车轮不圆顺谱做对数变换。变换后的 $L_{PSD}(\lambda)$ 及其均值、5%～95%分位数谱线统计结果如图 8.12 所示。5%、95%分位数谱基本关于均值谱对称。0.05～2.64 m 波长范围内的不同波长对应标准差的统计结果显示。该波长段的样本标准差基本一致，变异系数仅为 0.044。

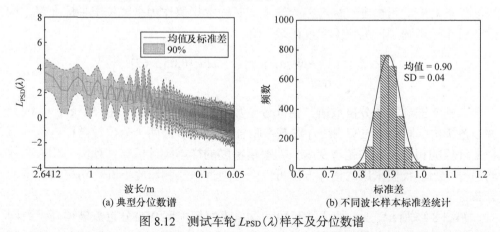

(a) 典型分位数谱　　　　　(b) 不同波长样本标准差统计

图 8.12　测试车轮 $L_{PSD}(\lambda)$ 样本及分位数谱

图 8.13 给出了 1～20 阶多边形对应波长 $L_{PSD}(\lambda)$ 的统计分布规律。将功率

谱转换为 $L_{PSD}(\lambda)$ 后，不同典型波长处的分布特征相似，呈现正态分布特征，并且分布基本一致。不同波长 $L_{PSD}(\lambda)$ 的假设检验方法仍采用 K-S 检验法，当 $\alpha = 0.05$ 时，$0.05\sim2.62$ m 波长范围内超过 75%离散波长点对应的 $L_{PSD}(\lambda)$ 服从正态分布。

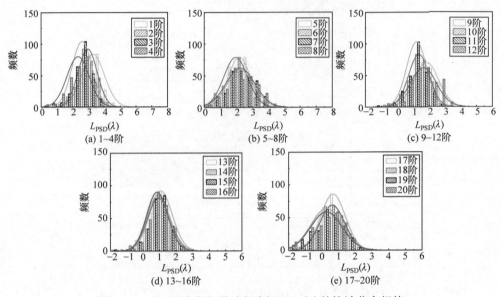

图 8.13　1~20 阶多边形对应波长 $L_{PSD}(\lambda)$ 的统计分布规律

综合以上分析，假设车轮 $L_{PSD}(\lambda)$ 谱不同波长处具备相同的分布特征，在数值上只表现为均值的不同，标准差一致。以测试样本 50 mm~2.62 m 波长段各个离散波长点对应的粗糙度级标准差为样本，其样本均值作为全波长统一标准差，构建随机车轮不圆顺谱的概率密度函数，即

$$\begin{cases} L_{PSD}(\lambda) \sim N(\mu(\lambda), \sigma_{tot}^2), & \lambda \in [0.05, 2.62] \\ \sigma_{tot} = 0.90 \end{cases} \tag{8.12}$$

车轮不圆顺实测分位数谱与估计分位数谱如图 8.14 所示。在 50 mm~2.62 m 波长范围内，估计谱与实测统计谱基本吻合。$L_{PSD}(\lambda)$ 的两个分位数谱样本统计值与估计值的相关系数均超过 99%；功率谱密度的样本统计值与估计值的相关系数均超过 95%。我们采用的估计方法可以较好地反映实测车轮不圆顺功率谱密度的分布特征。

如图 8.15 所示，2 m 以下波长段，钢轨表面粗糙度 95%分位数谱远高于美国 1 级谱和 Sato 谱；车轮不圆顺的均值谱及 95%分位数谱在 0.5 m 以下波长段远高于美国 1 级谱和 Sato 谱；0.5 m 以下波长段，车轮不圆顺均值谱高于钢轨表面粗糙度均值谱。此外，车轮 7、8、9 三阶多边形磨耗对应的不圆顺谱幅值大于钢轨表面粗糙度 95%分位数谱。

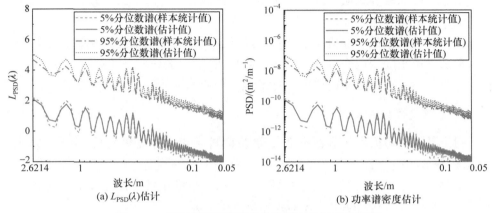

(a) $L_{\mathrm{PSD}}(\lambda)$估计　　　　　　　　　　(b) 功率谱密度估计

图 8.14　车轮不圆顺实测分位数谱与估计分位数谱

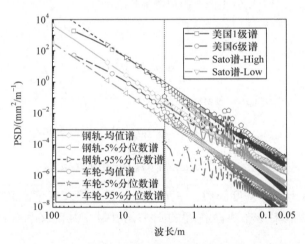

图 8.15　拟合钢轨表面粗糙度谱及车轮不圆顺谱比较

　　因此，在预测城市轨道交通运行引起的环境振动问题直接采用美国谱作为系统激励显然无法反映真实的轨道不平顺状态；如果不考虑车轮踏面粗糙度的影响，则无法给出完备的激励信息，难以获得精准的预测结果。

8.2　随机车辆参数及随机激励对振源频域振动响应的影响

　　车辆-轨道耦合系统动力响应的不确定性受到轮轨激励信息、轮轨相互作用关系、车辆动力学参数变化、载重变化等因素的共同影响。在众多影响因素的作用下，如果必须遍历所有随机组合状态将造成极大的仿真计算量。一般情况下，动力系统的响应在一定范围内波动并呈现某种分布特征。因此，分析随机车辆参数、随机激励引起的振源频域振动响应不确定性问题，重点在于结合模拟计算结果，确定响应的概率分布特征。

对于多随机参数、随机激励共同作用的系统，通用的研究方法是建立典型随机参数及随机激励的概率分布函数，并通过蒙特卡罗法获得振动响应的分布特征。随机变量的不确定性可通过均值、标准差、变异系数等统计量定量表达。

1. 不确定性的量化

对于某一频域振动响应 $\boldsymbol{u}(\omega, \boldsymbol{Z})$，随机向量 $\boldsymbol{Z}$ 定义在概率空间 $(\Omega, \mathcal{F}, \mu_Z)$ 上，$\mathcal{F}$ 是概率分布空间 Ω 上的 Borel 集，μ_Z 是一个概率测度。对于整体的概率空间有 $\mu_Z(\Omega) = 1$。一般情况下，描述随机变量 $\boldsymbol{u}(\omega, \boldsymbol{Z})$ 的统计特征需要给出其概率密度函数及均值 $\mu_u(\omega)$、标准差 $\sigma_u(\omega)$ 等统计量，即

$$
\begin{aligned}
\mu_u(\omega) &= E[\boldsymbol{u}(\omega, \boldsymbol{Z})] \\
&= \int_\Omega \boldsymbol{u}(\omega, \boldsymbol{Z}) \rho_Z(\omega, \boldsymbol{Z}) \mathrm{d}\boldsymbol{Z} \\
&= \int_\Omega \boldsymbol{u}(\omega, \boldsymbol{Z}) \mathrm{d}F_Z(\omega, \boldsymbol{Z})
\end{aligned} \tag{8.13}
$$

$$
\begin{aligned}
\sigma_u^2(\omega) &= \mathrm{Var}[\boldsymbol{u}(\omega, \boldsymbol{Z})] \\
&= \int_\Omega (\boldsymbol{u}(\omega, \boldsymbol{Z}) - \mu_u(\omega))^2 \rho_Z(\omega, \boldsymbol{Z}) \mathrm{d}\boldsymbol{Z} \\
&= \int_\Omega (\boldsymbol{u}(\omega, \boldsymbol{Z}) - \mu_u(\omega))^2 \mathrm{d}F_Z(\omega, \boldsymbol{Z})
\end{aligned} \tag{8.14}
$$

其中，$\rho_Z(\omega, \boldsymbol{Z})$ 为概率密度函数；$F_Z(\omega, \boldsymbol{Z})$ 为累计概率密度函数。

变异系数是概率分布离散程度的归一化度量。其定义为标准差与平均值之比，即

$$
\mathrm{CV}_u(\omega) = \frac{\sigma_u(\omega)}{\mu_u(\omega)} \tag{8.15}
$$

2. 基于随机模拟的统计指标估计

在蒙特卡罗法体系中，结合中心极限定理，均值、标准差的估计结果为

$$
\mu_u(\omega) \approx \bar{\mu}_u(\omega) = \frac{1}{N} \sum_{j=1}^{N} \boldsymbol{u}(\omega, \boldsymbol{Z}^j), \quad j = 1, 2, \cdots, N \tag{8.16}
$$

$$
\sigma_u^2(\omega) \approx \bar{\sigma}_u^2(\omega) = \frac{1}{N-1} \sum_{j=1}^{N} (\boldsymbol{u}(\omega, \boldsymbol{Z}^j) - \bar{\mu}_u(\omega))^2 \tag{8.17}
$$

其中，$\boldsymbol{Z}^j$ 为基于给定概率分布特征的随机抽样样本。

蒙特卡罗法的概率误差为 $\mathcal{O}(1/\sqrt{N})$，因此需要足够的计算量来满足必要的估计精度。然而，蒙特卡罗法具有很强的鲁棒性，可以得到高维积分的近似估计。

8.2.1　随机车辆参数对振源频域振动响应的影响

对于车辆系统，不同时段乘客数量的显著差异导致列车载重呈现明显的随机性。此外，由于制造误差、结构部件老化、温度影响等因素，车辆的动力参数（一、二系悬挂刚度与阻尼）均可视为随机变量。本节以车体质量 M_c、一系悬挂刚度 k_w、一系悬挂阻尼 c_w、二系悬挂刚度 k_t、二系悬挂阻尼 c_t 作为全局随机变量，输入车辆-轨道频域解析模型。各个随机变量相互独立且均服从正态分布，均值参考地铁 B 型车设计参数；随机参数变异系数分别取 0.025、0.05、0.1、0.15、0.2；分析列车采用 6 节编组，车速为 60 km/h；以美国 5 级谱作为系统激励。具体分析指标为垂向轮轨相互作用力有效值的 1/3 倍频程谱、某扣件跨中处钢轨(20.7 m)的垂向振动加速度级 1/3 倍频程谱。需要说明的是，8.2 节所有的计算结果均为垂向响应。

1. 单一随机参数对振源频域振动响应的影响

为分析不同参数对车辆-轨道耦合系统的影响，采用控制变量法，依次分析车体质量 M_c、一系悬挂刚度 k_w、一系悬挂阻尼 c_w、二系悬挂刚度 k_t、二系悬挂阻尼 c_t 随机变化对振源频域振动响应的影响。

如图 8.16 所示，随着模拟样本数的增加，轮轨力有效值及钢轨振动加速度级均值、标准差逐渐趋于稳定，考虑单一随机变量时，超过 800 次随机模拟即可获得稳定的统计结果。因此，在分析其他车辆参数单因素随机对轮、轨频域振动响应影响时，选择计算 800 个随机样本。

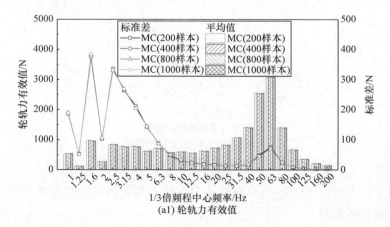

(a1) 轮轨力有效值

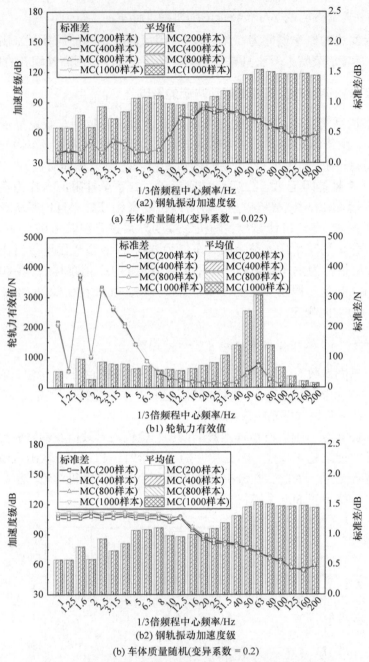

(a2) 钢轨振动加速度级

(a) 车体质量随机(变异系数 = 0.025)

(b1) 轮轨力有效值

(b2) 钢轨振动加速度级

(b) 车体质量随机(变异系数 = 0.2)

图 8.16　单因素作用下随机模拟样本数对统计结果的影响

　　如图 8.17 所示，不同随机参数对垂向轮轨力有效值及钢轨振动加速度级的分频响应影响有所差异。

(1) 轨道不平顺的随机相位差 θ_{lk} 会导致轮、轨频域振动响应产生一定的随机性，且不同随机参数变异系数的改变不会影响振动响应的均值。

(2) 随机车体质量对 20 Hz 以下频段钢轨振动加速度级的影响变得明显，随着变异系数的增加，1～20 Hz 的分频加速度级标准差明显增加。

(3) 一系悬挂刚度、二系悬挂刚度、阻尼的改变对轮轨力有效值及钢轨振动加速度级的统计结果基本无任何影响。此时，轮轨力有效值及钢轨振动加速度级的随机性主要是轨道不平顺的随机相位差 θ_{lk} 导致的。

(4) 随机一系悬挂阻尼对轮轨力有效值及钢轨振动加速度级 5 Hz 以下准静态激励控制频段的振动响应影响并不明显。随着变异系数的增加，6.3～80 Hz 频段的振动响应标准差逐渐增加，其中对 63 Hz 的振动响应的影响最大。该中心频率所在频段反映簧下质量-钢轨-DTVI$_2$ 扣件系统的自振特性。

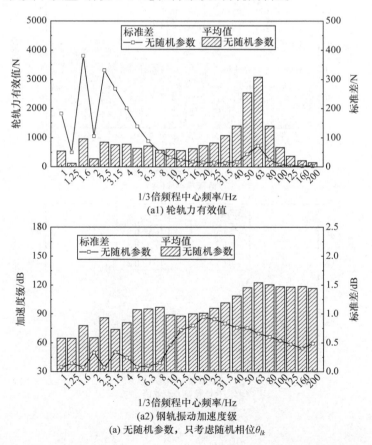

(a1) 轮轨力有效值

(a2) 钢轨振动加速度级

(a) 无随机参数，只考虑随机相位 θ_{lk}

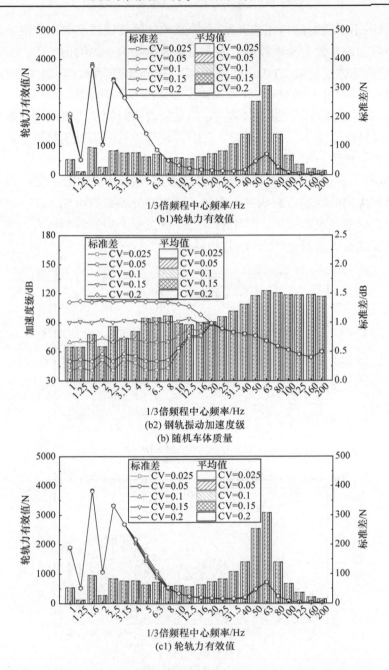

(b1)轮轨力有效值

(b2) 钢轨振动加速度级

(b) 随机车体质量

(c1)轮轨力有效值

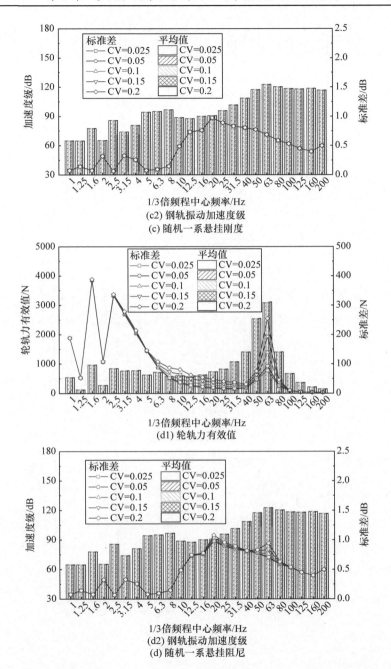

(c2) 钢轨振动加速度级

(c) 随机一系悬挂刚度

(d1) 轮轨力有效值

(d2) 钢轨振动加速度级

(d) 随机一系悬挂阻尼

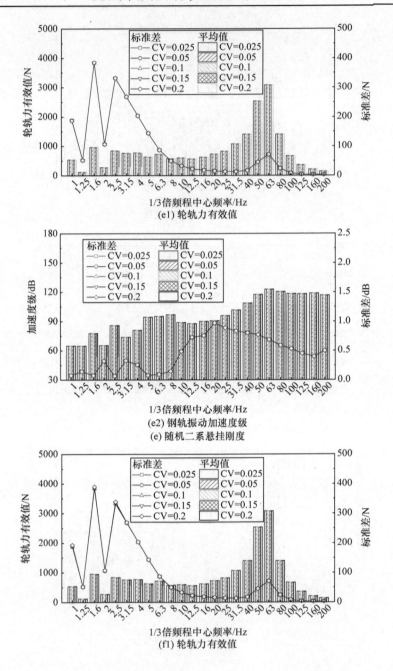

(e1) 轮轨力有效值

(e2) 钢轨振动加速度级

(e) 随机二系悬挂刚度

(f1) 轮轨力有效值

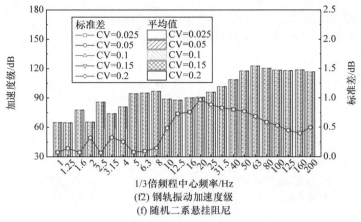

(f2) 钢轨振动加速度级

(f) 随机二系悬挂阻尼

图 8.17　不同随机参数引起的振源频域响应统计

不同随机参数变异系数改变对典型中心频率振动响应随机性的影响如图 8.18

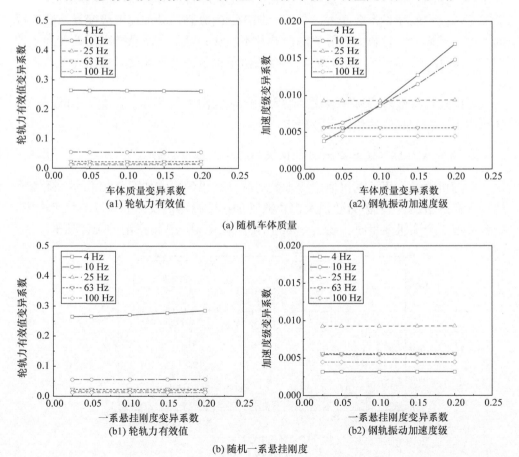

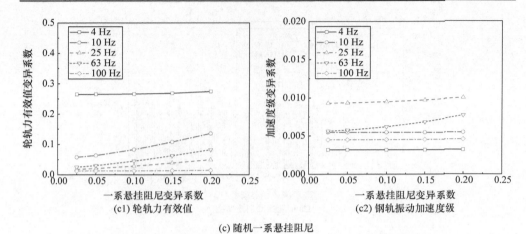

(c) 随机一系悬挂阻尼

图 8.18　不同随机参数变异系数改变对典型中心频率振动响应随机性的影响

所示。对比图 8.17，车体质量及一系悬挂阻尼对振源分频振动响应的影响显著。随机车体质量的变异系数变大，4 Hz、10 Hz 的分频振动加速度级变异系数也逐渐增大，然而对于轮轨力有效值的影响并不明显；随机一系悬挂阻尼的变异系数增大，10 Hz、25 Hz、63 Hz 的轮轨力有效值及钢轨振动加速度级的变异系数均逐渐增加。

不同随机参数对振源频域振动响应的影响如图 8.19 所示。显然，不同随机参数作用下，振动响应的均值保持稳定。

2. 多随机车辆参数共同作用对振源频域振动响应的影响

多随机因素作用下随机模拟样本数对统计结果的影响如图 8.20 所示。随着模拟样本数的增加，轮轨力有效值及钢轨振动加速度级均值及标准差逐渐趋于稳定。综合考虑 5 个随机变量时，超过 3000 次随机模拟即可获得稳定的统计结果。

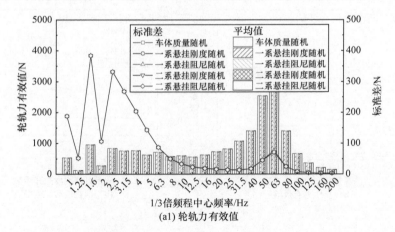

(a1) 轮轨力有效值

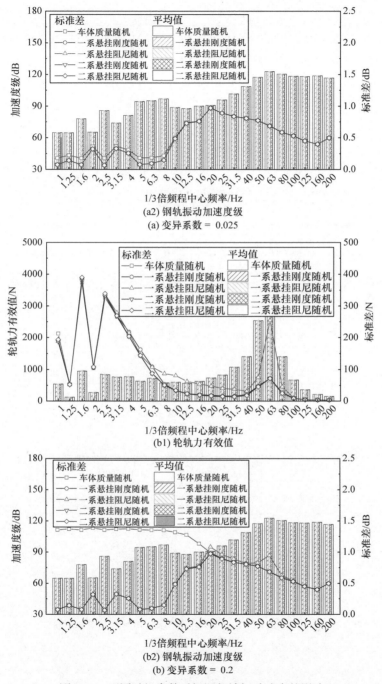

图 8.19　不同随机参数对振源频域振动响应的影响

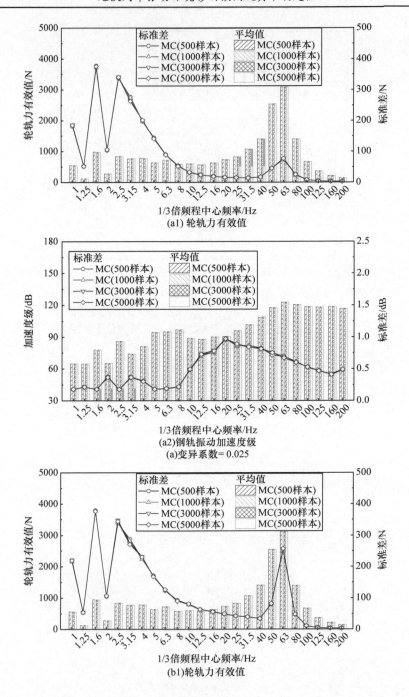

(a1) 轮轨力有效值

(a2)钢轨振动加速度级

(a)变异系数= 0.025

(b1) 轮轨力有效值

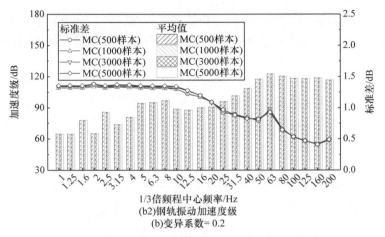

(b2)钢轨振动加速度级

(b)变异系数= 0.2

图 8.20　多随机因素作用下随机模拟样本数对统计结果的影响

如图 8.21 所示，在多随机参数联合作用下，随着变异系数的增加，4～100 Hz

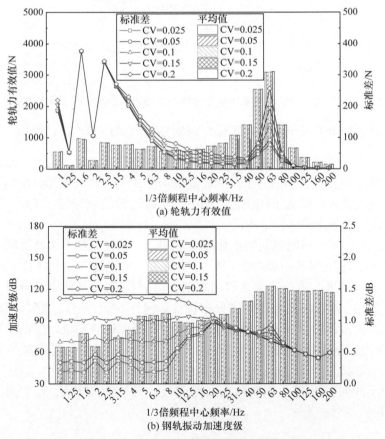

(a) 轮轨力有效值

(b) 钢轨振动加速度级

图 8.21　随机参数不同变异系数对振源频域振动响应的影响

轮轨力有效值的标准差逐渐增加；对于钢轨振动加速度级，随机参数主要影响 20 Hz 以下频段及 63 Hz 等几个中心频率处的统计结果，并且随着变异系数的增加，分频振动加速度级标准差增加。

如图 8.22 所示，除了 100 Hz，变异系数较大时，几个典型频率的轮轨力有效值及钢轨振动加速度级的变异系数会缓慢增加；对于轮轨力有效值，较低频的 4 Hz、10 Hz 的变异系数增幅较大；对于钢轨振动加速度级，10 Hz、63 Hz 的变异系数增幅较大。

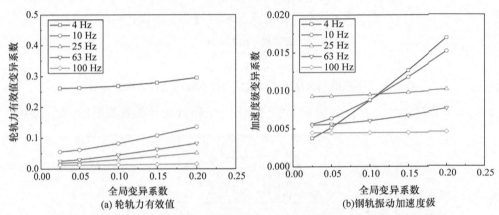

(a) 轮轨力有效值　　　　　　　　　　　(b) 钢轨振动加速度级

图 8.22　多个随机参数变异系数改变对典型中心频率振动响应变异系数的影响

8.2.2　随机车辆参数及随机车轮不圆顺谱对振源频域振动响应的影响

随着投入运营时间的增加，钢轨表面粗糙状态持续发展。打磨作业后，钢轨表面粗糙状态恢复比较理想的平顺状态。然而，由于运营列车累计运营里程及镟修里程的随机性，可认为不同轨道状态下，上线运营的所有列车车轮不圆顺状态满足式 (8.12) 给出的随机分布特征。

因此，为了分析不同钢轨表面粗糙度水平下，随机车轮不圆顺谱联合随机车辆参数引起的轮轨频域振动响应不确定性问题，根据地铁钢轨表面粗糙度的发展规律及统计结果，将钢轨表面粗糙度划分 5 个等级。具体定量分级标准参考式 (8.10) 给出的钢轨表面粗糙度谱分布特征，选择 5%、25%、50%、75%、95% 分位数谱作为轨道分级状态。如表 8.3 所示，等级 I 对应钢轨新更换或打磨达标后 1~2 周内，钢轨状态良好，对应 5% 分位数谱；等级 V 对应钢轨更换或者打磨前 1~2 周内，钢轨状态最差，对应 95% 分位数谱；等级 II~IV 对应钢轨打磨周期内的不同时间节点，钢轨状态由好到差，分别对应其他 3 个四分位数谱（25%、50%、75%）。

表 8.3　钢轨表面粗糙度谱定量分级

等级	钢轨表面粗糙状态	分位数谱/%
I	良好，基本无磨耗	5
II	较好，出现少量磨耗	25
III	一般，出现部分磨耗	50
IV	较差，出现大量磨耗	75
V	很差，需要打磨或更换	95

由图 6.18 可知，实测轨道动态不平顺谱的量级分布趋势基本在钢轨表面粗糙度谱的延长线上。因此，2m 以上波长的轨道不平顺按照钢轨表面粗糙度谱的延长线计算。不同分级状态的轨道不平顺谱与车轮不圆顺谱按式(7.46)进行耦合。不同分位数钢轨粗糙度谱耦合随机车轮不圆顺谱样本统计如图 8.23 所示。2.62 m 以下波长段的轮轨耦合不平顺主要反映车轮不圆顺谱的随机性；随着轨道不平顺谱等级的提高，轮轨耦合不平顺谱的离散程度逐渐减小。可以推测，当钢轨表面粗

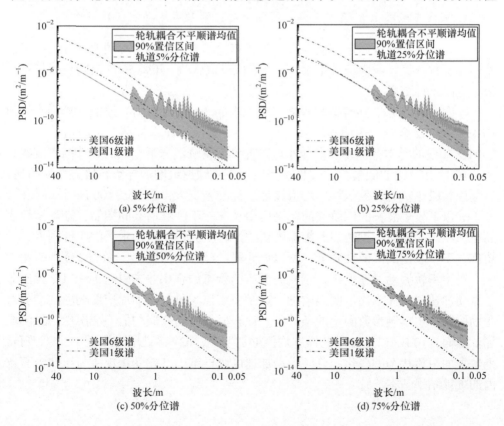

(a) 5%分位谱　　(b) 25%分位谱

(c) 50%分位谱　　(d) 75%分位谱

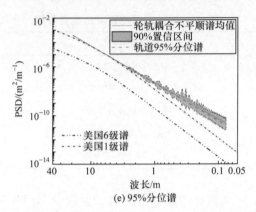

图 8.23　不同分位数钢轨粗糙度谱耦合随机车轮不圆顺谱样本统计 (5000 次)

糙状态比较理想时，振源频域响应主要受车轮的随机不圆顺状态控制；随着钢轨表面粗糙状态的恶化，轨道状态逐渐变为主导因素，但是车轮不圆顺的典型多边形磨耗特征仍不容忽视。

1. 固定车辆参数、随机车轮不圆顺谱对振源频域振动响应的影响

首先，对比分析固定车辆参数、随机车轮不平顺谱耦合不同轨道分位数谱诱发的振源频域振动响应统计结果。通过随机模拟试验，开展 5000 次随机模拟可获得稳定的统计结果。

如图 8.24 所示，随着钢轨表面粗糙状态的恶化，轮轨力有效值计算样本均值在 1～200 Hz 全频段内明显增加，1～10 Hz 频段的样本标准差逐渐增加，16～200 Hz 频段的样本标准差逐渐减小。该现象与轮轨耦合不平顺的统计结果直接相关。在 1～10 Hz 的低频段，较长波的轨道不平顺逐级增加导致轮轨力波动明显，引起该频段轮轨力有效值样本均值增加、标准差变大；在 16～200 Hz 较高频段，受 1 m 以下较短波长的钢轨表面粗糙度谱及车轮不圆顺谱共同控制，随着钢轨表面粗糙状态的发展，钢轨表面粗糙度谱逐渐转变为振动平均水平的主导因素，轮轨耦合不平顺谱的离散性降低，所以该频段的样本均值变大、标准差逐渐减小。

对于钢轨振动加速度级，钢轨表面粗糙状态的恶化并未引起 1～8 Hz 频段分频振动加速度级样本均值明显增加。这是由于该频段的振动加速度响应受准静态激励控制，在车辆参数固定的条件下，该频段的振动响应均值不会出现明显的增加。然而，10 Hz 以上频段的样本均值增加明显，63 Hz 处增加接近 10 dB。随着钢轨表面粗糙状态的恶化，分频振动加速度级样本标准差变化规律与轮轨力有效值的统计结果基本一致。

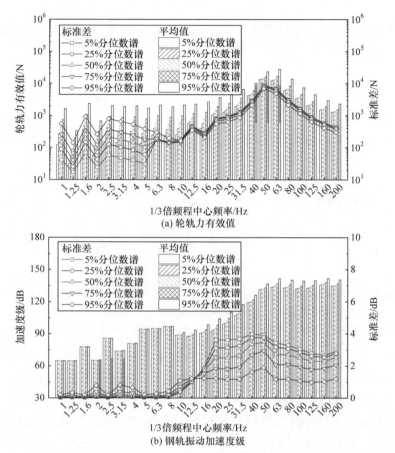

图 8.24　随机车轮不圆顺谱耦合不同轨道不平顺分位数谱诱发的振动响应统计结果

提取典型中心频率(4 Hz、10 Hz、25 Hz、40 Hz、63 Hz、100 Hz)分频振动加速度级的计算样本，不同轨道不平顺状态对分频钢轨振动加速度级的影响如图 8.25 所示。

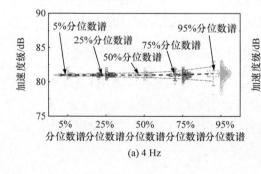

(a) 4 Hz

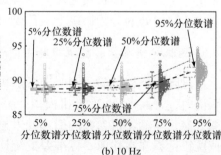

(b) 10 Hz

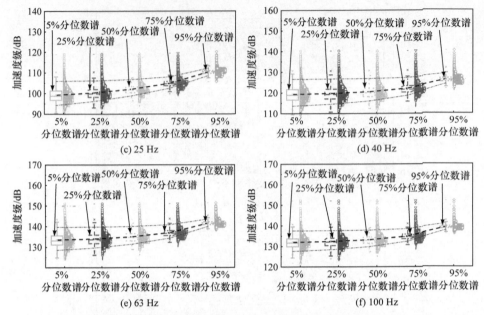

图 8.25　不同轨道不平顺状态对分频钢轨振动加速度级的影响

随着轨道状态恶化，4 Hz 的分频振级样本均值保持稳定，但是离散范围明显变大。10 Hz 的分频振级的样本均值逐渐变大，离散范围也明显变大。这是由于 10 Hz 的振动受动态激励及准静态激励的共同影响，轨道状态较好时（小于等于 50%分位数谱）受准静态激励及车轮不圆顺的随机状态控制，振动响应样本均值及标准差均保持稳定。随着钢轨粗糙状态进一步发展，样本均值和标准差均明显增加。

25 Hz、40 Hz、63 Hz、100 Hz 的分频振级呈现明显的正偏态分布特征，并且随着钢轨表面磨耗加剧，表现出一致的变化规律，即样本均值逐渐变大、标准差持续减小。值得注意的是，不同轨道状态下，分频振级计算样本的上限基本一致，这是由于 1 m 以下波长段的车轮不圆顺谱幅值远高于钢轨表面粗糙度谱。因此，不同中心频率处的分频振级上限仍受对应波长车轮不圆顺状态的控制。

2. 随机车辆参数、随机车轮不圆顺谱对振源频域振动响应的影响

通过随机模拟试验，同时考虑随机车辆参数（变异系数 =0.05）及随机车轮不圆顺谱时，开展 5000 次随机模拟即可获得稳定的统计结果。如图 8.26 所示，对比图 8.24，车辆随机参数的引入并未显著改变全频段内轮轨力有效值及钢轨振动加速度级计算样本均值、标准差的统计规律。

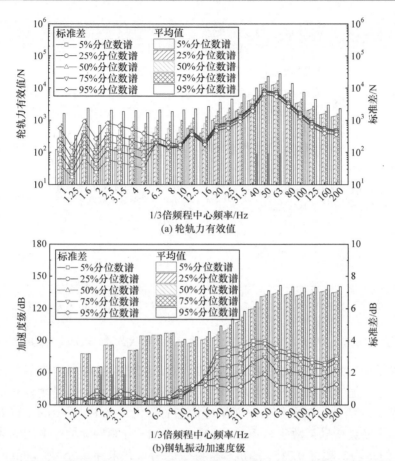

图 8.26　随机车辆参数（变异系数 = 0.05）、随机车轮不圆顺谱耦合不同轨道分位数谱诱发的振动响应统计结果

如图 8.27 所示，随着钢轨磨耗的持续发展，分频振动级的发展变化规律与固定车辆参数时基本一致。然而，对于 25 Hz、40 Hz、63 Hz、100 Hz，不同轨道状态下，由于随机参数的影响，分频振级计算样本的上限有所差异。

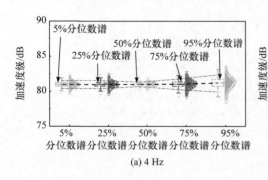

(a) 4 Hz

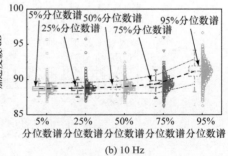

(b) 10 Hz

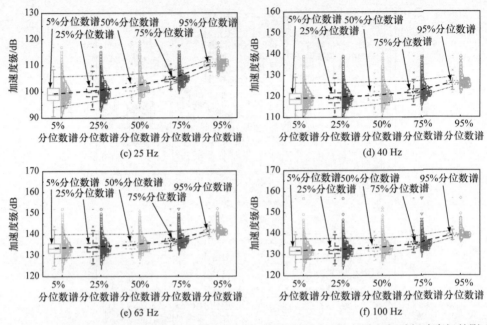

图 8.27　随机车辆参数(变异系数 = 0.05)、不同轨道不平顺状态对钢轨分频振动加速度级的影响

如图 8.28 所示,随机车辆参数的引入对计算结果的样本均值基本无任何影响,钢轨振动加速度级部分较低频率的样本标准差会变大,但是增幅并不明显。

如图 8.29 所示,随着钢轨表面粗糙状态的恶化,25 Hz 以上的轮轨力有效值及振动加速度级变异系数明显降低;4 Hz、10 Hz 分频振动加速度级变异系数缓慢增加,但是均未超过 0.015;随机车辆参数的引入并未导致分频振动响应变异系数的一致增加,并且变化幅度较小。

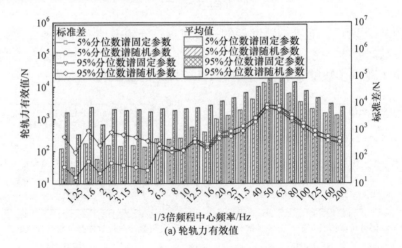

(a) 轮轨力有效值

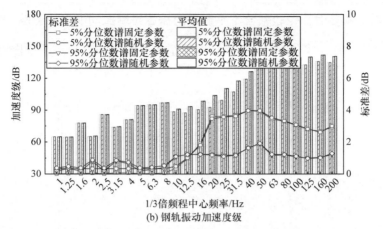

(b) 钢轨振动加速度级

图 8.28 随机车轮不圆顺谱耦合不同级轨道不平顺谱激励下，随机车辆参数（变异系数 = 0.05）对振源频域振动响应的影响

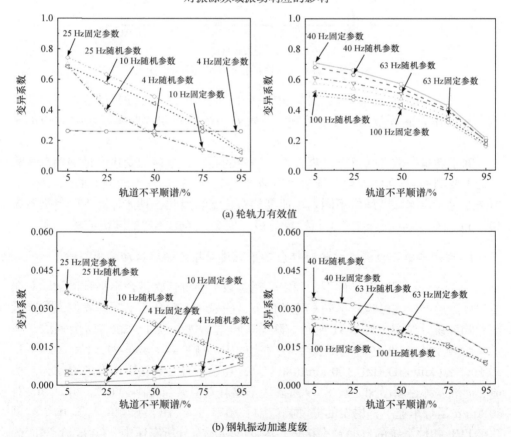

(b) 钢轨振动加速度级

图 8.29 随机车轮不圆顺谱耦合不同级轨道不平顺谱激励下，随机车辆参数对典型频率振动响应变异系数的影响

8.2.3 随机车辆参数及轮轨耦合不平顺谱对振源频域振动响应的影响

参考式(8.10)、式(8.12)，随机抽取轨道不平顺谱和车轮不圆顺谱计算样本，并按式(7.46)耦合。5000 次随机轮、轨耦合不平顺谱样本统计如图 8.30 所示。

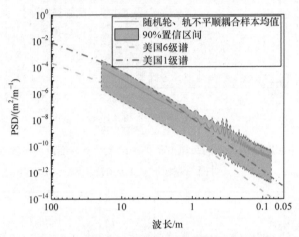

图 8.30　随机轮、轨耦合不平顺谱样本统计

通过模拟随机车轮不圆顺谱与随机钢轨表面粗糙度谱的随机耦合，并以随机耦合样本作为输入激励，可以反映轮、轨养护维修周期内振源频域响应的不确定性。

除了随机参数和随机轮轨耦合不平顺谱的影响，车速的变化也是影响振动响应的重要因素。车速的变化会导致固定波长不平顺激励诱发不同频率的振动响应，但是通过固定测试断面的不同列车速度相对稳定。因此，具体计算工况分别考虑40、60、80、100 km/h 4 个运行速度分级，但是不考虑车速的随机波动。

1. 固定车辆参数、随机轮轨耦合不平顺谱对振源频域振动响应影响

首先分析不同速度条件下，固定车辆参数、随机轮轨耦合不平顺谱激励对振源频域振动响应的影响。不同车速条件下，随机轮轨耦合不平顺诱发的振源频域振动响应统计结果如图 8.31 所示。随着速度的增加，在 1~200 Hz 全频段，除了车轮典型的 7、8、9 阶多边形磨耗对应的中心频率(40 km/h-31.5 Hz、60 km/h-50 Hz、80 km/h-63 Hz、100 km/h-80 Hz)，几乎所有分频轮轨力有效值的样本均值、标准差都逐渐增加。7、8、9 阶多边形磨耗对应波长范围为 0.38~0.29 m，对80 km/h 运行车速下，诱发的振动响应中心频率为 63 Hz。该频率与簧下质量-钢轨-DTVI$_2$ 扣件系统的自振频率接近。因此，在所有分析车速中，80 km/h 对应的63 Hz 分频轮轨力有效值的样本均值、标准差最大。对于钢轨振动加速度级，车速

的增加并未导致分频振动加速度级样本均值、标准差的一致增加。在 10～100 Hz 频段，随着速度的增加，振动加速度级有效值的标准差最大对应中心频率分别为 31.5、50、63、80 Hz。造成该现象的原因是，车轮典型的 7、8、9 阶多边形磨耗对应波长段的轮轨耦合不平顺谱离散范围更广。随着车速的增加，该波长段对应的中心频率由 31.5 Hz 增至 80 Hz。

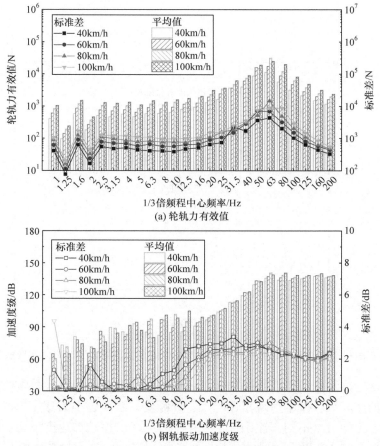

图 8.31　不同车速条件下，随机轮轨耦合不平顺诱发的振源频域振动响应统计结果

如图 8.32 所示，在车轮典型的 7、8、9 阶多边形磨耗特征波长对应的中心频率（40 km/h-31.5 Hz、60 km/h-50 Hz、80 km/h-63 Hz、100 km/h-80 Hz）处均具备明显的峰值。除了这些特征频率点，车体自振对应中心频率（1 Hz）、车辆定距（轴距）引起的钢轨振动加速度响应中心频率处（40 km/h-2 Hz、60 km/h-3.15 Hz、80 km/h-5 Hz、100 km/h-6.3 Hz）的变异系数也具有明显峰值。

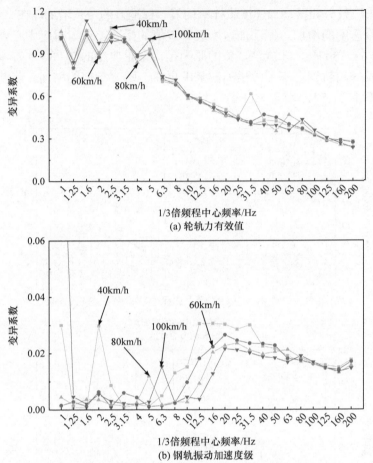

图 8.32　不同车速条件下，随机轮、轨耦合不平顺谱对振源频域振动响应变异系数的影响

　　除了这些典型频率点，不同车速下分频轮轨力有效值的变异系数接近；对于钢轨振动加速度级，基本呈现车速越大，分频变异系数越小的变化特征。

　　如图 8.33 所示，不同车速条件下 6 个中心频率的振动加速度级均表现为正偏态分布特征，25 Hz 以上频段的分频振级离散超过 20 dB。由图 8.30 可知，与钢轨表面粗糙度谱相对比，车轮不圆顺谱的分布范围更广，同样是 5%分位数谱，车轮不圆顺谱的幅值更低，车轮 95%分位数谱高于钢轨表面粗糙度谱。二者耦合叠加后，其能量较低的耦合不平顺谱主要表现为钢轨表面粗糙度谱的量级，从而导致钢轨振动加速度级计算结果呈现正偏态的分布特征。此外，随着车速的增加，由于车轮的多边形磨耗，与不同中心频率振动响应直接相关的典型不平顺波长随之变化，分频加速度级并未表现出一致增加的趋势。

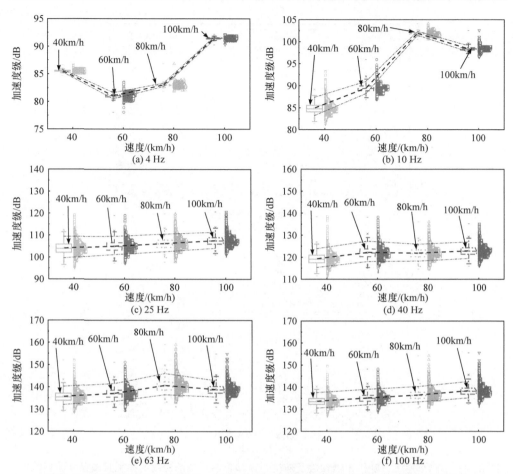

图 8.33　不同速度下，随机轮、轨耦合不平顺谱对钢轨分频振动加速度级的影响

2. 随机车辆参数及随机轮、轨耦合不平顺谱对振源频域振动响应的影响

　　下面分析不同速度条件下，随机车辆参数(变异系数 = 0.05)、随机轮轨耦合不平顺谱激励对振源频域振动响应的影响。统计分析结果如图 8.34 和图 8.35 所示。与图 8.31 和图 8.32 对比，随机车辆参数的引入，对轮轨力有效值及钢轨振动加速度级样本 1/3 倍频程谱的分布特征基本无任何影响。

　　如图 8.36 所示，考虑随机车辆的随机参数后，各中心频率的加速度级仍呈现明显的正偏态分布特征，并且随着车速的增加，变化规律与未考虑随机车辆参数的计算结果基本一致。

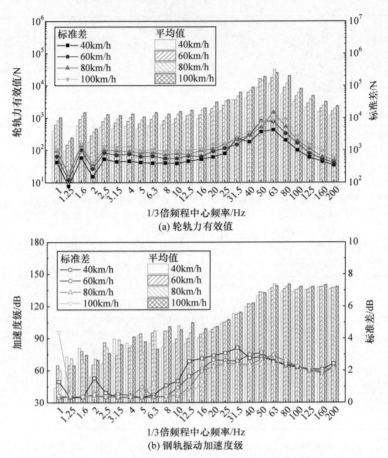

图 8.34　不同车速下，随机车辆参数及随机轮轨耦合不平顺谱诱发的振源频域振动响应统计结果

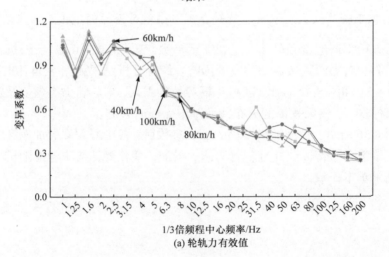

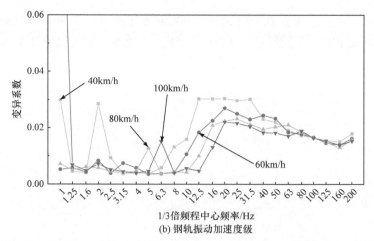

(b) 钢轨振动加速度级

图 8.35　不同车速条件下，随机车辆参数及随机轮、轨耦合不平顺谱对振源频域振动响应
变异系数的影响

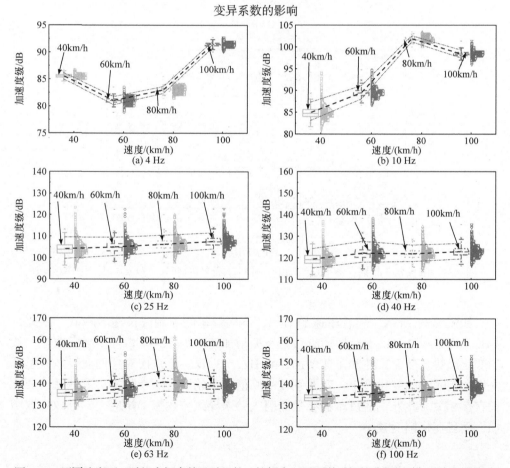

图 8.36　不同速度下，随机车辆参数及随机轮、轨耦合不平顺谱对钢轨分频振动加速度级的影响

如图 8.37 所示，显然在 40 km/h、100 km/h 车速下，随机车辆参数的引入对计算样本均值几乎无任何影响，不同中心频率的样本标准差会有所变化，但是变化幅度不大。

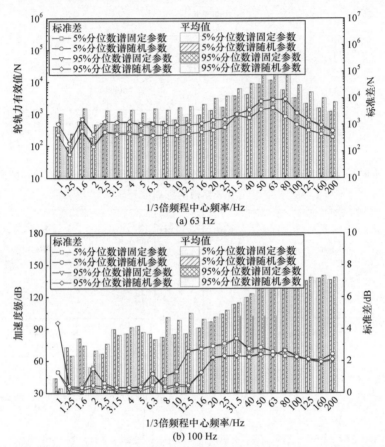

图 8.37　随机轮、轨耦合不平顺激励下，随机车辆参数(变异系数 = 0.05)对振源频域振动响应影响

如图 8.38 所示，随着车速的增加，不同频率的控制波长逐渐降低。因此，4 Hz、10 Hz、25 Hz 的轮轨力有效值及振动加速度级变异系数并不具备明显一致的变化趋势。然而，随着车速增加，40 Hz、63 Hz、100 Hz 对应的变异系数呈现先增大后减小的变化趋势，变异系数的峰值与车轮 7、8、9 阶多边形磨耗特征波长直接相关。此外，随机车辆参数的引入并未导致分频振动响应变异系数一致增加，而且变化幅度较小。

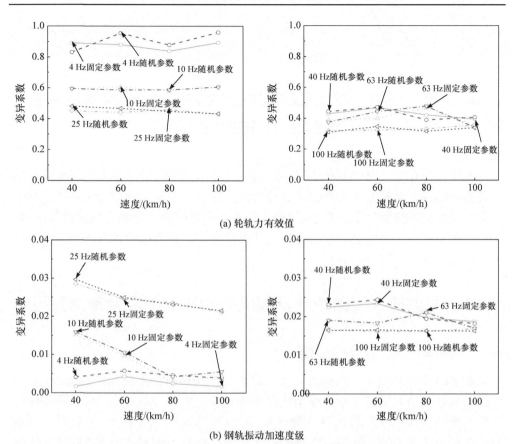

(a) 轮轨力有效值

(b) 钢轨振动加速度级

图 8.38　随机轮、轨耦合不平顺激励下，不同车速及随机车辆参数典型频率轮轨振动
响应变异系数的影响

第 9 章　考虑随机振动源强的地铁列车振动环境影响概率预测方法

本章首先在第 5 章的基础上进一步讨论考虑地下线路特征及随机振动源强的混合预测模型，并分析力密度级的计算方法。然后，明确预测振动超限概率的数学定义，提出考虑随机振动源强地铁列车振动环境影响概率预测方法的操作流程。据此，以某城市一处规划地铁线路对某邻近研究院内既有敏感仪器的振动影响作为实际工程案例开展预测分析。

9.1　考虑地下线路特征及随机振动源强的混合预测模型

9.1.1　力密度级计算方法对比分析

在 FTA 预测程序中，激励点列 X 与测点 x 的位置对预测准确性影响较大。为了达到良好的预测精度，预测模型式 (5.2) 中的 $L_F(X, x)$ 应与 $TM_L(X, x)$ 具备相同的振源激励点 X 和相同距离处的测点 x，即具有可对比性的振动传播路径。与地面线路相比，由于地下线路存在垂向空间尺度(埋深)，预测过程很难在既有线路中获得埋深、线形、轨道形式等多因素均一致或相似的类比测试断面。此外，根据混合预测模型的理论基础，本预测模型通过远场振动响应获得经验力密度级 $L_F(X, x)$，用于预测动态激励主导的远场振动响应。

因此，在地下线路的特殊工程背景下，能否通过近源处响应(如钢轨或隧道壁振动)获得合理的经验力密度级是首先要探讨分析的问题。

1. 直接法

除了频域解析模型，多体动力学仿真方法同样可用于力密度级的求解，采用多体动力学软件 SIMPACK 与有限元软件 ABAQUS，建立刚性车体-柔性轨道耦合的联合仿真模型(曲翔宇，2020)。

2 类分析模型采用相同的轨道及列车参数，如表 2.1 和表 2.2 所示。列车的主要空间尺寸参数如图 7.17 所示。图 9.1 所示为以美国 5 级谱作为输入，两种计算方法获得的典型轮轨力时程曲线。这两种方法获得的时域响应幅值基本一致。

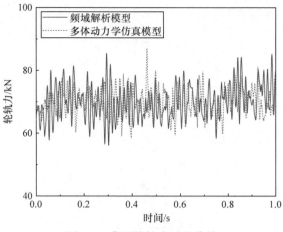

图 9.1　典型轮轨力时程曲线

直接法预测的力密度计算结果对比如图 9.2 所示。同一种方法，不同轴的力密度级在 10 Hz 以下相差超过 3 dB，12.5～80 Hz 不同轴力密度级基本一致。两种计算模型的力密度级均值在 8～80 Hz 趋势一致，具体数值在个别中心频率有所差异，但是最多不超过 1.5 dB。

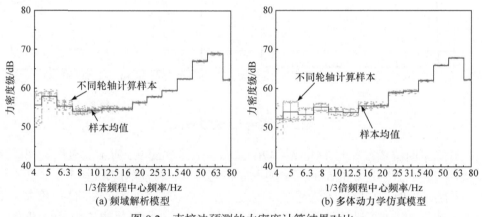

图 9.2　直接法预测的力密度计算结果对比

2. 间接法

本节继续应用 5.2 节建立的数值模型计算 TM_L。考虑实际工程操作，在隧道内锤击时，激励点可分别设置于两根钢轨顶面(X_{RR})、靠近隧道壁及地表测点侧钢轨顶面(X_{R_N})、远离隧道壁及地表测点侧钢轨顶面(X_{R_F})、道床板中心(X_B)，如图 9.3 所示。激励点位置的改变直接影响传递率的分析测算结果，从而影响力密度级的测算值。因此，在 5.2 节建立的数值模型中，分别对不同位置进行激励。

激励力时程及频谱如图 9.4 所示。

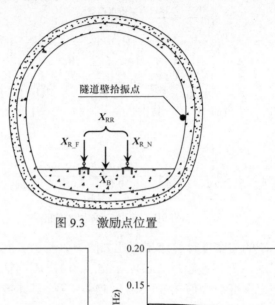

图 9.3　激励点位置

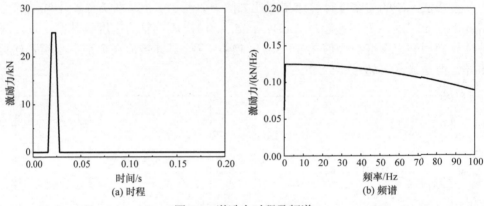

(a) 时程　　　　　　　　　　　　　　(b) 频谱

图 9.4　激励力时程及频谱

激励不同位置获取的 $TM_L(L=120\,m$、$h=5\,m)$ 如图 9.5 所示。显然，相比其他激励位置，激励远轨时距离固定测点的距离最远，振动响应最小，TM_L 整体较小；激励近轨时，相同位置隧道壁及地表的振动响应较大，获得的 TM_L 较大；对于地表测点，随着振动传播距离的增加，微小的距离差异引起的 TM_L 差异在全频段不超过 1 dB。

如图 9.6 所示，在动态激励控制的 8~80 Hz 频段范围内，通过线传递率级计算获得的隧道壁至地表各测点的传递损失，与列车荷载作用下的传递损失相差不超过 3 dB。因此，线传递率级的衰减规律可以反映真实列车荷载诱发振动响应的衰减特征。

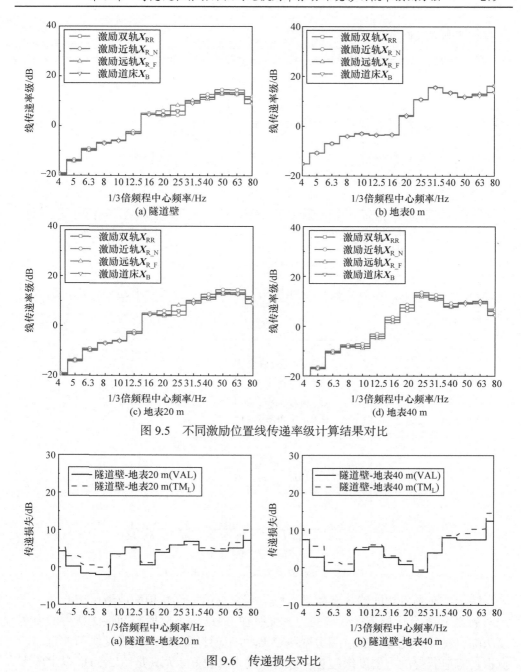

图 9.5　不同激励位置线传递率级计算结果对比

图 9.6　传递损失对比

　　图 9.7 给出了激励两根钢轨轨头(X_{RR})及激励道床板中心(X_B)获得的力密度级。显然，隧道壁测点与地表测点计算获得的力密度级基本一致，在个别中心频率处的差异最大不超过 3 dB。因此，采用隧道壁测点获得的力密度级可用于地表

点的振动响应预测。

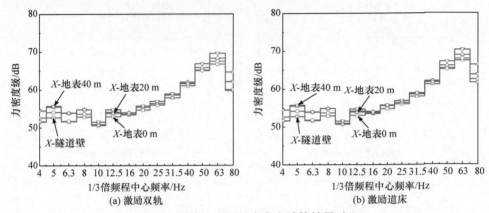

图 9.7　间接法预测的力密度计算结果对比

如图 9.8 所示，通过直接法及间接法计算获得的力密度级趋势一致，量级吻合良好。

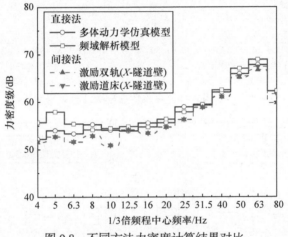

图 9.8　不同方法力密度计算结果对比

综上，在具备相同输入参数且激励点定义为两根钢轨顶面或道床中心时，采用车辆-轨道耦合模型直接获得的力密度级在 8 Hz 以上频段与间接法获得的力密度级吻合良好。此外，通过隧道壁测点振动响应计算获得的力密度级与通过地面点振动响应获得的力密度级趋势一致、曲线吻合较好。尤其是，12.5 Hz 以上的频段，同一测点二者相差不超过 3 dB。因此，在间接法中，采用振源近场隧道壁测点振动响应计算的力密度级可用于地表振动响应的预测。

在实际工程预测程序中，虽然可以采用自动落轴装置同时激励两根钢轨，但是左右侧的激励点不可避免地存在高度差，因此无法保证同时激励两根钢轨，推荐采用锤击道床中心的方式进行激励。此外，虽然依托数值模拟方法，采用直接法及间接法获得的力密度级具有良好的一致性，但是在实际测算过程中，由于测试误差、地层的不均匀分布等因素影响，为了提高预测结果的可靠性，依然推荐采用依托现场测试的间接法获取线传递率级和力密度级。

9.1.2　考虑随机振动源强力密度级的混合预测模型

地铁列车振动环境影响预测涵盖工程建设可行性研究、方案(初步)设计、施工设计及其运行的全周期，包括两种情况，即新建线路对既有敏感目标影响预测和既有线路沿线新增敏感目标影响预测。预测点的位置可以是建筑物外的环境场地、建筑物室内，也可以是古建筑结构自身或仪器设备的安装场地等。

在地铁列车诱发的环境振动影响预测领域，综合考虑各类预测模型，绝大多数列车环境振动的预测结果都属于服务线路开通运营初期的定值预测，即认为预测体系是 1 个确定系统，模型输入的参数、激励也是确定的，最终得到确定的预测输出量。然而，这与真实情况存在显著的差异。在目前的认知条件下，对于某种特定的预测方法，地铁列车振动环境影响预测的不确定性源于振动源强的不确定性和地层动力参数取值的不确定性。

为了满足不同的预测精度需求，采用实测地层动参数作为数值模型的输入参数，且随着地层动参数反演技术的进一步发展，可有效降低其引起的预测不确定性；采用原位锤击试验的方法，可直接获得敏感目标所在场地土层真实的振动传递特征，从而彻底解决该问题。

当线路开通运营后，某一特定的敏感目标振动响应的不确定性主要源于振源的不确定性。因此，振源作为输入条件，其不确定性在预测程序中尤为重要。根据上述分析结论，结合地下隧道振源实际情况，可以将 FRA 推荐的预测公式修订为

$$L_{V,\text{Rand}}(x_b) = L_{F,\text{Rand}}(\boldsymbol{X}) + \text{TM}_L(\boldsymbol{X}, x_S) + C_b(x_S, x_b) \tag{9.1}$$

其中，$L_{F,\text{Rand}}(\boldsymbol{X})$ 代表定义在道床激励点 $\boldsymbol{X}$ 列处的随机列车振动源强力密度级(简称随机力密度级)，下标 Rand 表示随机变量；x_S 定义为地表测点位置；x_b 定义为建筑物内一点位置。

各标记点如图 9.9 所示。若只分析自由场地的振动响应，不考虑建筑物的影响，式(9.1)可简化为

$$L_{V,\text{Rand}}(x_S) = L_{F,\text{Rand}}(\boldsymbol{X}) + \text{TM}_L(\boldsymbol{X}, x_S) \tag{9.2}$$

结合分区、分类、分阶段的预测思想，参考混合预测模型的基本思路，发挥现场

测试及先进数值模型在预测程序中的优势，将 $L_{F,Rand}(X)$ 和 $TM_L(X, x_S)$ 两个待定项混合采用数值/解析法、实测法预测敏感点的振动响应，可有效降低参数输入不确定性引起的预测不确定。同时，考虑预测成本、已掌握的源强数据库、预测敏感点对应振源断面是否具有类比测试条件、是否具有深孔锤击试验条件等因素，可将地下线环境振动影响预测的混合预测模型分为 3 类。

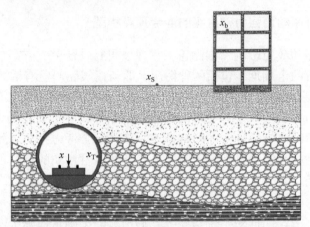

图 9.9　轨道、隧道、土体和建筑物耦合系统示意图

1) 第 1 类混合预测模型

采用现场深孔锤击法测试线传递率级 $TM_L^{EXP}(X_1, x_S)$，采用数值/解析方法求解随机力密度级 $L_{F,Rand}^{NUM}(X, x_S)$。

应用条件如下。

(1) 具备通过深孔锤击法测试线传递率级的试验条件及经济能力。

(2) 不具备预测敏感点振动源强数据库且在既有线路中不具备类比测试条件。

在第一类混合预测模型中，测算线传递率级的理想状态应为隧道内激励、地表点拾振(图 9.10(a))。然而，对于隧道结构尚未建成的拟建线路，需要进行原位深孔锤击试验(图 9.10(b))，深孔深度需达到道床板顶面设计埋深。考虑经济因素，同时假设地层为均匀的水平成层结构，根据动力互易定理，可采取单孔锤击、多测线测量的方式实测线传递率级(图 9.10(c))。

$L_{F,Rand}^{NUM}(X, x_S)$ 通过数值方法预测锤击点 X 的力密度级时，可以采用直接法和间接法两种方式。

(1) 直接求随机力密度级 $L_{F,Rand}^{NUM}(X)$。

直接求力密度级 $L_{F,Rand}^{NUM}(X)$ 需要采用车辆-轨道耦合仿真模型求解动态轮轨力，并参考式(5.3)直接计算力密度级。此时，力密度级的激励点定义在 2 根钢轨顶面，计算结果与测点 x_S 无关。

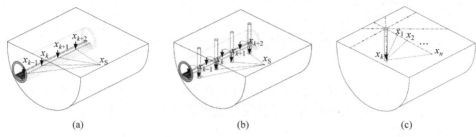

图 9.10　深孔锤击实测线传递率级示意图

在测试拟建线路的线传递率级时，由于隧道及轨道结构尚未建成，只能通过深孔锤击的方式实现，因此在预测点 x_S 的振动级 $L_{V,Rand}^{HYB}(x_S)$ 时，需要对振源激励点造成的线传递率级差异 $\Delta TM_L^{NUM}(\boldsymbol{X},\boldsymbol{X}_1,x_S)$ 进行数值修正，即

$$L_{V,Rand}^{HYB}(x_S) = L_{F,Rand}^{NUM}(\boldsymbol{X}) + \underbrace{TM_L^{NUM}(\boldsymbol{X},x_S) - TM_L^{NUM}(\boldsymbol{X}_1,x_S)}_{\Delta TM_L^{NUM}(\boldsymbol{X},\boldsymbol{X}_1,x_S)} + TM_L^{EXP}(\boldsymbol{X}_1,x_S)$$

$$(9.3)$$

其中，$\boldsymbol{X}_1$ 为深孔锤击点。

(2) 间接求随机力密度级 $L_{F,Rand}^{NUM}(\boldsymbol{X},x_S)$。

针对地下线路，间接计算力密度级时需要建立轨道-隧道-地层耦合模型。通过数值法计算道床到地表点的线传递率级 $TM_L^{NUM}(\boldsymbol{X},x_S)$ 和列车荷载作用下地表点的振动速度级 $L_{V,Rand}^{NUM}(x_S)$，如图 9.10(a) 所示。此时，混合模型的应用同样需要针对激励点的差异进行数值修正，即

$$L_{V,Rand}^{HYB}(x_S) = L_{F,Rand}^{NUM}(\boldsymbol{X},x_S) + \underbrace{TM_L^{NUM}(\boldsymbol{X},x_S) - TM_L^{NUM}(\boldsymbol{X}_1,x_S)}_{\Delta TM_L^{NUM}(\boldsymbol{X},\boldsymbol{X}_1,x_S)} + TM_L^{EXP}(\boldsymbol{X}_1,x_S)$$

$$= L_{V,Rand}^{NUM}(x_S) - TM_L^{NUM}(\boldsymbol{X}_1,x_S) + TM_L^{EXP}(\boldsymbol{X}_1,x_S)$$

$$(9.4)$$

2) 第 2 类混合预测模型

在既有线路中，现场实测随机隧道壁振动响应和道床-隧道壁的线传递率级获得参考断面的随机力密度级 $L_{F,R,Rand}^{EXP}(\boldsymbol{X},x_T)$，下标 R 表示参考断面，或者依托实测的隧道壁振动响应计算混合的随机力密度级 $L_{F,Rand}^{HYB}(\boldsymbol{X},x_T)$，采用数值方法获得系统线传递率级 $TM_L^{NUM}(\boldsymbol{X},x_S)$。

情况 1

$$L_{V,Rand}^{HYB}(x_S) = L_{F,R,Rand}^{EXP}(\boldsymbol{X},x_T) + TM_L^{NUM}(\boldsymbol{X},x_S)$$

$$(9.5)$$

情况 2

$$L_{V,Rand}^{HYB}(x_S) = L_{F,Rand}^{HYB}(\boldsymbol{X}, x_T) + TM_L^{NUM}(\boldsymbol{X}, x_S) \tag{9.6}$$

应用条件如下。

(1) 不具备通过深孔锤击法测试线传递率级的试验条件及经济能力。

(2) 已具备预测敏感点振动源强数据库或在既有线路中具备类比测试条件。

求解方法如下。

(1) 现场测试获得随机力密度级 $L_{F,R,Rand}^{EXP}(\boldsymbol{X}, x_T)$。

在类比条件较好的条件下,可认为类比测试断面与预测断面的振源响应一致,结合现场测试获得的线传递率级可获得随机力密度级 $L_{F,R,Rand}^{EXP}(\boldsymbol{X}, x_T)$,如图 9.11 所示。类比测试的参考断面的力密度级,即

$$L_{F,R,Rand}^{EXP}(\boldsymbol{X}, x_T) = L_{V,R,Rand}^{EXP}(x_T) - TM_{L,R}^{EXP}(\boldsymbol{X}, x_T) \tag{9.7}$$

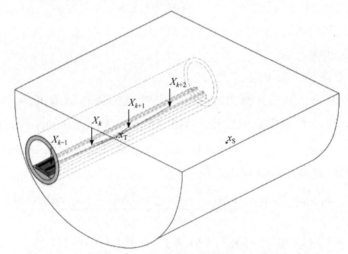

图 9.11　多点锤击测试"道床-隧道壁"传递率级示意图

当类比测试条件基本完全相同时,可以认为参考测试断面的测试力密度级与预测断面相同。线传递率级可通过数值法进行求解,即

$$\begin{aligned} L_{V,Rand}^{HYB}(x_S) &= L_{F,R,Rand}^{EXP}(\boldsymbol{X}, x_T) + TM_L^{NUM}(\boldsymbol{X}, x_S) \\ &= (L_{V,R,Rand}^{EXP}(x_T) - TM_{L,R}^{EXP}(\boldsymbol{X}, x_T)) + TM_L^{NUM}(\boldsymbol{X}, x_S) \end{aligned} \tag{9.8}$$

(2) 混合法求解随机力密度级 $L_{F,R,Rand}^{HYB}(\boldsymbol{X}, x_T)$。

对于某些特殊预测工况,无法在类比断面隧道内开展锤击试验测算 $TM_{L,R}^{EXP}(\boldsymbol{X}, x_T)$ 时,可采用混合法求解随机力密度级,即

$$L_{\text{F,Rand}}^{\text{HYB}}(\boldsymbol{X},x_{\text{T}}) = L_{\text{V,R,Rand}}^{\text{EXP}}(x_{\text{T}}) + \text{TM}_{\text{L}}^{\text{NUM}}(\boldsymbol{X},x_{\text{T}}) \tag{9.9}$$

此时，式(9.6)可写为

$$L_{\text{V,Rand}}^{\text{HYB}}(x_{\text{S}}) = L_{\text{F,R,Rand}}^{\text{HYB}}(\boldsymbol{X},x_{\text{T}}) + \text{TM}_{\text{L}}^{\text{NUM}}(\boldsymbol{X},x_{\text{S}})$$

$$= L_{\text{V,R,Rand}}^{\text{EXP}}(x_{\text{T}}) - \text{TM}_{\text{L,R}}^{\text{NUM}}(\boldsymbol{X},x_{\text{T}}) + \text{TM}_{\text{L}}^{\text{NUM}}(\boldsymbol{X},x_{\text{S}}) \tag{9.10}$$

3)第 3 类混合预测模型

在既有线路中选择类比断面，实测或混合测算隧道内的随机力密度级 $L_{\text{F,R,Rand}}^{\text{EXP/HYB}}(\boldsymbol{X},x_{\text{T}})$；通过深孔锤击试验，测算线传递率级 $\text{TM}_{\text{L}}^{\text{EXP}}(\boldsymbol{X}_1,x_{\text{S}})$；采用数值法修正激励点不同造成的线传递率级差异。

应用条件如下。

(1)具备通过深孔锤击法测试线传递率级的试验条件及经济能力。

(2)已具备预测敏感点振动源强数据库或在既有线路中具备类比测试条件。

情况 1

$$L_{\text{V,Rand}}^{\text{HYB}}(x_{\text{S}}) = L_{\text{F,R,Rand}}^{\text{HYB}}(\boldsymbol{X},x_{\text{T}}) + \text{TM}_{\text{L}}^{\text{EXP}}(\boldsymbol{X}_1,x_{\text{S}}) + \Delta\text{TM}_{\text{L}}^{\text{NUM}}(\boldsymbol{X},\boldsymbol{X}_1,x_{\text{S}})$$

$$= L_{\text{F,R,Rand}}^{\text{HYB}}(\boldsymbol{X},x_{\text{T}}) + \underbrace{\text{TM}_{\text{L}}^{\text{NUM}}(\boldsymbol{X},x_{\text{S}}) - \text{TM}_{\text{L}}^{\text{NUM}}(\boldsymbol{X}_1,x_{\text{S}})}_{\Delta\text{TM}_{\text{L}}^{\text{NUM}}(\boldsymbol{X},\boldsymbol{X}_1,x_{\text{S}})} + \text{TM}_{\text{L}}^{\text{EXP}}(\boldsymbol{X}_1,x_{\text{S}})$$

$$\tag{9.11}$$

情况 2

$$L_{\text{V,Rand}}^{\text{HYB}}(x_{\text{S}}) = L_{\text{F,R,Rand}}^{\text{EXP}}(\boldsymbol{X},x_{\text{T}}) + \text{TM}_{\text{L}}^{\text{EXP}}(\boldsymbol{X}_1,x_{\text{S}}) + \Delta\text{TM}_{\text{L}}^{\text{NUM}}(\boldsymbol{X},\boldsymbol{X}_1,x_{\text{S}})$$

$$= L_{\text{F,R,Rand}}^{\text{EXP}}(\boldsymbol{X},x_{\text{T}}) + \underbrace{\text{TM}_{\text{L}}^{\text{NUM}}(\boldsymbol{X},x_{\text{S}}) - \text{TM}_{\text{L}}^{\text{NUM}}(\boldsymbol{X}_1,x_{\text{S}})}_{\Delta\text{TM}_{\text{L}}^{\text{NUM}}(\boldsymbol{X},\boldsymbol{X}_1,x_{\text{S}})} + \text{TM}_{\text{L}}^{\text{EXP}}(\boldsymbol{X}_1,x_{\text{S}})$$

$$\tag{9.12}$$

9.2　预 测 方 法

目前，在地铁列车振动环境影响预测领域未见相关预测案例综合考虑随机轨道不平顺谱、车轮不圆顺谱、随机列车结构动力参数等引起的振源随机性。然而，大量的跟踪测试结果及模拟计算结果证明，线路开通运营后，轮轨运行磨耗的持续发展会导致振动源强呈现明显的不确定性，并且离散程度远超初级减振措施的振动控制能力。

为此，在环境振动预测程序中，综合考虑敏感目标的承振能力和随机振动源强，从而在预测结果中体现轮轨运行磨耗的持续发展引起的振动源强不确定性，给出敏感目标的振动超限概率，为设计更加合理、有效的减振和隔振措施提供参考。

预测结果的超限概率与预测振动激扰强度分布特征、敏感目标本身的承振能力直接相关。为了综合反映敏感目标的承振能力及地铁列车的随机振动激扰强度，马蒙(2012)给出了敏感度的数学定义，即敏感目标在其承振能力(记为 T)范围内，对于地铁列车振动产生的一定环境激扰强度(记为 Q)表现出来的敏感程度，简称敏感度(记为 S)。

预测振动的超限概率在数值上与敏感目标的敏感度相等。对于精密仪器等特殊敏感目标，必须进行详细的分频振动预测。假设不同中心频率的振动响应相互独立，当分频预测振动激扰强度分布为 $F(f_i)$ 时，超出目标敏感目标承振能力标准 k 值的概率为

$$S(f_i) = P(F(f_i) > k(f_i)) = 1 - P(F(f_i) \leqslant k(f_i)) \tag{9.13}$$

其中，$S(f_i)$ 为敏感目标的分频振动预测敏感度，也称预测振动超限概率；P 为概率算子；f_i 为不同中心频率。

如图 9.12 所示，预测振动超限概率直接反映不同中心频率预测振动强度超过敏感目标承振能力的概率。

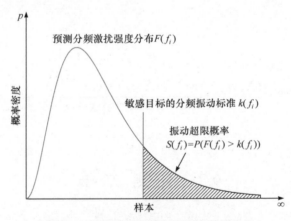

图 9.12　分频预测振动超限概率数学定义

随着各大城市轨道交通线网日趋完善，各种线路形式、车辆类型、轨道类型等因素的大多数组合可在既有线路中找到合适的类比测试断面。在新建线路环境振动评价过程中，大范围采用类比测试获得不同边界条件下振动源强分布特征的条件越发成熟。在设计车速、轨道线形(曲线/直线)、隧道断面形式确定的条件下，考虑振源数据库的完备程度，随机力密度级的获取方法可分为如下两类。

(1)具备可以体现轮轨运行磨耗持续发展特性的完备振源数据。此时,可通过已有的振源实测数据获得随机列车振动源强力密度级(简称随机力密度级)。

(2)不具有完备振源数据。此时,可通过解析或数值方法建立仿真模型,采用已有的实测数据校核模型准确性,结合轮、轨随机不平顺谱,获得随机力密度级。

轨道交通引起的环境振动问题属于微振动范畴,系统处于线弹性状态。在传播路径确定的条件下,线传递率级固定。因此,假设敏感点的预测振动激扰强度分布特征与振源力密度级相同。

在此基础上,参考混合预测模型,结合实测或数值解析计算获得的线传递率级即可获得随机振动响应的预测结果,并评估敏感目标的预测振动超限概率,将既有的定值预测模式拓展为概率预测。基于混合预测模型的概率预测操作流程如图 9.13 所示。

针对具体敏感目标,在混合预测模型框架内,考虑振动源强的随机性,开展概率预测的具体操作流程可分为随机力密度级预测、线传递率级预测、地表振动响应预测与振动超限概率判定等 3 个子程序。

1. 随机力密度级预测

明确规划设计地铁线路设计的车辆和轨道参数,在既有振源数据库和既有线路中匹配设计信息。若具有振源数据基础或源强类比测试条件,如果类比断面现场具有隧道内激振试验的条件,可实测线传递率级(EXP),用间接法获得随机力密度级(HYB);如果类比断面现场不具有隧道内激振试验,采用数值法建立"轨道-隧道-地层"耦合数值模型,计算线传递率级(NUM),用间接法获得随机力密度级(HYB)。

若不具备类比测试条件或振源数据库,可参考车辆和轨道参数建立车辆-轨道耦合模型,并采用实测数据校核模型计算结果;输入轮、轨随机不平顺,应用直接法计算得到随机力密度级(NUM)。

2. 线传递率级预测

如果具备深孔锤击或隧道内激振试验的试验条件,可通过现场试验获得线传递率级(EXP);如果不具备试验条件,则采用数值法获取线传递率级(NUM)。

若采用深孔锤击试验方案,还应通过数值模型获取不同激励位置的线传递率级修正函数。

3. 地表振动响应预测与振动超限概率判定

结合具体的工况,参考 9.1.2 节提出的 3 类混合预测模型,组合随机力密度级

（EXP/NUM/HYB）和线传递率级（EXP/NUM）预测地表随机振动响应。

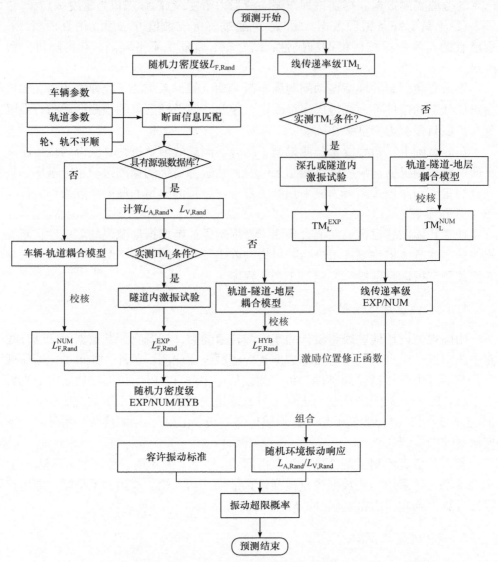

图 9.13　基于混合预测模型的概率预测操作流程

　　根据敏感目标的环境振动容许标准，计算振动超限概率，判断计算结果是否满足工程要求。若满足要求，则预测结束；否则，修改减振、隔振措施设计方案，重新预测环境振动。

基于 FDL+LSTML 模式的混合概率预测模型，可以满足较高精度的预测需求。结合马蒙(2012)、刘维宁等(2014)提出的动态预测评估流程体系中线路规划、设计及施工的各个具体阶段对于振动预测精度的具体需求，可将 9.1.2 节不同的混合预测模型纳入 3 阶段动态预测评估流程体系，用于施工图设计阶段所需的精准预测。

9.3　预测案例工程背景及类比断面现况测试

9.3.1　工程背景

本章案例特殊敏感点到拟建规划邻近线路中心线水平距离为 30 m，实验室内置多台精密仪器。这些精密仪器对场地安装的竖直方向振动要求极高，振动速度限值须保证在 VC-D 量级以内。2005 版 VC 标准（Amick et al.，2005），精密仪器允许振动量的一般规定及适用仪器如表 9.1 所示。VC 标准如图 9.14 所示。

表 9.1　精密仪器允许振动量的一般规定及适用仪器

分级	允许振动量	适用仪器
VC-A	4～8 Hz 加速度不超过 260 μg，8～80 Hz 速度不超过 50 μm/s	放大倍率低于 400 的光学显微镜、精密天平、光学天平等
VC-B	4～8 Hz 加速度不超过 130 μg，8～80 Hz 速度不超过 25 μm/s	线宽 3 μm 的照排设备
VC-C	1～80 Hz 速度不超过 12.5 μm/s	放大倍率低于 1000 的光学显微镜、1 μm 线宽的照排设备、薄膜场效应晶体管扫描设备
VC-D	1～80 Hz 速度不超过 6.25 μm/s	包括电子显微镜(扫描电镜、透射电镜)、E 梁系统在内的众多精密仪器
VC-E	1～80 Hz 速度不超过 3.1 μm/s	较难达到的振动水平，可以满足对振动相当敏感的设备
VC-F	1～80 Hz 速度不超过 1.6 μm/s	难以达到的振动水平，通常用于振动环境非常严格的超净工作间等。F、G 级别仅作评估用，不作标准用
VC-G	1～80 Hz 速度不超过 0.78 μm/s	

9.3.2　类比断面振动源强及地表振动现况测试

为分析相似地层条件及埋深情况下的地铁列车振动源强和地表振动水平，选择在已开通运营的地铁线路选择类比条件较好的测试断面进行现场监测。类比测试断面为区间盾构隧道、普通轨道直线段，现场安装 DTVI₂ 扣件，车速约为 60 km/h。

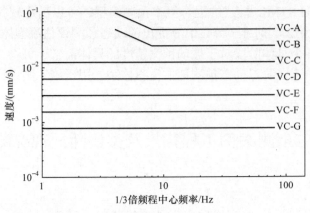

图 9.14　VC 标准(Amick et al.，2005)

如图 9.15 所示，测量物理量为垂向振动加速度。测试仪器参数如表 9.2 所示。隧道壁测点设置于钢轨顶面以上 1.5 m 处的盾构管片上。地表振动加速度测试传感器采用 Lance AS0130 系列振动加速度传感器，量程为 0.12 g，频率范围为 0.5～1000 Hz，分辨率为 0.0005×10⁻³ g。线路正上方有大量的松散回填土，0～10 m 范围内无法有效设置的测点，因此地表振动测点布置在线路一侧 20～50 m 范围，间隔 10 m。

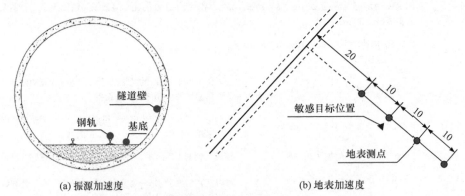

(a) 振源加速度　　　　　　　　　　　(b) 地表加速度

图 9.15　类比测试断面振源及地表振动测点(单位：m)

表 9.2　测试仪器参数

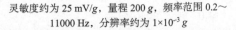

仪器名称	仪器图示	主要参数
INV3062C 型 24 位网络分布式数据采集仪		支持多种输入方式，通道独立 24 位 ΔΣ 方式的 AD 转换器，最高采样频率为 51.2 kHz，动态范围达 110 dB，抗混叠滤波衰减率超过 300 dB/Oct
Lance AS0123T 系列(钢轨)		灵敏度约为 25 mV/g，量程 200 g，频率范围 0.2～11000 Hz，分辨率约为 1×10⁻³ g

续表

仪器名称	仪器图示	主要参数
Lance AS0105 系列（道床）		灵敏度约为 250 mV/g，量程 20 g，频率范围 0.35～6000 Hz，分辨率约为 $0.1×10^{-3}\,g$
Lance AS0156 系列（隧道壁）		灵敏度约为 1500 mV/g，量程 3 g，频率范围：0.1～2000 Hz，分辨率约为 $0.02×10^{-3}\,g$

　　类比断面振源及地表测点典型振动加速度时程与频谱如图 9.16 所示。类比断面地表测点典型振动速度有效值 1/3 倍频程谱如图 9.17 所示。显然，所有测点的振动频域分布特征相似，在 63 Hz 左右具有明显的峰值。此外，随着距离的增加，振动响应逐渐减小。

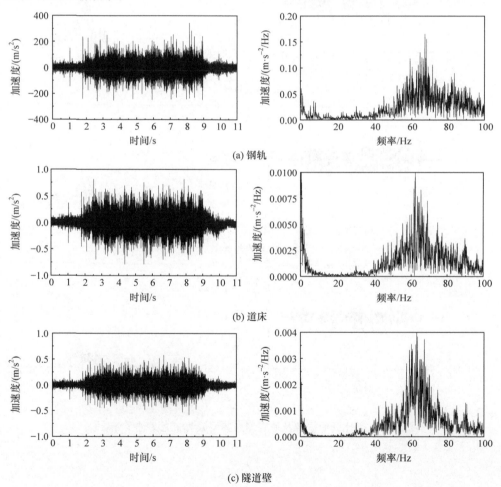

(a) 钢轨

(b) 道床

(c) 隧道壁

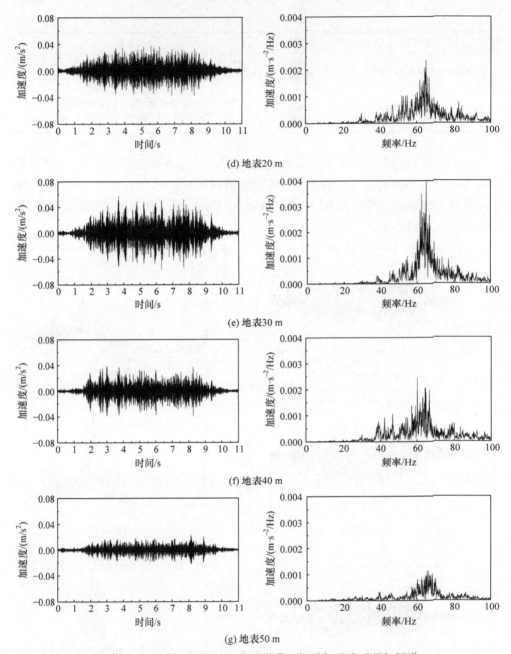

(d) 地表20 m

(e) 地表30 m

(f) 地表40 m

(g) 地表50 m

图 9.16　类比断面振源及地表测点典型振动加速度时程与频谱

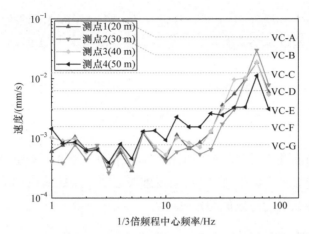

图 9.17　类比断面地表测点典型振动速度有效值 1/3 倍频程谱

　　筛选没有明显地面交通干扰的振动测试样本，并进行统计分析。类比断面地表各测点振动速度有效值统计如图 9.18 所示。类比测试结果显示，在环境振动敏

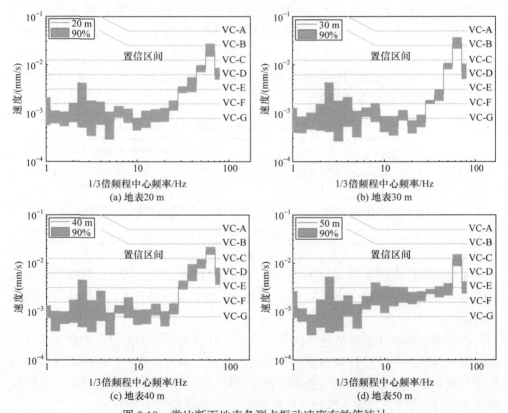

图 9.18　类比断面地表各测点振动速度有效值统计

感点所在的线路中心线外 30 m 处，振动速度在 31.5～80 Hz 频段均超过 VC-F 量级；在 63 Hz 处超过 VC-C 量级，部分测试样本振动水平超过 VC-B 量级。

9.4　考虑实测随机振动源强的地铁列车振动环境影响概率预测

类比测试断面并不具备隧道内激振实测线传递率级的试验条件。因此，参考第 2 类混合预测模型求解混合、随机力密度级 $L_{F,R,Rand}^{HYB}(X, x_T)$，并用于地表随机振动加速度级及振动速度有效值的预测。

9.4.1　数值模型建立与校核

参照设计单位提供的实际地勘数据，计算模型地层参数如表 9.3 所示。隧道埋深为 14.8 m、盾构隧道混凝土管片厚度为 0.3 m、隧道内径为 2.7 m。混凝土衬砌的杨氏模量 $E = 3.5 \times 10^{10}$ Pa、泊松比 $\nu = 0.25$、密度 $\rho = 2500 \text{kg} / \text{m}^3$。隧道仰拱处的混凝土道床及基底回填动弹性模量为 $E = 4.2 \times 10^{10}$ Pa、泊松比 $\nu = 0.3$、密度 $\rho = 2500 \text{kg} / \text{m}^3$。模型尺寸为 80 m × 72 m × 50 m，网格尺寸由振源处近场到远场采用 0.6～0.8 m 的过渡网格。隧道断面与地层分布如图 9.19 所示。图 9.20 所示为有限元-无限元耦合数值模型。

表 9.3　模型地层参数

编号	类型	厚度/m	密度/(kg/m³)	动泊松比	动弹模/MPa	剪切波速/(m/s)	压缩波速/(m/s)	阻尼比
1	粉质黏土	0.9	1750	0.492	112.2	141.1	1098	0.05
2	黏土	34.1	1990	0.474	576	311.8	1462	0.04
3	泥质砂岩	—	2100	0.472	1239.9	458.7	2038	0.03

模型的阻尼取值参考式(5.49)和式(5.50)，阻尼比 $\xi = 0.03$；分析模型关心频段的两个端点值分别取 1 Hz、80 Hz，即 $\omega_i = 6.28$、$\omega_k = 502.4$，求得的瑞利阻尼常数 $\alpha = 0.372$、$\beta = 1.2 \times 10^{-4}$。

由于测试时类比断面所在线路开通仅 6 个月，轨道状态良好，钢轨表面未出现波浪形磨耗；上线运营列车整体车轮状态良好。参考随机钢轨表面粗糙度谱及车轮不圆顺谱，选择随机钢轨表面粗糙度谱的 5%分位数谱耦合随机车轮不圆顺谱的 5%分位数谱作为输入激励。轮轨耦合不平顺谱如图 9.21 所示。

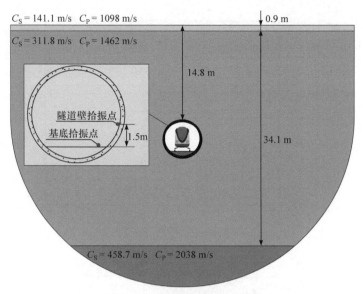

图 9.19　隧道断面与地层分布

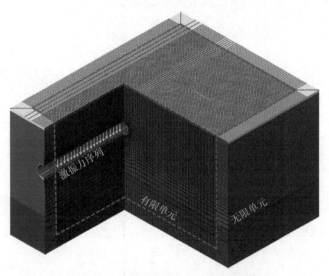

图 9.20　有限元-无限元耦合数值模型

通过车辆-轨道频域解析模型计算获得扣件支点反力，并施加在道床板上。典型扣件支点反力时程及频谱如图 9.22 所示。

如图 9.23 所示，隧道壁测点振动加速度级 4～80 Hz、8～80 Hz 的平均绝对百分比误差分别为 12.0%、6.2%；敏感目标所在地表 30 m 处，4～80 Hz 和 8～80 Hz 的平均绝对百分比误差分别为 12.8 % 和 9.4 %。在典型动态激励控制的振动响应频率范围，模拟计算结果与类比测试样本均值趋势一致、吻合良好。

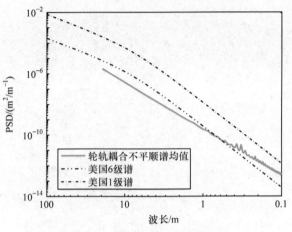

图 9.21　轮轨耦合不平顺谱

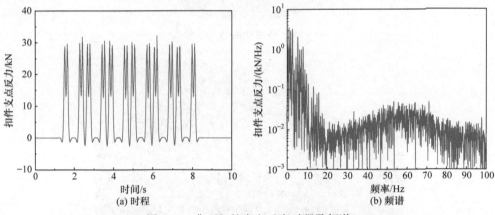

(a) 时程　　　　　　　　　　　　　(b) 频谱

图 9.22　典型扣件支点反力时程及频谱

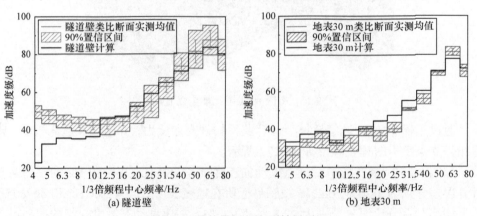

(a) 隧道壁　　　　　　　　　　　　　(b) 地表30 m

图 9.23　数值模拟与实测结果对比

9.4.2　概率预测结果分析

除了通过类比测试获得的隧道壁振动响应，测算参考断面的随机力密度级 $L_{\mathrm{F,R,Rand}}^{\mathrm{HYB}}(\boldsymbol{X}, x_{\mathrm{T}})$ 还需要通过数值法求解线传递率级。

如图 9.4 所示，激励点设置于道床板中心 $(\boldsymbol{X}_{\mathrm{B}})$，等效线振源长度 $L = 120\,\mathrm{m}$，激励间距 $h = 5\,\mathrm{m}$。速度线传递率级及力密度级统计结果如图 9.24 所示。

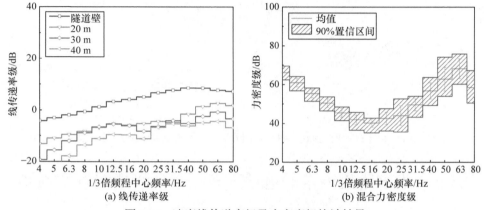

图 9.24　速度线传递率级及力密度级统计结果

如图 9.25 所示，8～80 Hz 预测结果与类比测试结果趋势基本一致。这是由于地表测试的统计分析数据样本仅为经过筛选的不包含地表其他交通振源干扰的少量有效测试样本。筛选后的样本数量远低于振源测试样本数，具有较强的偶然性。

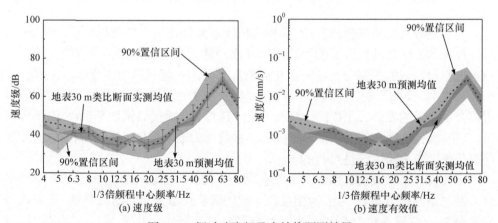

图 9.25　振动速度级及有效值预测结果

如图 9.26(a) 所示，在 50～80 Hz 频段的振动已经明显超过 VC-D 限值，因此无法满足设备安装需求。如图 9.26(b) 所示，在 16 Hz 以上频段，预测振动响应逐渐超过各条标准限值，且超限概率逐渐增大；超过 31.5 Hz 后，VC-G 的超限概率已经达到 100 %，且在 63 Hz，即使是 VC-A 的振动超限概率也达到 20% 左右。

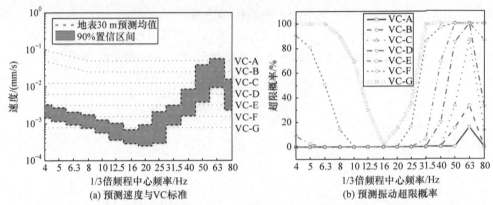

图 9.26　预测速度有效值与敏感目标处不同 VC 标准限值曲线的预测振动超限概率

9.5　考虑多随机因素的地铁列车振动环境影响概率预测

线路开通运营后，不同列车间的载重 M_c、一系悬挂刚度 k_w、一系悬挂阻尼 c_w、二系悬挂刚度 k_t、二系悬挂阻尼 c_t 均可视为满足某种分布特征的随机变量。同时，随着轮、轨磨耗的持续发展、维修更新，作为主要的动态激励源，钢轨表面粗糙度及车轮不圆顺也是明显的随机变量。因此，环境振动响应呈现明显的随机性。

为预测分析线路开通运行后，多种随机因素共同作用下的随机环境振动响应，最为理想的方法是选择合适的类比测试断面并建立长期监测点，获得完整轮、轨养护维修周期内的振源分布特征，从而测算真实的、随机的力密度级。然而，由于测试技术、预测周期、预测成本等因素制约，该方法实现难度较大。随着车辆-轨道耦合动力学的发展，计算机计算能力的迅速提升，通过高精度车辆-轨道耦合模型，以随机轮轨耦合不平顺谱、随机列车参数作为输入条件，采用解析/数值方法计算获得随机力密度级是可行的。

将关键列车参数(载重 M_c、一系悬挂刚度 k_w、一系悬挂阻尼 c_w、二系悬挂刚度 k_t 及二系悬挂阻尼 c_t)考虑为相互独立且均服从正态分布的随机变量。各参数均值见表 2.1，变异系数为 0.05。假设规划线路开通运营后，随着累计运营时间的增长，案例特殊敏感点所在断面的轨道不平顺随机性满足式 (8.10) 给出的分布特征，运营列车的车轮不圆顺随机性满足式 (8.12) 给出的分布特征；采用蒙特卡罗法随机抽取轨道不平顺谱及车轮不圆顺谱计算样本，并按式 (7.46) 进行耦合，输入频域车辆-轨道耦合解析模型。具体分析列车为典型地铁 6 节编组的 B 型车，计算车速为 60 km/h。通过 5000 次随机模拟，获得的力密度级及地表振动速度有效值预测统计结果如图 9.27 所示。

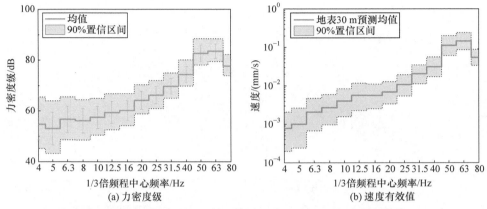

图 9.27　力密度级及地表振动速度有效值预测统计结果

对比图 9.27（b）和图 9.25（b），在 8～80 Hz 全频段内，预测结果的均值远高于类比测试的振动水平。

在传统的预测程序中，若类比测试断面与预测断面间具有良好的可比性，则可将类比测试结果视为预测断面的经验预测值。由于类比测试的持续时间较短，因此预测结果仅能反映特定轨道状态及某些随机列车状态。针对案例特殊敏感点，类比测试断面虽然具备良好的类比条件，如相似的地层条件、隧道形式及埋深、车型及车速、轨道形式等，但是由于开展类比测试时线路开通运营时间较短，轨道及列车均处于比较理想的状态，诱发的振动响应仍处于较低水平。显然，此时类比测试结果无法被客观反映，随着累计运营里程的增加，轮轨运行磨耗持续发展、维修更新引起的列车运行随机振动源强的变化特征。

图 9.27（b）给出的预测结果是以第 8 章的研究成果为基础，综合考虑线路开通运营后随机车辆参数、随机轨道不平顺状态、随机车轮不圆顺状态引起的随机地表振动响应。因此，该预测响应远高于类比测试的振动水平（图 9.25（b））。

多随机因素联合作用下，预测速度有效值与敏感目标处不同 VC 标准限值曲线的预测振动超限概率如图 9.28 所示。

如图 9.28（b）所示，随着频率的变大，不同 VC 曲线的超限概率逐渐增大；8 Hz 以上的振动速度基本 100 % 超过 VC-G 的限值要求；在车轮典型多边形对应的 50 Hz 及反映簧下质量-钢轨-DTVI$_2$ 扣件系统自振特性的 63 Hz 处，即使 VC-A 的振动超限概率也接近 100 %。对比图 9.26 中以类比测试随机源强为基础给出的预测结果，在考虑轮轨运行磨耗持续发展引起的随机轮轨不平顺状态后，10 Hz 以上频段的预测振动响应及超限概率明显增大。因此，有必要在振动预测过程中充分考虑车轮不圆顺及轨道不平顺的发展变化特征。同时，参考大量的现场测试及理论分析结果，合理优化运营线路及列车的养护维修在环境振动控制方面具有一定的工程指导意义。

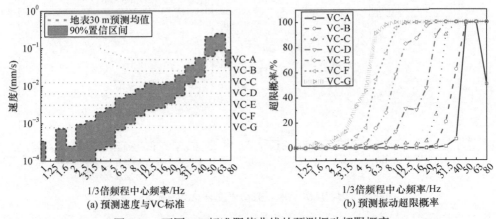

图 9.28　不同 VC 标准限值曲线的预测振动超限概率

　　值得注意的是，本节的预测分析内容只是一种探索性的预测思路。拟建线路开通运营后，本章案例特殊敏感点所在区间的轨道不平顺状态及列车的车轮不圆顺状态未必符合第 8 章给出的随机分布特征。因此，在实际预测过程中，需要充分考虑设计轨道型式及列车动力特性，选择适合实际工程背景的随机激励源。

第 10 章　地层参数不确定性对振动预测的影响

环境振动预测及评估中关键的一步是确定场地土的动力特性，并考虑其对振动传播的影响，而土层参数的准确与否对振动预测和评估结果影响非常大（林署炯等，2016；曹艳梅等，2009）。Schevenels（2007）的研究表明，对地面振动预测影响最大的土体参数是剪切模量和材料阻尼比。张闵（2016）通过表面波频谱分析法（spectral analysis of surface wave，SASW）得到表面波的试验频散曲线，利用遗传算法对场地土的剪切模量参数进行反演。Taipodia 等（2019；2018a；2018b）为了获得高分辨率频散图像，分析了多通道面波分析（multichannel analysis of surface waves，MASW）技术对频散图像产生影响的因素，并进行土层剪切波波速的反演。Foti 等（2010）介绍了有源和无源两种类型的多种表面波分析技术，分别应用蒙特卡罗法、遗传算法和邻域算法进行剪切波波速的反演。

由于不可避免的试验误差、土壤空间的变异性、频散曲线对土壤小空间尺度参数变化不敏感等诸多因素的影响，通过场地土表面波的频散曲线反演出的土体剪切模量应该是非唯一的，地基土参数在一定深度范围内应该是随机分布的。夏江海等（2015）利用多通道面波分析估算了近地表剪切波速度和质量因子，发现土体随深度变化的随机性，MASW 反演结果与直接钻孔测量结果的差异约为 15% 或更小。Strobbia 等（2006）分别从频散曲线的建模误差和数据反演不确定性 2 个方面，验证频散曲线的误差性和剪切波速度在较深剖面处会显示较高的不确定性。Karl 等（2006）采用地震锥穿透原位测试，研究剪切波速随深度而变化的特点，发现土参数存在较大的离散性。对于非确定性土参数多解的问题，Thomas（2013）研究通过后验概率密度函数进行采样来实现概率性反演问题的方法。肖张波（2013）在贝叶斯理论下，基于马尔可夫链的扰动，利用地震数据约束得到地球储层物理参数的后验概率模型。Schevenels 等（2008）使用非高斯随机过程模拟剪切模量随深度的变化，通过 SASW 测试获得频散曲线，进而反演地基土参数的后验概率模型，研究不确定性土参数对地面振动预测的影响。

Auersch（2010）通过理论分析和试验研究证明了场地振动时，波动幅值随距离的衰减指数主要受材料阻尼和几何阻尼的影响。土体的材料阻尼是由土骨架中固体颗粒之间的摩擦，以及固态骨架与孔隙流体之间的相对运动产生的，体现为波动能量的耗散，而几何阻尼体现为波动的扩散，因此材料阻尼比的大小对振动能量的传播与衰减起着至关重要的作用（Badsar et al.，2010；Karl et al.，2006）。

　　目前，材料阻尼比主要通过测试场地中表面波的空间衰减特性反演得到
(Badsar et al., 2010)。在反演过程中，场地土常模拟为各向同性均质分层弹性
半空间(王薇, 2016)。Lai 等(2002; 1998)开发了一种基于相位和幅值的回归技
术，同时确定土壤的剪切模量和材料阻尼比。该方法通过几何衰减因子的迭代
更新计算几何阻尼，再由衰减系数反演材料阻尼比分布。Rix 通过解耦剪切波
波速和材料阻尼比的方法简化反演地基土动参数的技术，但是仍然需要计算几
何衰减因子，后来采用类似 Lai 开发的技术获得衰减曲线，以及地基土材料阻
尼比分布(Rix et al., 2000)。Badsar 等(2010)基于半功率带宽法提出一种确定
材料阻尼比的新方法，不需要计算几何衰减因子，直接将半功率带宽法应用于
土壤响应的波数域，可以有效地避开不确定性剪切模量分布对几何衰减因子计
算准确性的影响。

　　然而，由于衰减曲线对小空间尺度和较大深度土壤性质的变化不敏感，以及
试验条件的限制和试验误差等不确定性因素，地基土的动参数在一定范围内是随
机分布的。如果采用确定的地基土参数对振动进行预测会出现一定的偏差。
Schevenels 等(2008)研究了地基土动参数的不确定性对地面振动预测的影响，通
过贝叶斯理论与试验频散曲线构造似然函数，引入马尔可夫链得到后验地基土剪
切模量概率分布模型。肖张波(2013)结合地质统计学和地球物理反演理论，在贝
叶斯理论下基于马尔可夫链的扰动对先验空间随机搜索，利用地震数据约束得到
地球储层物理参数的后验概率模型。

10.1　贝叶斯理论

　　贝叶斯理论是在信息不完全的情况下对部分未知的状态进行主观概率估计
(即先验概率)，然后使用贝叶斯公式用发生的概率对主观概率估计进行修正得到
后验概率。贝叶斯计算公式为

$$\kappa(\xi|E)=\frac{p(\xi)L(E\,|\,\xi)}{\int p(\xi)L(E\,|\,\xi)\mathrm{d}\xi}\propto p(\xi)L(E\,|\,\xi) \tag{10.1}$$

其中，$p(\xi)$ 为不受试验数据约束的先验概率分布模型；$L(E\,|\,\xi)$ 为似然函数，根
据在土体模型参数与试验数据的匹配度构建；$\kappa(\xi\,|\,E)$ 为受试验数据约束的后验
概率分布模型。

　　本章通过土体动参数后验概率分布模型描述场地土动参数随机分布的特性，
但是后验概率模型无法直接获得，而先验概率分布模型根据场地土参数资料和主
观分析即可建立，因此首先建立先验概率分布模型，进而利用贝叶斯理论转化为
后验概率分布模型。

由于似然函数 $L(E|\xi)$ 是一个与试验数据匹配的函数，直接通过式 (10.1) 计算不出后验概率分布模型，因此采用蒙特卡罗-马尔可夫链算法（刘纲等，2016）计算符合似然函数 $L(E|\xi)$ 的土体剖面。蒙特卡罗-马尔可夫链是一种非线性的随机算法，贝叶斯理论结合蒙特卡罗-马尔可夫链求解后验概率分布模型的基本流程如图 10.1 所示。

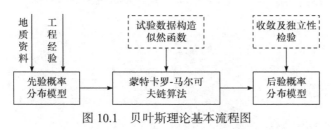

图 10.1　贝叶斯理论基本流程图

10.2　地基土层剪切模量的概率分布模型

10.2.1　MASW 现场测试提取频散曲线

MASW 技术是用来确定场地土表面波相速度的一种有效方法。通过 MASW 的试验数据获得地基土动力响应的传递函数 $H(x,\omega)$ ，进而计算频率-波数谱 $\widetilde{H}(k,\omega)$ ，通过基阶波峰确定频散曲线（蒋伟等，2019）。相比较于 2 个测点的 SASW，MASW 可以获得更高质量的频散图像。

MASW 试验中传感器的间距、个数、源偏移距离、采样频率、荷载大小、锤击的垫片对试验频散图像质量都有较大影响。为获得高质量的频散图像，上述参数均取最佳组合，通过 24 个等距为 1 m 的 941 B 竖向加速度传感器在地面上沿直线布置，第 1 个接收器源偏移距离为 2.5 m，试验采样频率分别为 5120 Hz 和 10.24 kHz，锤击的垫片采用 20 cm × 20 cm × 10 cm 的混凝土块，振源采用 10 kg 冲击锤。空旷自由场地 MASW 试验现场如图 10.2 所示。

为控制后期数据处理时傅里叶变换的精度，试验采样时长取 1 s。为排除采样时间过长造成的噪声掺假，对有效时域信号外的采样点进行静音减噪预处理，以获得高分辨率的频散图像。时域信号静音预处理后的通道记录如图 10.3 所示（为方便显示，数据进行了归一化）。

场地土表面竖向振动位移响应的传递函数 $H(x,\omega)$ 定义为

$$H(x,\omega) = \frac{u(x,\omega)}{F(\omega)} \tag{10.2}$$

$$u(x,\omega) = \frac{-a(x,\omega)}{\omega^2} \tag{10.3}$$

图 10.2　空旷自由场地 MASW 试验现场

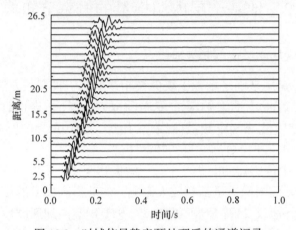

图 10.3　时域信号静音预处理后的通道记录

其中，x 为传感器接收点距振源的径向距离；ω 为振动频率；$u(x, \omega)$ 和 $a(x, \omega)$ 分别为频域内的位移和加速度；$F(\omega)$ 为振源激励力在频域内的幅值。

对式(10.2)进行傅里叶变换可以计算得到该场地土振动传递函数的频率-波数谱 $\widetilde{H}(k, \omega)$，即

$$\widetilde{H}(k,\omega) = \frac{1}{2}\int_0^{x_{\max}} H(x,\omega)H_0^{(1)}(kx)x\mathrm{d}x \tag{10.4}$$

其中，k 为径向波数；$H_0^{(1)}(kx)$ 为第 3 类零阶贝塞尔函数。

由于波数 $k = \omega / v$、$k = 2\pi / \lambda$，v 为相速度，λ 为波长，因此对式(10.4)进行变量代换可以得到地基土的相速度谱 $V(v, \omega)$ 和频率-波长谱 $\psi(\lambda, \omega)$，即

$$V(v,\omega) = \frac{1}{2}\int_0^{x_{\max}} H(x,\omega)H_0^{(1)}(x\omega/v)x\mathrm{d}x \tag{10.5}$$

$$\psi(\lambda,\omega) = \frac{1}{2}\int_0^{x_{\max}} H(x,\omega)H_0^{(1)}(2\pi x/\lambda)x\mathrm{d}x \tag{10.6}$$

考虑可视化,将相速度谱 $V(v,\omega)$ 及频率-波长谱 $\psi(\lambda,\omega)$ 进行归一化处理(用下标 norm 表示),即

$$\widetilde{V}_{\mathrm{norm}}(v,\omega) = \frac{V(v,\omega)}{\max\limits_{v}\left|V(v,\omega)\right|} \tag{10.7}$$

$$\widetilde{\psi}_{\mathrm{norm}}(\lambda,\omega) = \frac{\psi(\lambda,\omega)}{\max\limits_{\lambda}\left|\psi(\lambda,\omega)\right|} \tag{10.8}$$

通过试验数据计算得到的相速度谱 $\widetilde{V}_{\mathrm{norm}}(v,\omega)$ 及频率-波长谱 $\widetilde{\psi}_{\mathrm{norm}}(\lambda,\omega)$ 如图 10.4 和图 10.5 所示。相速度谱中最大值波峰对应的曲线即该分层场地土的 M_0 基阶频散曲线。

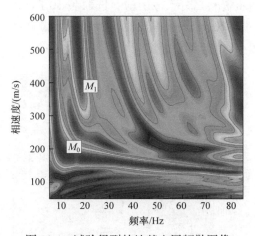

图 10.4　试验得到的地基土层频散图像

从图 10.4 可以看出,MASW 测试获取的频散图像质量较高,最大值波峰比较清晰,分辨率高,因此可以选出比较精确的基阶 M_0 频散曲线。然而,由于低频段的表面波波长较长,在 10 Hz 以下相速度过大,此时无法准确可靠地估计频散曲线。由于试验测点间距为 1 m,可以测量的最小波长 $\lambda \approx 2$ m,因此使高于 80 Hz 的振动波波长 $\lambda < 2$ m(图 10.5),此时容易引起波动的空间混叠,导致高频段的相速度不可靠。因此,从该试验得到的频散图像中,10~80 Hz 为有效频率段。由于表面波能量主要集中在最大波长的 2/3 深度范围内,根据图 10.5 中的波长图可以看出,有效频率段内的最大波长 $\lambda = 15$ m。为了合理模拟土参数的随机

分布，将反演土层的深度取为 15 m（自地面以下）。

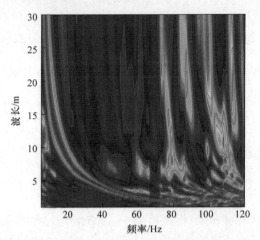

图 10.5　试验得到的地基土层频率-波长谱图像

根据该场地的地质资料（张闵，2016），选取表 10.1 所示的地基土参数，利用 TLM-PML 理论（王薇，2016）计算基阶振型的理论频散曲线，并与试验数据进行对比。试验频散图像与理论频散曲线如图 10.6 所示。

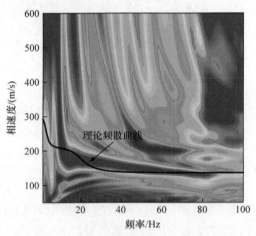

图 10.6　试验频散图像与理论频散曲线

表 10.1　场地土层地质资料参数

土层名称	厚度/m	密度/(kg/m³)	泊松比	剪切模量/MPa	阻尼比
杂填土	3	1 650	0.35	35	0.05
砂土	30	2 010	0.33	157	0.04
黏土	∞	2 050	0.29	227	0.04

从图 10.6 可以看出，理论频散曲线没有较好地与试验频散图像的波峰吻合，这主要是由于理论计算中土层模型采用表 10.1 所示的 3 层确定性土参数来模拟。实际上，浅层土参数具有一定的随机特性，取确定性的土参数进行计算会导致高频段范围内的相速度基本不变，而试验中表面波相速度在较高频段是不断减小的。理论计算时，将地基土分为 3 层，各层之间的土参数突变太大会导致低频相速度不能与试验结果较好吻合，因此考虑地基土在小尺度空间范围内的参数变化尤为重要。

10.2.2　剪切模量先验概率分布模型

由于土的剪切模量对场地表面振动传播影响较大，为探究随机土参数对地面振动的影响，仅以剪切模量的随机性为例，探讨随机土参数的反演方法及其对振动传播的影响，其他土参数均按照表 10.1 取值。忽略土体参数在水平方向上的空间变异性，仅对土体剪切模量随深度变化的不确定性进行研究。由于 MASW 测试所得的最大有效波长为 15 m，因此仅将 15 m 深度范围内的土体剪切模量采用非高斯随机过程 $X(h,\theta)$ 模拟（高山等，2019），其中 θ 为随机维度中的坐标，h 为表征地基土深度的竖向坐标。结合表 10.1，我们将 15 m 的深度划分为 60 个均匀薄层（每个薄层的厚度 $l_c = 0.25$ m），15～30 m 为下一层土，30 m 以下采用半空间对土体进行建模。

基于随机过程模拟理论（李锦华等，2011），非高斯随机过程 $X(h,\theta)$ 可以离散为概率密度函数 $p_X(\theta)$ 和协方差函数 $C_X(\Delta h)$，其中 Δh 为深度方向土体各薄层之间的垂向距离。由于严格的先验地基土概率模型会引起后验地基土概率模型的偏差，并且较广的先验概率模型能包含更多可能的土层剖面，因此根据表 10.1 所示的土参数资料，将剪切模量先验概率分布的概率密度函数 $p_X(\theta)$ 在 0～15 m 采用 10～180 MPa 的均匀分布。协方差函数 $C_X(\Delta h)$ 与 2 个取样点的距离有关，能较好地模拟土层参数随深度的变化，在地质空间统计中有广泛应用，这里采用马特恩协方差函数来表示（Minasny et al.，2005），即

$$C_X(\Delta h) = \sigma^2 \frac{1}{2^{q-1}\Gamma(q)}\left(\frac{\sqrt{2q}\Delta h}{l_c}\right)^q K_X\left(\frac{\sqrt{2q}\Delta h}{l_c}\right) \tag{10.9}$$

其中，K_X 为第 2 类修正贝塞尔函数；Γ 为伽马函数；l_c 和 q 为确定随机过程 $X(h,\theta)$ 的变化范围和平滑度的严格正参数，这里取 $l_c = 0.25$ m 和 $q = 1$；σ 为函数 $p_X(\theta)$ 的均方差。

由式（10.9）计算出的非高斯随机过程协方差函数如图 10.7 所示。

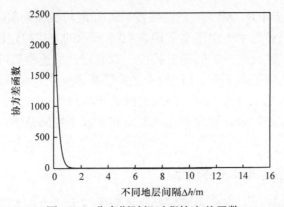

图 10.7　非高斯随机过程协方差函数

如果对非高斯随机过程的协方差矩阵直接进行 Karhunen-Loeve 分解，则其分解的随机变量 $\xi_k(\theta)$ 为互不相关的非高斯随机变量，概率分布较难确定且不便于程序实现。因此，首先将非高斯随机过程通过 Nataf 变换理论（Qing，2014）经过 Gauss- Hermite 多项式转换为标准高斯随机过程 $\eta(h,\theta)$，得到相关函数 $R_\eta(\Delta h)$。标准高斯过程的相关函数如图 10.8 所示。

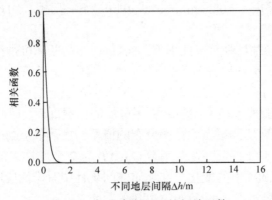

图 10.8　标准高斯过程的相关函数

根据 Karhunen-Loeve 分解理论（陈绵书等，2016），标准高斯概率分布可以表示为具有随机系数的确定性函数的乘积和形式，即

$$\boldsymbol{\eta}(h,\theta) = \sum_{k=1}^{\infty} \sqrt{\lambda_k}\, \boldsymbol{f}_k(h)\xi_k(\theta) \tag{10.10}$$

其中，$\xi_k(\theta)$ 为标准高斯随机变量；λ_k 和 $\boldsymbol{f}_k(h)$ 为相关矩阵 R_η 分解的第 k 阶特征值和特征向量。

相关矩阵 R_η 分解的前 5 阶特征向量如图 10.9 所示。

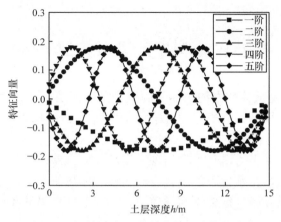

图 10.9   相关矩阵 R_η 分解的前 5 阶特征向量

随着阶数 k 的增高，相应的能量分布会不断降低。为了降低先验模型转为后验模型过程中的计算量，先验模型取截断阶数 $M = 20$。这些多元随机变量 $\xi_k(\theta)$ 的概率密度函数可表示为

$$p_\xi(\xi) = \prod_{i=1}^{M} \frac{1}{\sqrt{2\pi}} \exp\left(-\frac{\xi_i^{\,2}}{2}\right) \tag{10.11}$$

通过仿真软件随机生成 M 个服从标准高斯分布的随机数 θ_i，经过式(10.10)和等概率转换原则逆变换可以获得地基土先验概率分布模型。剪切模量的先验概率分布模型如图 10.10 所示。

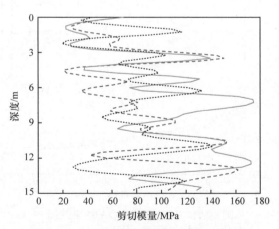

图 10.10   剪切模量的先验概率分布模型

10.2.3   构建似然函数

根据贝叶斯理论(蒋伟等，2019；王佐仁等，2012)，剪切模量后验概率分布

模型可以表示为

$$\pi(E\,|\,\xi)=\frac{p(\xi)L(E\,|\,\xi)}{\int p(\xi)L(E\,|\,\xi)\mathrm{d}\xi} \propto p(\xi)L(E\,|\,\xi) \tag{10.12}$$

其中，$\pi(E\,|\,\xi)$ 为受试验数据约束的后验概率分布模型；$p(\xi)$ 为不受试验数据约束的先验概率分布模型；$L(E\,|\,\xi)$ 为似然函数,它根据土体模型参数与试验数据的匹配度生成。

由于试验过程中不可避免地会出现一定的试验误差，如传感器的摆放位置、角度倾斜等，同时数据预处理的误差也会对试验频散图像的波峰产生影响，因此我们根据不同采样频率、截取不同通道数、不同偏移距离的多种工况确定合理的似然函数。

选取试验数据时，分别以 5120 Hz 和 10.24 kHz 这两种采样频率下，测点偏移距离为 2.5 m 处的第 1~20、1~21、1~22、1~23、1~24 通道的数据进行 f-v 变换，获得 10 组频散曲线；除去第 1 个测点数据，即偏移距离为 3.5 m 的 2~20、2~21、2~22、2~23、2~24 通道的数据，获得另 10 组基阶频散曲线，以多个不同工况的相速度值作为试验频散相速度的可能值。试验频散曲线的约束范围如图 10.11 所示。用相速度范围值的上下界作为约束反演地基土剪切模量的概率分布。

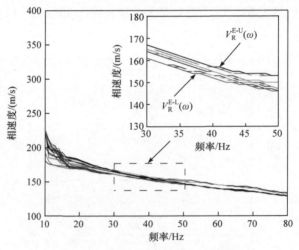

图 10.11　试验频散曲线的约束范围

基于先验模型中每个土壤剖面样本基阶振型的理论频散曲线与试验频散曲线上下界的相关性，构建似然函数 $L(E\,|\,\xi)$，即

$$L(E \mid \xi) = \begin{cases} 1, & V_R^{E\text{-}L}(\omega) \leqslant V_R^T(\omega) \leqslant V_R^{E\text{-}U}(\omega) \\ 0, & V_R^T(\omega) < V_R^{E\text{-}L}(\omega) \text{或} V_R^T(\omega) > V_R^{E\text{-}U}(\omega) \end{cases} \tag{10.13}$$

其中，"1"为满足似然函数，接受该状态；"0"为不满足似然函数，拒绝该状态；$V_R^T(\omega)$ 为理论频散曲线；$V_R^{E\text{-}U}(\omega)$ 和 $V_R^{E\text{-}L}(\omega)$ 分别为试验频散曲线的上下界（图 10.11）。

10.2.4　剪切模量后验概率分布模型

由于似然函数 $L(E \mid \xi)$ 是一个与试验数据匹配的函数，式(10.12)不能直接用于计算后验概率分布模型，联合应用 MCMC-MH 算法（肖张波，2013；Thomas，2013；Schevenels et al.，2008）获得符合后验概率 $\pi(E \mid \xi)$ 的土体剖面。根据 MCMC 法的原理，首先以遗传算法（张闵，2016）反演一组理论相速度满足似然函数的剪切模量，并对其进行 Nataf 变换，变为马尔可夫链的初始状态 ξ^1，其次通过概率转移函数 $q(\xi^{j+1} \mid \xi^j)$ 产生新的状态 ξ^{j+1}，其中随后生成均匀分布随机变量 $U \sim$ Uniform[0,1]。若满足式(10.15)的条件，则接受转移状态 ξ^{j+1}，否则拒绝转移状态。定义转移函数 $q(\xi^{j+1} \mid \xi^j)$ 为

$$q(\xi^{j+1} \mid \xi^j) = \prod_{i=1}^{M} \frac{1}{\sqrt{2\pi}\sigma} \exp\left(-\frac{(\xi_i^{j+1} - \xi_i^j)^2}{2\sigma^2}\right) \tag{10.14}$$

$$U < \min\left\{\frac{\pi(\xi^{j+1})q(\xi^j \mid \xi^{j+1})}{\pi(\xi^j)q(\xi^{j+1} \mid \xi^j)}, 1\right\} \tag{10.15}$$

其中，σ 为均方差，用来确定马尔可夫链的步长，σ 越大，马尔可夫链的扰动越大，收敛越快，但是状态转移中候选状态的接受率会越低，这里取 $\sigma = 0.1$。

式(10.15)中由于 $\pi(\xi)$ 无明确的概率计算公式，因此在计算时分 2 个阶段来判断是否接受候选状态 ξ^{j+1}。首先，使用先验概率 $p(\xi)$ 考虑扰动后的新状态 ξ^{j+1} 是否通过第一阶段，定义

$$\alpha_1 = \min\left\{\frac{p(\xi^{j+1})q(\xi^j \mid \xi^{j+1})}{p(\xi^j)q(\xi^{j+1} \mid \xi^j)}, 1\right\} \tag{10.16}$$

若第 1 阶段满足 $U < \alpha_1$，再进行第 2 阶段，使用似然函数 $L(E \mid \xi)$ 考虑是否接受扰动后的新状态 ξ^{j+1}，此时定义

$$\alpha_2 = \min\left\{\frac{L(E \mid \xi^{j+1})}{L(E \mid \xi^j)}, 1\right\} \tag{10.17}$$

在两阶段过程中，第 1 阶段通过控制马尔可夫链的扰动达到平稳收敛，第 2 阶段 $\alpha_2 = 0$ 或 1 进行试验数据的约束，得到后验概率分布模型。将以上 MCMC-MH 算法编程实现，由此计算的后验剪切模量分布均满足似然函数。20 组后验剪切模量对应的频散曲线如图 10.12 所示。

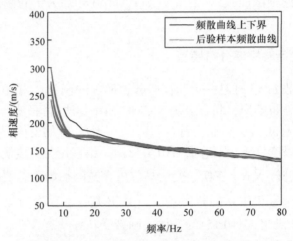

图 10.12　20 组后验剪切模量对应的频散曲线

为了对后验概率模型进行验证，下面从均值和均方差推演后验概率分布模型的马尔可夫链是否收敛，即

$$m_\xi(n) = \frac{1}{n} \sum_{i=1}^{n} \xi_i \tag{10.18}$$

$$\sigma_\xi = \sqrt{\frac{1}{n} \sum_{i=1}^{n} \xi_i^2 - m_\xi^2(n)} \tag{10.19}$$

其中，n 为状态 ξ_i 的组数，每组 ξ_i 包含 M 个相关的变量。

基于 MCMC-MH 算法，根据式 (10.18) 和式 (10.19) 计算马尔可夫链所有状态的均值 m_ξ 和均方差 σ_ξ（图 10.13 和图 10.14）。可以看出，随着样本组数 n 的增多，均值 m_ξ 和均方差 σ_ξ 逐渐趋于平稳。

平稳随机过程的马尔可夫链可通过相关系数 ρ_ξ 描述样本之间的相关性，相关系数 $\rho_\xi = 0$ 的样本是相互独立的后验样本。相关系数和相关函数的定义为

$$\rho_\xi(\tau) = (R_\xi(\tau) - m_\xi^2) / \sigma_\xi^2 \tag{10.20}$$

$$R_\xi(\tau) = E(\xi_i \xi_{i+\tau}) = \frac{1}{N-\tau} \sum_{i=1}^{N-\tau} (\xi_i \xi_{i+\tau}) \tag{10.21}$$

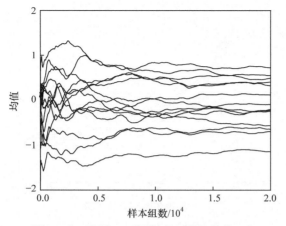

图 10.13　变量 ξ_i 不同样本组数的均值 m_ξ

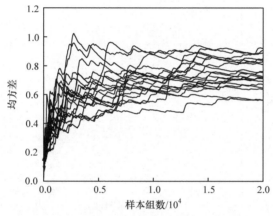

图 10.14　变量 ξ_i 不同样本组数的均方差 σ_ξ

其中，τ 为马尔可夫链上 2 组样本的间隔步数；R_ξ 为 2 组样本的相关函数；N 为样本总组数。

如图 10.15 所示，算例中样本间隔步数大约在 1000 步时相关系数接近 0，此时即可认为样本之间相互独立。取马尔可夫链间隔步数大于 1000 步的样本为相互独立的后验样本，可以得到相互独立的后验剪切模量概率分布。10 组后验剪切模量样本数据如图 10.16 所示。

可以看出，获得的后验剪切模量在空间深度上具有明显的变化。这对后续的地基土振动传播特性研究具有较大意义。另外，后验剪切模量在地表面附近 3 m 深度内的随机变化较小，而在深度较大的空间变化范围较大，因此较大深度土层参数的变化对频散曲线影响小，敏感度低。随着深度的增加，频散曲线对土参数的反演分辨率越来越差。

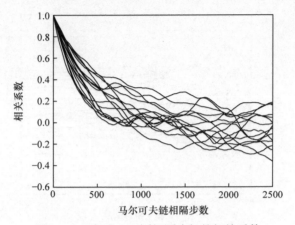

图 10.15　变量 ξ_i 不同间隔步长的相关系数

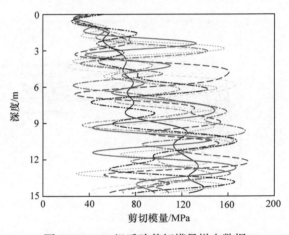

图 10.16　10 组后验剪切模量样本数据

10.3　地基土层材料阻尼比的概率分布模型

10.3.1　阻尼比先验概率分布模型

基于 MASW 现场测试及半功率带宽法(Badsar et al.，2010)，可知场地土振动传递函数的波数-频率谱可表示为

$$\tilde{H}_z^E(k_r,\omega)=\frac{1}{2}\int_0^{r_{\max}}\hat{H}_z^E(r,\omega)H_0^{(1)}(k_r r)r\mathrm{d}r \tag{10.22}$$

$$A_R^E(\omega)=\frac{\Delta k_r(\omega)}{2\sqrt{\gamma^{-2}-1}} \tag{10.23}$$

其中，k_r 为径向波数；$H_0^{(1)}$ 为第 3 类零阶贝塞尔函数；$A_R^E(\omega)$ 为表面波的衰减系数；$\Delta k_r(\omega)$ 为频率-波数谱 $\tilde{H}_z^E(k_r,\omega)$ 的峰值宽度，即每个峰值对应波数的 γ 倍，γ 取 0.99。

由于频率-波数谱积分在最大测点距离 $r_{\max}$ 处被截断，因此通过式 (10.23) 得到的试验衰减系数 $A_R^E(\omega)$ 还需再减去人工衰减系数 $A_{art}(\omega)$ 才能获得衰减系数的真值 (Badsar et al., 2010)。土表面波空间衰减曲线和反演的地基土材料阻尼比分布如图 10.17 和图 10.18 所示。

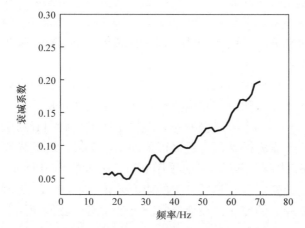

图 10.17　某场地土表面波空间衰减曲线 (Badsar et al., 2010)

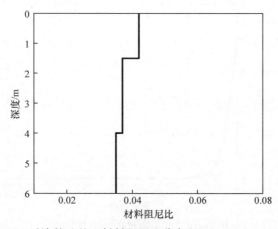

图 10.18　反演的地基土材料阻尼比分布 (Badsar et al., 2010)

如图 10.18 所示，土层材料阻尼比在不同深度具有随机分布的特性，通过地震锥穿透原位测试也显示出材料阻尼比随深度而变化的特点 (Karl et al., 2006)。忽略土体参数在水平方向上的空间变异性，仅对土体材料阻尼比随深度变化的不确定性进行研究。由于表面波的振动能量主要集中在地表，因此取地表以下 6 m 的深度范围考虑材料阻尼比分布的随机性，而 6 m 以下半空间土体的阻尼比参数与 6 m 深度处的取值相同。计算时，假定除阻尼比以外的其他土参数均已确定，土体密度在整个地层中均为 1800 kg/m³，泊松比 ν 为 1/3；剪切波波速 C_s 从地表至 1.5 m 深度地层为 128 m/s，1.5～4m 深度为 175 m/s，4～6m，以及半空间范围内为 355 m/s。

由于阻尼比随深度具有一定的分散性，并且所有土层材料的阻尼比参数不能均用简单的一个随机变量来表示，为了更加合理地模拟土参数分布，采用非高斯随机过程 $X(h,\theta)$ 来模拟（高山等，2019），其中 θ 是随机维度中的坐标，h 是表征地基土深度的竖向坐标。采用 24 个均匀薄层+底部半空间对土体进行建模，每一薄层的厚度取为 $l_c = 0.25$ m。

基于随机过程模拟理论（李锦华等，2011），非高斯随机过程 $X(h,\theta)$ 可以离散化为概率密度函数 $p_X(\theta)$ 和协方差函数 $C_X(h)$。由图 10.18 可以看出，阻尼比的取值范围在 0.03～0.05。由于严格的先验随机土体模型会引起后验土体模型的偏差，并且较广的先验概率模型包含更多可能的土层剖面，因此先验概率分布模型的概率密度函数 $p_X(\theta)$ 在深度 0～6m 采用 0.01～0.08 的均匀分布，以便更好地模拟土层参数随深度的变化。非高斯过程的协方差函数如图 10.19 所示。它能较好地模拟土层参数随深度的变化，在地质空间统计中有广泛的应用。

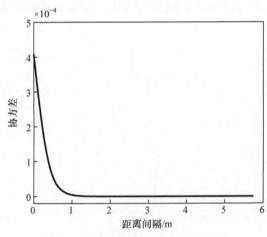

图 10.19　非高斯过程的协方差函数

协方差函数 $C_X(h)$ 可以采用平稳的马特恩协方差函数来表示（Minasny，2005），即

$$C_X(h)=\sigma^2 \frac{1}{2^{\nu-1}\Gamma(\nu)}\left(\frac{\sqrt{2\nu h}}{l_c}\right)^{\nu}\cdot K_X\left(\frac{\sqrt{2\nu h}}{l_c}\right) \tag{10.24}$$

其中，K_X 为第 2 类修正贝塞尔函数；Γ 为伽马函数；l_c 和 ν 为确定随机过程 $X(h,\theta)$ 变化范围和平滑度的严格正参数，取 $l_c=0.25\mathrm{m}$ 和 $\nu=1$；σ 为概率密度函数 $p_X(\theta)$ 的均方差。

对非高斯随机过程 $X(h,\theta)$ 直接进行 Karhunen-Loeve 分解（陈绵书等，2016），得到的随机变量 $\xi_k(\theta)$ 为互不相关的非高斯随机变量。由于概率分布较难确定，不便于 MATLAB 程序生成实现，因此将非高斯随机过程基于 Nataf 变换理论（范文亮等，2017）和 Gauss-Hermite 多项式变换（Schevenels，2007）转换为标准高斯随机过程 $\eta(h,\theta)$。标准高斯随机过程的相关函数如图 10.20 所示。

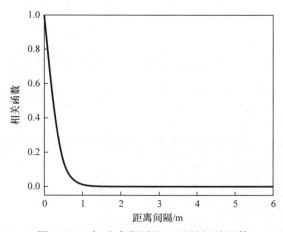

图 10.20　标准高斯随机过程的相关函数

根据 Karhunen-Loeve 分解理论，标准高斯概率分布可以表示为具有随机系数的确定性函数乘积和的形式，即

$$\eta(h,\theta)=\sum_{k=1}^{\infty}\sqrt{\lambda_k}\cdot f_k(h)\cdot\xi_k(\theta) \tag{10.25}$$

其中，$\xi_k(\theta)$ 为标准高斯随机变量；λ_k 和 $f_k(h)$ 为相关函数 R_η 矩阵分解的特征值和特征向量（图 10.21）。

随着阶数增高，相应的能量贡献不断降低，为了降低先验模型转为后验模型过程中的计算量，先验模型中取截断阶数 $M=18$，这些多元随机变量的概率密度函数为

$$p_\xi(\xi)=\prod_{i=1}^{M}\frac{1}{\sqrt{2\pi}}\exp\left(-\frac{\xi_i^2}{2}\right) \tag{10.26}$$

通过 MATLAB 随机生成 M 个服从标准高斯分布的随机数 θ_i，经式 (10.25) 和等概率转换原则 (陈绵书等，2016) 获得地基土材料阻尼比的非高斯概率分布模型，即先验概率模型。从先验概率模型提取 4 组样本数据，并根据 TML-PLM 理论 (王薇，2016) 和频率波数域-半功率带宽法得出样本数据对应的 4 组表面波衰减曲线 (图 10.21)。因为未考虑试验数据的约束，从图 10.22 中可以看出先验材料阻尼比样本以及对应的先验衰减曲线与图 10.17 和图 10.18 的试验数据都有较大的差异性。

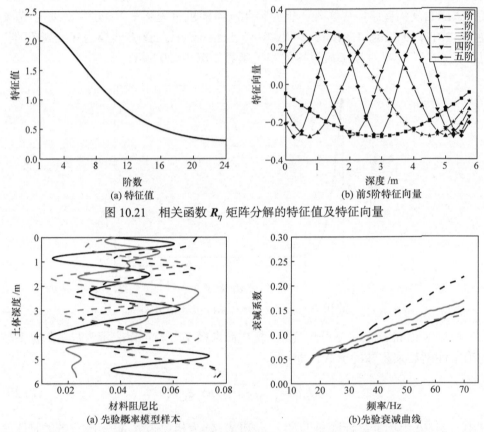

(a) 特征值　　　　　　　　　　(b) 前5阶特征向量

图 10.21　相关函数 $\boldsymbol{R}_\eta$ 矩阵分解的特征值及特征向量

(a) 先验概率模型样本　　　　　　(b) 先验衰减曲线

图 10.22　土体材料阻尼比先验概率模型的 4 组样本数据及先验衰减曲线

10.3.2　构建似然函数

根据贝叶斯理论 (王佐仁等，2012；蒋伟等，2019)，土体材料阻尼比的后验概率分布模型可以表示为

$$\pi(E \mid \xi) = \frac{p(\xi)L(E \mid \xi)}{\int p(\xi)L(E \mid \xi)\mathrm{d}\xi} \propto p(\xi)L(E \mid \xi) \tag{10.27}$$

其中，$\pi(E\,|\,\xi)$ 为受试验数据约束的后验概率分布模型；$p(\xi)$ 为不受试验数据约束的先验概率分布模型；$L(E\,|\,\xi)$ 为似然函数，建立在土体模型参数与试验数据的匹配度之上。

基于先验模型中的理论衰减曲线（图 10.22（b））与试验测得的多组衰减曲线下界的相关性，可以构建似然函数 $L(E\,|\,\xi)$，即

$$L(E\,|\,\xi)=\begin{cases}1, & V_R^{E\text{-}L}(\omega)\leqslant V_R^T(\omega)\leqslant V_R^{E\text{-}U}(\omega)\\ 0, & V_R^T(\omega)<V_R^{E\text{-}L}(\omega)\text{或}V_R^T(\omega)>V_R^{E\text{-}U}(\omega)\end{cases}\qquad(10.28)$$

其中，"1"表示满足似然函数，接受该状态；0 表示不满足似然函数，拒绝该状态；$V_R^T(\omega)$ 为理论衰减系数；$V_R^{E\text{-}U}(\omega)$ 和 $V_R^{E\text{-}L}(\omega)$ 分别为多组试验衰减系数的上下界包络线。

由于试验数据只有 1 组，因此 $V_R^{E\text{-}U}(\omega)$ 和 $V_R^{E\text{-}L}(\omega)$ 取自试验衰减系数的峰值点拟合而得的多项式上下界。基于试验数据构建的频散曲线范围如图 10.23 所示。

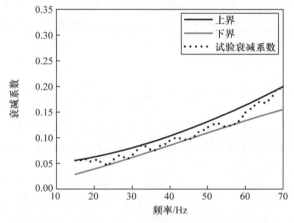

图 10.23　基于试验数据构建的频散曲线范围

10.3.3　阻尼比后验概率分布模型

由于似然函数 $L(E\,|\,\xi)$ 是一个与试验数据匹配的函数，因此式（10.27）不能直接计算后验概率分布模型。本节联合应用马尔可夫链蒙特卡罗（Markov Chain Monte Carlo，MCMC）法和 Metropolis-Hastings（MH）算法（刘纲等，2016）获得符合后验概率 $\pi(E\,|\,\xi)$ 的土体剖面。根据 MCMC 法的原理，首先将图 10.18 所示的土体材料阻尼比分布通过 NATAF 变换生成马尔可夫链的初始状态 ξ^1，然后通过概率转移函数 $q(\xi^{j+1}\,|\,\xi^j)$ 产生新的状态 ξ^{j+1}，生成均匀分布随机变量 $U\sim\text{Uniform}[0,1]$。若满足式（10.29）的条件，则接受转移状态 ξ^{j+1}，否则拒绝该转移状态。定义转移

函数 $q(\xi^{j+1} \mid \xi^j)$ 为

$$q(\xi^{j+1} \mid \xi^j) = \prod_{i=1}^{M} \frac{1}{\sqrt{2\pi}\sigma} \exp\left(-\frac{(\xi_i^{j+1} - \xi_i^j)^2}{2\sigma^2}\right) \tag{10.29}$$

$$U < \min\left\{\frac{\pi(\xi^{j+1})q(\xi^j \mid \xi^{j+1})}{\pi(\xi^j)q(\xi^{j+1} \mid \xi^j)}, 1\right\} \tag{10.30}$$

其中，均方差 σ 用来确定马尔可夫链的步长，σ 越大，马尔可夫链的扰动越大，收敛越快，状态转移中候选状态的接受率会越低，这里取 $\sigma = 0.12$。

对于式 (10.30)，由于 $\pi(\xi)$ 无明确的概率计算公式，因此在计算时分 2 个阶段来判断是否接受候选状态 ξ^{j+1}。首先，使用先验概率 $p(\xi)$ 考虑扰动后的新状态 ξ^{j+1} 是否通过第 1 阶段，定义

$$\alpha_1 = \min\left\{\frac{p(\xi^{j+1})q(\xi^j \mid \xi^{j+1})}{p(\xi^j)q(\xi^{j+1} \mid \xi^j)}, 1\right\} \tag{10.31}$$

若第 1 阶段 $U < \alpha_1$，进行第 2 阶段，即使用似然函数 $L(E \mid \xi)$ 考虑是否接受扰动后的新状态 ξ^{j+1}，此时定义

$$\alpha_2 = \min\left\{\frac{L(E \mid \xi^{j+1})}{L(E \mid \xi^j)}, 1\right\} \tag{10.32}$$

在 2 阶段过程中，第 1 阶段控制马尔可夫链的扰动达到平稳收敛，第 2 阶段 α_2 等于 0 或 1 进行试验数据的约束得到后验概率分布模型。材料阻尼比的 10 组后验样本数据如图 10.24 所示。

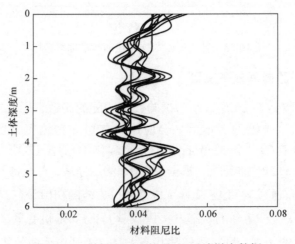

图 10.24　材料阻尼比的 10 组后验样本数据

10.3.4　收敛性和独立性检验

在 MCMC-MH 算法下，分别从变量 ξ_i 对应不同样本组数时的均值和均方差判断推演所得的后验概率分布模型的马尔可夫链是否收敛。

$$m_\xi(n) = \frac{1}{n}\sum_{i=1}^{n}\xi_i \tag{10.33}$$

$$\sigma_\xi = \sqrt{\frac{1}{n}\sum_{i=1}^{n}\xi_i^2 - m_\xi^2(n)} \tag{10.34}$$

其中，n 为状态 ξ_i 的组数，每组 ξ_i 包含 M 个相关变量（$M=18$）。

根据式（10.33）和式（10.34）计算马尔可夫链的均值 m_ξ 和均方差 σ_ξ，如图 10.25（a）和图 10.25（b）所示。可以看出，随着样本组数 n 的增多，均值 m_ξ 和均方差 σ_ξ 随着马尔可夫链的扰动不断变小，最终逐渐趋于平稳。

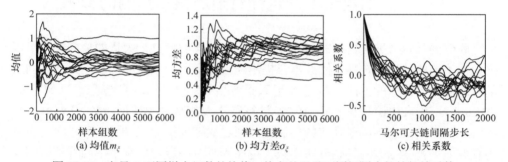

图 10.25　变量 ξ_i 不同样本组数的均值、均方差以及不同间隔步长的相关系数

平稳随机过程的马尔可夫链可通过相关系数 ρ_ξ 描述样本之间的相关性，相关系数 $\rho_\xi = 0$ 的样本可以认为是相互独立的后验概率模型。相关系数和相关函数的定义为

$$\rho_\xi(\tau) = (R_\xi(\tau) - m_\xi^2)/\sigma_\xi^2 \tag{10.35}$$

$$R_\xi(\tau) = E(\xi_i \cdot \xi_{i+\tau}) = \frac{1}{N-\tau}\sum_{i=1}^{N-\tau}(\xi_i \cdot \xi_{i+\tau}) \tag{10.36}$$

其中，τ 为马尔可夫链上两组样本的间隔步数；R_ξ 为两组样本的相关函数；N 为样本总组数。

根据式（10.35）和式（10.36）计算得到的相关系数如图 10.25（c）所示。可以看出，算例中样本间隔步数大约在 500 步时相关系数接近 0，此时样本之间相互独立。取马尔可夫链间隔步数大于 500 步的状态为相互独立的后验概率模型。10 组相互独立的后验材料阻尼比样本如图 10.26 所示。

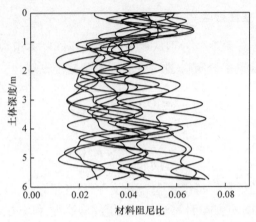

图 10.26　10 组相互独立的后验材料阻尼比样本

10.4　剪切模量不确定性对地面振动预测的影响

收敛的马尔可夫链可以充分挖掘试验数据蕴含的信息，大量的独立样本可以模拟样本的统计不确定性，因此本章提出通过具有一定置信度的双侧置信区间来估计地面振动传递的方法。对于 N 组后验地基土参数样本，首先通过 TLM-PML (Badsar et al.，2010)理论和式(10.22)计算得到 N 组地基土传递函数 $H(x,\omega)$，然后将不同距离 D、不同频率 f 的传递函数通过核密度估计(王禹玺等，2019)表示为具有概率密度函数的经验分布函数，进而用具有一定置信度水平的置信区间表示响应阈值。由于传统的地面振动预测方法(张闵，2016)通常只能反演 1 组确定性土参数，得到的地面振动也是某个确定的量值，这与实际工程中的随机性和多样性是不相符的，因此提出的区间估计方法较传统方法更加合理和可靠。

如图 10.27 所示，不同的振源距离和振动频率下，均可以形成相应的概率密度函数，基于概率密度函数的经验分布则可以得到 95%置信度的双侧置信区间。

将传统预测方法和本章提出的区间估计方法得到的振动传递函数同时与 MASW 测试的试验数据进行比较。如图 10.28 所示，在试验数据约束的频率范围 10~80 Hz，95%置信度的置信区间基本上涵盖试验振动响应数据。个别频率的不一致可能是试验中存在的不利影响和试验数据的采集和预处理等原因引起的。传统的预测方法由于反演土层数较少，没有考虑土参数的随机分布，难以和试验数据很好地匹配。本章提出的非确定性置信区间预测方法由于考虑试验中各种不确定性因素的影响，在环境振动预测中，具有更加可靠的指导意义和工程应用价值。

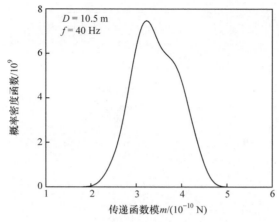

图 10.27　位移传递函数模 $|H(x,\omega)|$ 的核密度估计

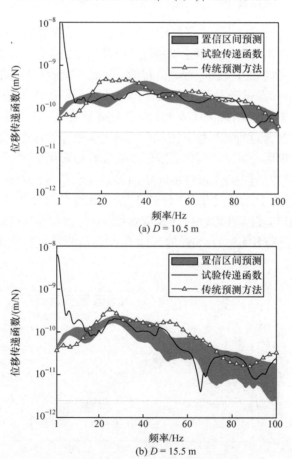

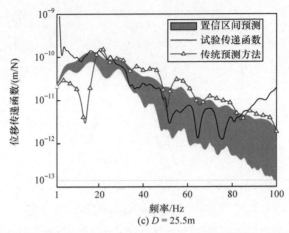

(c) $D = 25.5$m

图 10.28　后验传递函数 95%置信区间预测方法、传统预测方法与试验数据的对比

从图 10.28 中还可以看出，在低频段($f < 10$ Hz)，试验数据比预测的置信区间值大，这主要是由于锤击荷载经混凝土块传递后低频能量分布较低、相干性差、响应值较小，经过傅里叶变换后导致使误差变大的缘故。因此，建议在试验测试中增加振源在低频的能量分布来提高试验数据低频段的准确度。当距振源的距离 D 较远时，如图 10.28(c)所示，试验数据的高频($f > 80$ Hz)部分高于预测的置信区间，而图 10.28(a)和图 10.28(b)均未出现这种差异性，因此可以判定这种远距离处的置信区间预测略低于试验数据的主要原因是试验过程中周围环境的振动或噪声等干扰引起的。

为了反映土参数的随机分布对不同距离测点振动传递的整体影响，采用试验中实测的荷载值作为激励通过 TLM-PML 理论，得到不同距离 D 处的后验竖向加速度响应，并且将其转换为 Z 计权加速度振级，与实测响应数据及传统模式的确定性 Z 计权振级进行比较。95%置信区间与传统预测及试验实测 Z 计权振级如图 10.29 所示。

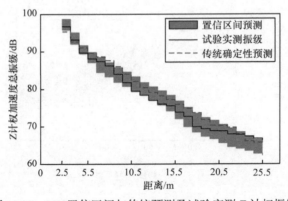

图 10.29　95%置信区间与传统预测及试验实测 Z 计权振级

从图 10.29 可以看到，采用区间估计方法得到的阈值可以涵盖试验测试的振级数值，而传统模式的确定性振动预测值不能和振动传递真实值完全一致，在对环境振动预测评估时存在一定的误差。随着距离的增加，Z 计权振级的置信区间不断增大。这说明，随机土参数对远场的影响更大，进一步证实了通过反演非确定性土参数进行区间预测这一方法的可靠性和实用性。区间估计方法预测得到的阈值可用于振动传递的评估，预测区间内的峰值可应用于振动的控制研究。如果能够通过优化表面波测试或使用其他的测试方法得到更高精度的频散曲线，则可获得更大的有效频率范围，进一步缩小一定置信度下的置信区间，减小振动预测中的不确定性。该预测方法的应用范围更加广泛，可以得到以下结论。

(1)通过设置合理的测点间距及数据预处理，MASW 测试技术可以获得较高质量的频散图像，提高较深土层的反演分辨率。

(2)独立的后验剪切模量样本在空间深度上具有明显的变化，在地表面附近的变化范围较小。随着空间深度的增加，剪切模量对频散曲线的影响不断下降，频散曲线对土参数的反演分辨率越来越差，所以非确定性土参数的多解概率模型具有重要的研究意义。

(3)提出的地基土参数后验概率模型的推演方法是一种非常有效的随机振动分析方法。先验模型采用非高斯随机过程，具有很大的适用性，可以有效地解决地基土反演问题中存在的非唯一性问题，能够应用于交通环境场地振动的预测、评估、振动传递和随机性分析。

(4)非确定性土参数随机分布对地基土表面振动传递的影响较大。在频域内给出非确定性的阈值形式可以避免试验数据的高频或低频的误差，给出合理可信的预测评估范围值。在随距离的振动传递中，一定置信度的置信区间预测值能涵盖实际振动传递的真实值，具有更加可靠的指导意义和工程应用价值。

10.5　材料阻尼比不确定性对地面振动预测的影响

对于 N 组独立的土体动参数的后验样本，通过 TLM-PML 理论可以得到 N 组地基土自由场竖向位移的传递函数 $H(x,\omega)$，即土体表面的竖直位移 $u(x,\omega)$ 与锤击力 $p(\omega)$ 的比值。将距振源不同距离 D 和不同频率 f 的振动位移传递函数通过核密度估计表示为具有概率密度函数的经验分布，进而用具有一定置信度水平的置信区间来表示。

为了验证较少数量独立样本的核密度估计是否准确，下面采用非独立的马尔可夫链后验样本与独立的 100 组后验样本的核密度估计进行对比。如图 10.30 所示，实线为独立的 100 组后验样本数据计算所得，虚线为非独立的 25000 组后验样本数据计算所得。可以发现，收敛的马尔可夫链中提取的 100 组独立样本与已经收敛的非独立的马尔可夫链后验样本所得的概率密度大小和形状趋势基本一致。由于独立样本数量少，因此在两种图形的峰值附近存在较小的差异性，但是这种差异性对较大置信度的双侧置信区间基本无影响。

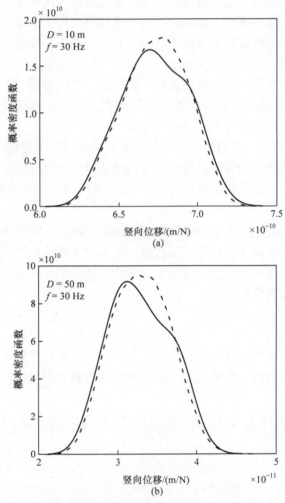

图 10.30　自由场表面竖向位移传递函数 $H(x,\omega)$ 的核密度估计

　　根据概率密度函数计算与振源不同距离 D 的传递函数 $H(x,\omega)$ 在 95% 置信度的双侧置信区间，并与 Badsar 等 (2010) 的试验数据进行对比。如图 10.31 所示，在后验概率模型约束的频率范围 15～70Hz 内，95% 置信度的置信区间基本涵盖所有的试验数据。个别频率的不一致可能是试验中存在的不利影响因素和试验数据的处理误差等引起的。因此，通过随机的后验概率土体模型可以在一定频率范围内以一

定置信度的置信区间预测地基土的振动传递，有效地解决地基土反演问题中存在的非唯一性问题，避免交通荷载环境振动预测中各种不确定性因素的影响。

从图 10.31 中还可以看出，在较低频率(约低于 15 Hz)，预测的置信区间和试验数据差异较大，这是由于低频时，土体中振动波的波长较大，表面波测试无法测得较深的土层，而理论模型也未考虑土层深度大于 6 m 时材料阻尼比的空间变化，因此可以通过增加表面波测试的空间分辨率获得较低频率情况下的衰减曲线，进而得到低频范围内可靠的后验传递函数置信区间。

当距振源的距离 D 较远时，如图 10.31(c)所示，试验数据的高频阶段高于预测的置信区间，而距离 $D=10$ m 和 $D=50$ m 情况下均未发现高频阶段的差异性，因此可以判定这种远距离处高频阶段的差异性主要是周围环境的振动或噪声等干扰引起的。这进一步说明，环境振动远场响应的预测可能存在一定的误差，可以通过优化表面波测试或使用其他的测试方法得到更高精度的衰减曲线，获得更大的预测频率范围，缩小一定置信度下的置信区间，减少轨道交通引起的振动预测中的不确定性。

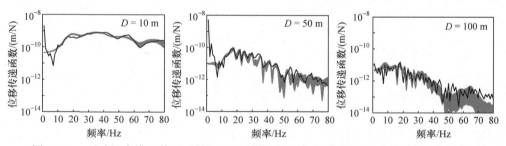

图 10.31　后验概率模型传递函数的 95%置信区间(灰色阴影)及试验数据(黑色实线)

基于非高斯随机过程建立地基土材料阻尼比的先验概率模型，通过贝叶斯理论和似然函数以 MCMC-MH 算法得到土体动参数的后验概率模型，进而以一定置信度的置信区间预测地基土的振动传递，并与试验数据进行比较，验证土体阻尼比非确定性概率模型的合理性和可靠性。通过研究可以得到如下结论。

(1)地基土材料阻尼比的随机分布特征对场地振动的传播与衰减具有较大的影响，因此建议在场地振动的研究中考虑地基土参数取值的不确定性。

(2)地基土材料阻尼比后验概率模型的推演方法是一种非常有效的随机振动分析方法，可以有效地解决地基土反演问题中存在的非唯一性问题，能够应用于交通环境场地振动的预测、评估、振动传递、分布的随机性分析和研究。

(3)基于多通道表面波分析的半功率带宽法可以避免不确定性的剪切模量概率分布对求解衰减系数的影响，能够准确有效应用于地基土材料阻尼比的反演和随机分析。

（4）可以通过扰动系数控制马尔可夫链的步长及收敛速度，但是由于马尔可夫链的收敛性需要大量的后验样本数据进行检验，因此建议采用平行马尔可夫链并行运算方法减少计算机的运行时间，提高计算效率。

（5）后验材料阻尼比土体参数具有很大的随机性，基于多组相互独立的后验样本数据，从概率的角度以一定置信度的置信区间预测地基土的振动传递，避免不确定因素的影响。

10.6　土参数双随机变量对地面振动预测的影响

基于剪切模量和材料阻尼比的后验双随机变量概率模型，通过 TLM-PML 理论可以得到单位简谐荷载 $1 \cdot e^{i(2\pi f)t}$ 作用下的地表竖向稳态位移频响函数，并用 $H_{G\beta}(x, f)$ 表示。随后通过概率的形式挖掘其蕴含的信息，依据核密度估计函数计算随机振动响应的概率密度函数。图 10.32 所示为不同激振频率 f、不同接收点位置 D 的随机振动响应的概率密度函数。

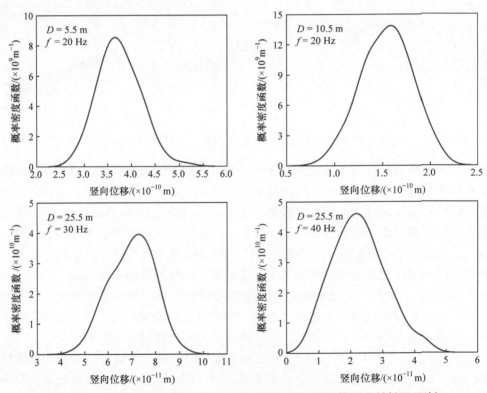

图 10.32　地面竖向位移随机分布的概率密度函数（剪切模量和材料阻尼比）

1. 随机响应的频响函数置信区间

根据后验垂向位移响应 $H_{G\beta}(x,f)$ 的概率密度函数，计算至振源不同距离 D 和不同振动频率 f 对应的 95%置信度的置信区间，如图 10.33 所示。

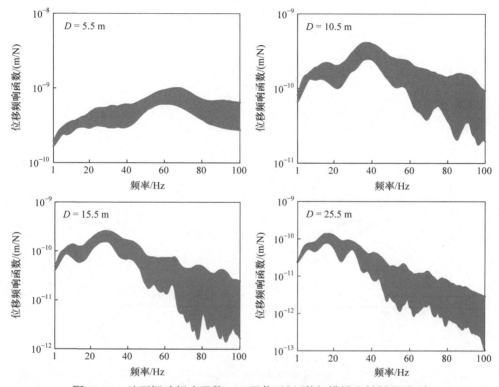

图 10.33　地面振动频响函数 95%置信区间(剪切模量和材料阻尼比)

从图 10.33 可以看出，结合材料阻尼比对高频影响大的特性，剪切模量和材料阻尼比土参数的双随机变量随机分布引起的随机响应明显比单个剪切模量或材料阻尼比的随机参数影响更大。对于 $D=15.5\,\mathrm{m}$ 和 $D=25.5\,\mathrm{m}$，频率在 $60\sim100\,\mathrm{Hz}$ 范围时，置信区间上限和下限相差大约 10 倍左右。

2. 随机响应随距离的衰减特性

为探究剪切模量和材料阻尼比土参数的双随机变量随机分布对随机响应的衰减特性，基于频响函数的概率密度函数，得到频响函数 $H_{G\beta}(x,f)$ 随距离 D 变化的置信区间，如图 10.34 所示。可以看出，随着频率的增加，传递函数 95%置信区间不断扩大，频率越高，双随机变量随机分布土参数对响应的影响越大；双随机变量随机分布土参数随距离 D 的 95%置信度的置信区间更宽。这代表同时考虑剪切模量和材料阻尼比的随机性会对地表振动传播产生更大的影响。

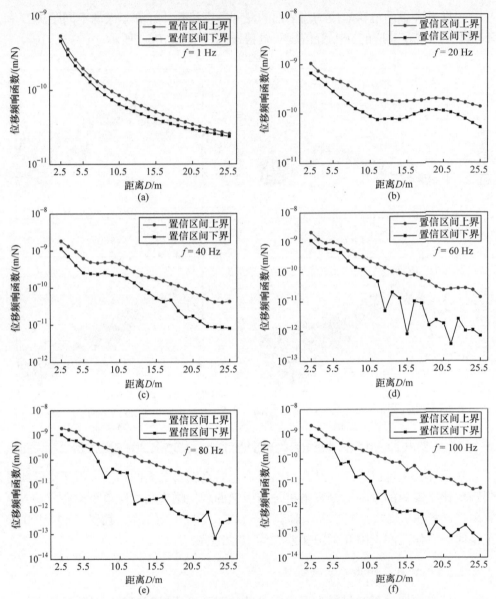

图 10.34　不同距离 D 的频响函数 95%置信区间(剪切模量和材料阻尼)

　　在研究地表振动与衰减特性中，建议同时考虑剪切模量和材料阻尼比的随机性。当研究较低频的振动波时，可以忽略材料阻尼比的随机性，但是探究高频衰减特性时，建议考虑材料阻尼比的随机性影响。

参 考 文 献

北京市质量技术监督局. 2011. 地铁噪声与振动控制规范 DB11/T 838—2011. 北京: 北京市质量技术监督局.

曹艳梅, 马蒙. 2020. 轨道交通环境振动土动力学. 北京: 科学出版社.

曹艳梅, 王福星, 张允士. 2017. 高速列车作用下场地振动的分析方法及特性研究. 铁道学报, 39(6): 118-124.

曹艳梅, 夏禾. 2009. 基于 Betti-Rayleigh 动力互易定理求解移动荷载引起的地基土振动. 岩石力学与工程学报, 28(7): 1467-1476.

陈绵书, 王园园, 桑爱军, 等. 2016. 基于多维矢量矩阵理论的 KL 变换. 吉林大学学报, 46(2): 627-631.

迟胜超, 刘兵, 钱彦平, 等. 2020. 地铁列车全车车轮不圆度对比测试分析. 铁道科学与工程学报, 125(8): 217-224.

崔高航, 欧阳浩然, 陶夏新. 2019. 城轨沿线地面环境振动响应的半解析有限元求解. 振动与冲击, 38(15): 109-114.

杜林林. 2018. 地铁列车曲线运行车轨耦合解析模型及振源特性研究. 北京: 北京交通大学.

范文亮, 韩杨, 周擎宇. 2017. 概率信息不完全系统的统计矩估计方法. 工程力学, 34(2): 34-41.

冯青松, 成功, 雷晓燕, 等. 2015. 有砟与板式无砟轨道结构对高速铁路地基振动的影响分析. 振动与冲击, 34(24): 153-159.

冯青松, 雷晓燕. 2013. 基于 2.5 维有限元-边界元分析轨道随机不平顺影响下的铁路地基振动. 振动与冲击, 32(23): 13-19.

高山, 郑向远, 黄一. 2019. 非高斯随机过程的短期极值估计:复合 Hermite 模型. 工程力学, 36(1): 23-31.

谷音, 刘晶波, 杜义欣. 2007. 三维一致黏弹性人工边界及等效黏弹性边界单元. 工程力学, 24(12): 31-37.

国家铁路局. 2017. 铁路隧道设计规范 TB 10003—2016. 北京: 中国铁道出版社.

户文成, 俞泉瑜, 王另的, 等. 2010. 轴重与速度对地铁洞壁振级的影响分析//全国声学设计与噪声振动控制工程暨配套装备学术会议:256-268.

蒋通, 程昌熟. 2007. 用薄层法分析高架轨道交通引发的环境振动. 振动工程学报, 20(6): 623-628.

蒋通, 李丽琴, 刘峰. 2012. 地铁引起邻近建筑物楼板的振动及简易预测方法. 结构工程师, 28(6): 29-33.

蒋伟, 刘纲. 2019. 基于多链差分进化的贝叶斯有限元模型修正方法. 工程力学, 36(6): 101-108.

康熊, 刘秀波, 李红艳, 等. 2014. 高速铁路无砟轨道不平顺谱. 中国科学:技术科学, 44(7): 687-696.

李锦华, 陈水生. 2011. 非高斯随机过程模拟与预测的研究进展. 华东交通大学学报, 28(6): 1-6.

李林峰, 马蒙, 刘维宁, 等. 2018. 不同激励作用下钢弹簧浮置板轨道减振效果研究. 工程力学, 35(S1): 253-258.

李明航, 马蒙, 刘维宁, 等. 2020. 地铁列车振动源强离散机理测试分析. 振动、测试与诊断, 40(4): 738-744.

李宪同, 张斌, 户文成, 等. 2012. 北京地铁环境振动预测中源强选取的研究. 城市轨道交通研究, (8): 80-83, 89.

梁瑞华, 马蒙, 刘卫丰, 等. 2020. 考虑地层动力特性差异的减振轨道减振效果评价. 工程力学, 37(S1): 75-81.

林署炯, 曾平, 林鹏威, 等. 2016. 高速列车引起的地基土振动研究综述. 石家庄铁道大学学报: 自然科学版, 29(4): 40-47.

刘纲, 罗钧, 秦阳, 等. 2016. 基于改进 MCMC 法的有限元模型修正研究. 工程力学, 33(6): 138-145.

刘晶波, 谷音, 杜义欣. 2006. 一致黏弹性人工边界及黏弹性边界单元. 岩土工程学报, 28(9): 1070-1075.

刘阔阔. 2020. 橡胶-混凝土组合式周期隔振屏障性能研究. 北京: 北京交通大学.

刘力, 王文斌, 陈曦, 等. 2015. 城市轨道交通运营引起建筑物内振动超标治理研究. 铁道标准设计, 59(8): 150-155.

刘维宁, 陈嘉梁, 吴宗臻, 等. 2017. 地铁列车振动环境影响的深孔激振实测传递函数预测方法. 土木工程学报, 50(9): 82-89.

刘维宁, 杜林林, 刘卫丰. 2019. 地铁列车曲线运行振动源强特性分析. 铁道学报, 41(7): 26-33.

刘维宁, 马龙祥, 杜林林. 2020. 地铁车辆-轨道耦合动力学解析方法——直线&曲线,匀速&变速. 北京: 科学出版社.

刘维宁, 马蒙. 2014. 地铁列车振动环境影响的预测、评估与控制. 北京: 科学出版社.

刘维宁, 马蒙, 刘卫丰, 等. 2016. 我国城市轨道交通环境振动影响的研究现况. 中国科学: 技术科学, 46(6): 547-559.

刘维宁, 马蒙, 王文斌. 2013. 地铁列车振动环境响应预测方法. 中国铁道科学, 34(4): 110-117.

刘卫丰. 2009. 地铁列车运行引起的隧道及自由场动力响应数值预测模型研究. 北京: 北京交通大学.

刘卫丰, 刘维宁, Gupta S, 等. 2009. 地铁振动预测的周期性有限元-边界元耦合模型. 振动工程学报, 22(5): 480-485.

卢炜, 马帅, 高亮, 等. 2020. 北京地铁线路轨道不平顺谱分析. 铁道工程学报, 37(3): 101-106.

马骙骙, 李斌, 王东, 等. 2019. 宝兰客专路堤段地面振动特性试验研究与数值分析. 铁道科学与工程学报, 16(2): 294-301.

马利衡, 梁青槐, 谷爱军, 等. 2015. 沪宁城际铁路振动对周围环境及邻近铁路地基沉降的影响研究. 铁道学报, 37(2): 98-105.

马龙祥. 2015. 基于周期-无限结构的车轨耦合及隧道-地层结构振动分析模型研究. 北京: 北京交通大学.

马龙祥, 刘维宁, 刘卫丰, 等. 2016. 地铁列车振动环境影响预测的薄片有限元-无限元耦合模型. 岩石力学与工程学报, 35(10): 2131-2141.

马龙祥, 赵瑞桐, 甘雨航, 等. 2019. 车型及编组对地铁运营诱发环境振动的影响研究. 振动与冲击, 38(11): 24-30.

马蒙. 2012. 基于敏感度的地铁列车振动环境影响预测及动态评价体系研究. 北京: 北京交通大学.

马蒙, 刘维宁, 丁德云, 等. 2011. 地铁列车振动对精密仪器影响的预测研究. 振动与冲击, 30(3): 185-190.

马蒙, 刘维宁, 刘卫丰. 2020. 列车引起环境振动预测方法与不确定性研究进展. 交通运输工程学报, 20(3):1-16.

马蒙, 刘维宁, 王文斌. 2013. 轨道交通地表振动局部放大现象成因分析. 工程力学, 30(4): 275-280, 309.

马蒙, 刘维宁, 王文斌, 等. 2016. 考虑持续时间因素的铁路环境振动影响评价. 振动与冲击, 35(10):207-211.

马蒙, 张厚贵, 陈棋, 等. 2021. 钢轨表面短波不平顺对地铁振动源强影响. 中国铁道科学, 42(3): 21-28.

秦冲. 2019. 激励方式对地铁浮置板轨道减振性能评价影响研究. 北京: 北京交通大学.

曲翔宇. 2020. 考虑列车系统状态的地铁列车振动源强参数研究. 北京: 北京交通大学.

石文博, 缪林昌, 陈艺南, 等. 2015. 软土层埋深对于地铁振动特性及传播影响规律研究. 土木工程学报, 48(S2):30-35.

孙晓静. 2008. 地铁列车振动对环境影响的预测研究及减振措施分析. 北京: 北京交通大学.

孙烨. 2020. 基于随机参数响应面模型的地铁振动环境影响预测的准确度研究. 北京: 北京交通大学.

王另的, 张斌, 户文成, 等. 2013a. 美国联邦公共交通管理局的地铁环境振动预测方法及其应用. 城市轨道交通研究, 16 (1): 91-96.

王另的, 张斌, 户文成, 等. 2013b. 北京地铁环境振动预测模型. 城市轨道交通研究, 16(6): 101-106.

王平, 杨帆, 韦凯. 2017. 车-线-隧垂向环境振动预测辛模型及其应用. 工程力学, 34(5): 171-178.

王薇. 2016. 移动荷载作用下地基土振动的 TLM-PML 理论分析方法及振动特性研究. 北京:北京交通大学.

王文斌, 刘维宁, 孙宁, 等. 2012. 基于脉冲激励的地铁运营引起邻近建筑物内振动预测方法. 中国铁道科学, 33(4): 139-144.

王禹玺, 李典, 唐小松. 2019. 边坡系统可靠度区间估计方法. 武汉大学学报:工学版, 52(11): 941-950.

王佐仁, 杨琳. 2012. 贝叶斯统计推断及其主要进展. 统计与信息论坛, 27(12): 3-8.

韦凯, 杨帆, 王平, 等. 2015a. 扣件胶垫刚度的频变性对地铁隧道环境振动的影响. 铁道学报, 37(4): 80-86.

韦凯, 杨帆, 王平, 等. 2015b. 扣件胶垫阻尼的频变性对地铁隧道环境振动的影响. 中国铁道科学, 36(3): 17-23.

邬玉斌, 宋瑞祥, 吴雅南, 等. 2018. 建筑结构地铁振动响应数值预测分析方法研究. 铁道科学与工程学报, 15(11): 2939-2946.

吴崇山, 卢庆普. 2018. 轨道交通环境噪声和环境振动评价的误区. 广州环境科学, 33(2):14-19.

吴宗臻. 2016. 地铁列车振动环境影响的传递函数预测方法研究. 北京: 北京交通大学.

吴宗臻, 刘维宁, 马龙祥, 等. 2014a. 基于土层振动频响函数预测地铁环境振动的频域解析方法. 中国铁道科学, 35(5):105-112.

吴宗臻, 刘维宁, 马龙祥, 等. 2014b. 地铁浮置式轨道引起地表振动响应解析预测模型研究. 振动与冲击, 33(17): 132-137.

夏禾. 2010. 交通环境振动工程. 北京: 科学出版社.

夏禾, 张楠. 2002. 车辆与结构动力相互作用. 北京: 科学出版社.

夏江海, 高玲利, 潘雨迪, 等. 2015. 高频面波方法的若干新进展. 地球物理学报, 58(8): 2591-2605.

肖张波. 2013. 地震数据约束下的贝叶斯随机反演方法研究. 北京:中国石油大学.

谢伟平, 兰洋. 2009. 2.5 维有限元法分析地铁列车引起的地基振动. 武汉理工大学学报, 31(13): 78-82.

徐磊, 陈宪麦. 2018. 车辆-轨道系统激振源随机分析. 铁道学报, 40(4): 120-126.

徐磊, 翟婉明. 2018a. 车辆-轨道系统时-空随机分析模型. 铁道学报, 40(1): 79-84.

徐磊, 翟婉明.2018b. 轨道不平顺概率模型. 交通运输工程学报, 18(3): 56-63.

徐利辉. 2023. 基于周期性理论的隧道-地层耦合模型及环境振动快速预测研究. 北京: 北京交通大学.

姚锦宝, 夏禾, 张楠. 2014. 考虑土-结构相互作用的列车引起建筑物及地面振动分析. 铁道学报, 36(4): 93-98.

应怀樵. 1997. 现代振动与噪声技术. 北京: 航空工业出版社.

袁宗浩, 蔡袁强, 曾晨. 2015. 地铁列车荷载作用下轨道系统及饱和土体动力响应分析. 岩石力学与工程学报, 34(7): 1470-1479.

翟婉明. 1997. 铁路轮轨高频随机振动理论解析. 机械工程学报, (2): 20-25.

翟婉明. 2002. 车辆-轨道耦合动力学. 2 版. 北京:中国铁道出版社.

翟婉明, 赵春发. 2016. 现代轨道交通工程科技前沿与挑战. 西南交通大学学报, 2016, 51(2): 209-226.

张衡, 孟磊, 安小诗, 等. 2013. 北京地铁 10 号线钢轨波磨段打磨前后减振效果分析//2013 中国城市轨道交通关键技术论坛: 328-333.

张闵. 2016. 表面波谱法现场测试及地基土动参数的反演. 北京: 北京交通大学.

张允士. 2019. 交通荷载影响下土体振动传递规律及预测方法研究. 北京: 北京交通大学.

赵岩, 张亚辉, 林家浩. 2018. 列车-结构耦合作用的随机振动分析方法. 北京: 科学出版社.

中华人民共和国生态环境部. 2018. 环境影响评价技术导则 城市轨道交通 HJ 453—2018. 北京: 中国环境科学出版社.

中华人民共和国住房和城乡建设部. 中华人民共和国国家质量监督检验检疫总局. 2014. 地铁设计规范 GB 50157—2013. 北京: 中国建筑工业出版社.

周鹏, 宋鹭, 刘磊, 等. 2019. 城市轨道交通项目竣工环保自主验收主要问题研究. 都市快轨交通, 32(6):1-5.

Adolfsson K, Andréasson B, Bengtson P E, et al. 1999. High speed lines on soft ground: Evaluation and Analyses of Measurements from the West Coast Line, Technical Report. Stockholm: Banverket.

Alves Costa P, Rui C, Cardoso A S, et al. 2010. Influence of soil non-linearity on the dynamic response of high-speed railway tracks. Soil Dynamics and Earthquake Engineering, 30(4): 221-235.

Amado-Mendes P, Costa P A, Godinho L M C, et al. 2015. 2.5D MFS-FEM model for the prediction of vibrations due to underground railway traffic. Engineering Structures, 104(1): 141-154.

Amick H, Gendreau M, Busch T, et al. 2005. Evolving criteria for research facilities: I-vibration// Proceedings of SPIE Conference 5933: Buildings for Nanoscale Research and Beyond: 16-28.

Auersch L. 2010. Technically induced surface wave fields, Part I: Measured attenuation and theoretical amplitude-distance laws. Bulletin of the Seismological Society of America, 100(4): 1528-1539.

Badsar S.A, Schevenels M, Haegeman W, et al. 2010. Determination of the material damping ratio in the soil from SASW tests using the half-power bandwidth method. Geophysical Journal International, 182: 1493-1508.

Bovey E C. 1983. Development of an impact method to determine the vibration transfer characteristics of railway installations. Journal of Sound and Vibration, 87(2): 357-370.

Cao Z G, Xu, Y, F, Gong W P, et al. 2020. Probabilistic analysis of environmental vibrations induced by high-speed trains. Soil Dynamics and Earthquake Engineering, 139:106343.

Chen Y, Chen C, Shen Y. 2015. Development of automatic prediction model for ground vibration using support vector machine. Journal of Vibro Engineering, 17(5): 2535-2546.

Chen C, Liu C, Chen Y, et al. 2016. Evaluation of machine learning methods for ground vibration prediction model induced by high-speed railway. Journal of Vibration Engineering & Technologies, 4(3): 283-290.

Cheng G, Feng Q, Sheng X, et al. 2018. Using the 2.5D FE and transfer matrix methods to study ground vibration generated by two identical trains passing each other. Soil Dynamics and Earthquake Engineering, 114: 495-504.

Clot A, Arcos R, Romeu J. 2017. Efficient three-dimensional building-soil model for the prediction of ground-borne vibrations in buildings. Journal of Structural Engineering, 143(9): 4017098.

Connolly D P, Kouroussis G, Giannopoulos A, et al. 2014a. Assessment of railway vibrations using an efficient scoping model. Soil Dynamics and Earthquake Engineering, 58: 37-47.

Connolly D P, Kouroussis G, Woodward P K, et al. 2014b. Scoping prediction of re-radiated ground-borne noise and vibration near high speed rail lines with variable soils. Soil Dynamics and Earthquake Engineering, 66: 78-88.

de Wit M S, Galanti F M B. 2003. Reliability of vibration prediction-synthesis of prediction and measurements. Delft: GeoDelft and TNO Bouw.

Degrande G, Lombaert G. 2001. An efficient formulation of Krylov's prediction model for train induced vibrations based on the dynamic reciprocity theorem. The Journal of the Acoustical Society of America, 110(3):1379.

Degrande G, Clouteau D, Othman R, et al. 2006. A numerical model for ground-borne vibrations from underground railway traffic based on a periodic finite element-boundary element formulation. Journal of Sound and Vibration, 293(3-5): 645-666.

Fang L, Yao J, Xia H. 2019. Prediction on soil-ground vibration induced by high-speed moving train based on artificial neural network model. Advances in Mechanical Engineering, 11(5): 753298310.

Foti S, Bergamo P. 2010. Surface wave surveys for seismic site characterization of accelerometric stations in ITACA. Bulletin of Earthquake Engineering, 6(9): 1797-1820.

François S, Schevenels M, Galvín P, et al. 2010. A 2.5D coupled FE-BE methodology for the dynamic interaction between longitudinally invariant structures and a layered halfspace. Computer Methods in Applied Mechanics and Engineering, 199(23): 1536-1548.

Galvín P, Domínguez J. 2007. High-speed train-induced ground motion and interaction with structures. Journal of Sound and Vibration, 307(3): 755-777.

Galvín P, Romero A, Domínguez J. 2010. Fully three-dimensional analysis of high-speed train-track-soil-structure dynamic interaction. Journal of Sound and Vibration, 329(24): 5147-5163.

Galvín P, Mendoza D L, Connolly D P, et al. 2018. Scoping assessment of free-field vibrations due to railway traffic. Soil Dynamics and Earthquake Engineering, 114: 598-614.

Germonpré M, Degrande G, Lombaert G. 2018. Periodic track model for the prediction of railway induced vibration due to parametric excitation. Transportation Geotechnics, 17: 98-108.

Gjelstrup H, Alcover I F, Andersen J E, et al. 2015. Probabilistic empirical model for train-induced vibrations. Proceedings of the Institution of Civil Engineers-Structures and Buildings, 169(8): 563-573.

Glickman G, Carman R. 2010. Modeling ground response functions in rock: A comparison of multiple methods. Journal of the Acoustical Society of America, 127(3): 1875.

Gupta S. 2008. A numerical model for predicting vibrations from underground railways. Leuven: K.U. Leuven.

Gupta S, Liu W F, Degrande G, et al. 2008. Prediction of vibrations induced by underground railway traffic in Beijing. Journal of Sound and Vibration, 310(3): 608-630.

He C, Zhou S, Guo P, et al. 2018. Modelling of ground vibration from tunnels in a poroelastic half-space using a 2.5-D FE-BE formulation. Tunnelling and Underground Space Technology, 82: 211-221.

Hölscher P, Waarts P H. 2003. Reliability of vibration predictions and reducing measures. Delft: GeoDelft and TNO Bouw.

Hung H H, Chen G H, Yang Y B. 2013. Effect of railway roughness on soil vibrations due to moving trains by 2.5D finite/infinite element approach. Engineering Structures, 57: 254-266.

Hunt H, Hussein M. 2007. Vibration from railways: Can we achieve better than+/−10dB prediction accuracy// The 14th International Congress on Sound and Vibration: 3212-3219.

Hussein M F M, Hunt H E M. 2007. A numerical model for calculating vibration from a railway tunnel embedded in a full-space. Journal of Sound and Vibration, 305(3): 401-431.

Hussein M F M, François S, Schevenels M, et al. 2014. The fictitious force method for efficient calculation of vibration from a tunnel embedded in a multi-layered half-space. Journal of Sound and Vibration, 333(25): 6996-7018.

Hussein M F M, Hunt H, Kuo K. 2015. The use of sub-modelling technique to calculate vibration in buildings from underground railways. Proceedings of the Institution of Mechanical Engineers, Part F: Journal of Rail and Rapid Transit, 229(3): 303-314.

ISO. 2005. Mechanical vibration-ground-borne noise and vibration arising from rail systems- Part 1:

General guidance. ISO 14837-1: 2005.

ISO. 2015. Mechanical vibration-ground-borne noise and vibration arising from rail systems-Part 32: Measurement of dynamic properties of the ground. ISO 14837-32: 2015.

Janssens M H A, Dittrich M G, Beer F G D, et al. 2006. Railway noise measurement method for pass-by noise, total effective roughness, transfer functions and track spatial decay. Journal of Sound and Vibration, 293 (3-5):1007-1028.

Jaquet T. 2015. Ensuring Acceptable Vibration Levels in Listed Buildings by Means of Precise Vibration Measurements and Highly-Efficient Floating Slab Track. Berlin: Springer.

Jin Q, Thompson D J, Lurcock D E J, et al. 2018. A 2.5D finite element and boundary element model for the ground vibration from trains in tunnels and validation using measurement data. Journal of Sound and Vibration, 422: 373-389.

Jones S, Hunt H E M. 2012. Predicting surface vibration from underground railways through inhomogeneous soil. Journal of Sound and Vibration, 331 (9): 2055-2069.

Karl L, Haegeman W, Degrande G. 2006. Determination of the material damping ratio and the shear wave velocity with the seismic cone penetration test. Soil Dynamics and Earthquake Engineering, 26 (12): 1111-1126.

Kouroussis G, Connolly D P, Alexandrou G, et al. 2015. The effect of railway local irregularities on ground vibration. Transportation Research Part D: Transport and Environment, 39: 17-30.

Kouroussis G, Vogiatzis K E, Connolly D P. 2018. Assessment of railway ground vibration in urban area using in-situ transfer mobilities and simulated vehicle-track interaction. International Journal of Rail Transportation, 6: 1-18.

Krylov V. 1995. Generation of ground vibrations by superfast trains. Applied Acoustics, 44 (2):149-164.

Krylov V, Ferguson C. 1994. Calculation of low-frequency ground vibrations from railway trains. Applied Acoustics, 42 (3):199-213.

Kuo K A, Hunt H E M, Hussein M F M. 2011. The effect of a twin tunnel on the propagation of ground-borne vibration from an underground railway. Journal of Sound and Vibration, 330 (25): 6203-6222.

Kuo K A, Lombaert G, Degrande G. 2017. Quantifying dynamic soil-structure interaction for railway induced vibrations. Procedia Engineering, 199: 2372-2377.

Kuo K A, Papadopoulos M, Lombaert G, et al. 2019. The coupling loss of a building subject to railway induced vibrations: Numerical modelling and experimental measurements. Journal of Sound and Vibration, 442: 459-481.

Kuo K A, Verbraken H, Degrande G, et al. 2016. Hybrid prediction of railway induced ground vibration using a combination of experimental measurements and numerical modelling. Journal of Sound and Vibration, 373: 263-284.

Kuppelwieser H, Ziegler A. 1996. A tool for predicting vibration and structure-borne noise immissions caused by railways. Journal of Sound and Vibration, 193 (1): 261-267.

Lai C. 1998. Simultaneous inversion of Rayleigh phase velocity and attenuation for near-surface site characterization. Atlanta: Georgia Institute of Technology.

Lai C, Rix G, Foti S. 2002. Simultaneous measurement and inversion of surface wave dispersion and attenuation curves. Soil Dynamics and Earthquake Engineering, 22(9-12): 923-930.

Lestoille N, Soize C, Funfschilling C. 2016. Stochastic prediction of high-speed train dynamics to long-term evolution of track irregularities. Mechanics Research Communications, 75: 29-39.

Li C, Liu W. 2021. Probabilistic prediction of metro induced ground-borne vibration and its accuracy evaluation. Soil Dynamics and Earthquake Engineering, 141: 106509.

Liang R H, Liu W F, Ma M, et al. 2021. An efficient model for predicting the train-induced ground-borne vibration and uncertainty quantification based on Bayesian neural network. Journal of Sound and Vibration, 495:115908.

Liu W F, Li C Y, Ma L X, et al. 2023. A frequency-domain formulation for predicting ground-borne vibration induced by underground train on curved track. Journal of Sound and Vibration, 549: 117578.

Lombaert G, Degrande G. 2009. Ground-borne vibration due to static and dynamic axle loads of InterCity and high speed train. Journal of Sound and Vibration, 319 (3-5):1036-1066.

Lombaert G, Degrande G, Kogut J, et al. 2006. The experimental validation of a numerical model for the prediction of railway induced vibrations. Journal of Sound and Vibration, 297(3-5): 512-535.

Lombaert G, Galvín P, François S, et al. 2014. Quantification of uncertainty in the prediction of railway induced ground vibration due to the use of statistical track unevenness data. Journal of Sound and Vibration, 333: 4232-4253.

Lopes P, Ruiz J F, Costa P A, et al. 2016. Vibrations inside buildings due to subway railway traffic experimental validation of a comprehensive prediction model. Science of the Total Environment, 256: 1333-1343.

Ma L, Ouyang H, Sun C, et al. 2019. A curved 2.5D model for simulating dynamic responses of coupled track-tunnel-soil system in curved section due to moving loads. Journal of Sound and Vibration, 451: 1-31.

Ma M, Liu W N, Qian C, et al. 2016. Study of the train-induced vibration impact on a historic Bell Tower above two spatially overlapping metro lines. Soil Dynamics and Earthquake Engineering, 81: 58-74.

Ma M, Xu L H, Du L L, et al. 2021. Prediction of building vibration induced by metro trains running in a curved tunnel. Journal of Vibration and Control, 27(5-6): 515-528.

Mead D J. 1973. A general theory of harmonic wave propagation in linear periodic systems with multiple coupling. Journal of Sound and Vibration, 27(2): 235-260.

Mead D J. 2009. The forced vibration of one-dimensional multi-coupled periodic structures: An application to finite element analysis. Journal of Sound and Vibration, 319(1-2): 282-304.

Minasny B, Mcbratney A B. 2005. The Matérn function as a general model for soil variograms. Geoderma, 3(128): 192-207.

Nelson J, Saurenman H. 1987. A prediction procedure for rail transportation groundborne noise and vibration. Transportation Research Record, (1143): 26-35.

Nelson J, Watry D, Faner P, et al. 2014. Force density measurements at sound transit//INTER-NOISE and NOISE-CON Congress and Conference Proceedings: 3317-3368.

Newland D E. 2005. An Introduction to Random Vibrations, Spectral & Wavelet Analysis. 3rd Ed. New

York: Longman.

Paneiro G, Durão F O, Costa E, et al. 2015. Prediction of ground vibration amplitudes due to urban railway traffic using quantitative and qualitative field data. Transportation Research Part D: Transport and Environment, 40: 1-13.

Paneiro G, Durão F O, Costa E, et al. 2018. Artificial neural network model for ground vibration amplitudes prediction due to light railway traffic in urban areas. Neural Computing and Applications, 29: 1045-1057.

Panunzio A M, Puel G, Cottereau R, et al. 2017. Construction of a stochastic model of track geometry irregularities and validation through experimental measurements of dynamic loading. Vehicle System Dynamics, 55(3): 399-426.

Papadopoulos M, François S, Degrande G, et al. 2018. The influence of uncertain local subsoil conditions on the response of buildings to ground vibration. Journal of Sound and Vibration, 418: 200-220.

Perrin G, Soize C, Duhamel D, et al. 2013. Track irregularities stochastic modelling. Probabilistic Engineering Mechanics, 34: 123-130.

Qing X. 2014. Evaluating correlation coefficient for Nataf transformation. Probabilistic Engineering Mechanics, 37: 1-6.

Qu X Y, Ma M, Li M H, et al. 2019. Analysis of the vibration mitigation characteristics of the ballasted ladder track with elastic elements. Sustainability, 11(23): 6780.

Qu X Y, Thompson D, Ma M, et al. 2023. Sources of variability in metro train-induced vibration. Proceedings of the Institution of Mechanical Engineers, Part F: Journal of Rail and Rapid Transit, 237(4): 490-499.

Quagliata A, Ahearn M, Boeker E, et al. 2018. Transit noise and vibration impact assessment manual. New York: U.S. Department of Transportation.

Rajaram S, Nelson J T, Saurenman H J. 2018. A Comprehensive Review of Force Density Levels from Sound Transit's Light Rail Transit Fleet. Berlin: Springer.

Remington P J. 1976. Wheel/rail noise-Part IV: Rolling noise. Journal of Sound and Vibration, 46(3):419-436.

Remington P J. 1987. Wheel/rail rolling noise, I: Theoretical analysis. The Journal of the Acoustical Society of America, 81: 1805-1823.

Rix G, Lai C. 2000. In situ measurement of damping ratio using surface waves. Journal of Geotechnical and Geoenvironmental Engineering, 126(5): 472-480.

Sadeghi J, Eemaeili M H, Akbari M. 2019. Reliability of FTA general vibration assessment model in prediction of subway induced ground borne vibrations. Soil Dynamics and Earthquake Engineering, 117: 300-311.

Sanayei M, Zhao N, Maurya P. 2012. Prediction and mitigation of building floor vibrations using a blocking floor. Journal of Structural Engineering, 138(10): 1181-1192.

Saurenman H, Phillips J. 2006. In-service tests of the effectiveness of vibration control measures on the BART rail transit system. Journal of Sound and Vibration, 293(3): 888-900.

Schevenels M. 2007. The impact of uncertain dynamic soil characteristics on the prediction of ground vibrations. Leuven: K.U. Leuven.

Schevenels M, Lombaert G,Degrande G, et al. 2008. A probabilistic assessment of resolution in the SASW test and its impact on the prediction of ground vibrations. Geophysical Journal of the Royal Astronomical Society, 172: 262-275.

Schevenels M, Francois S, Degrande G. 2009. EDT: An ElastoDynamics toolbox for MATLAB. Computers & Geosciences, 35(8):1752-1754.

Sheng X, Jones C J C, Thompson D J. 2005. Responses of infinite periodic structures to moving or stationary harmonic loads. Journal of Sound and Vibration, 282: 125-149.

Sheng X, Jones C J C, Thompson D J. 2006. Prediction of ground vibration from trains using the wavenumber finite and boundary element method. Journal of Sound and Vibration, 293(3-5): 575-586.

Strobbia C, Foti S. 2006. Multi-offset phase analysis of surface wave data(MOPA). Journal of Applied Geophysics, 59: 300-313.

Taipodia J, Baglari D, Dey A. 2018a. Recommendations for generating dispersion images of optimal resolution from active MASW survey. Innovative Infrastructure Solutions, 3(14):1-19.

Taipodia J, Dey A, Baglari D. 2018b. Influence of data acquisition and signal preprocessing parameters on the resolution of dispersion image from active MASW survey. Journal of Geophysics and Engineering, 4(15): 1310-1326.

Taipodia J, Baglari D, Dey A. 2019. Effect of source characteristics on the resolution of dispersion image from active MASW survey. Indian Geotechnical Journal, 49: 314-327.

Takemiya H. 2003. Simulation of track-ground vibrations due to a high-speed train: The case of X-2000 at Ledsgard. Journal of Sound and Vibration, 261(3):503-526.

Thomas M H. 2013. A MATLAB toolbox for sampling the solution to inverse problems with complex prior information. Computers and Geosciences, 52: 470-480.

Verbraken H. 2013. Prediction of railway induced vibration by means of numerical, empirical, and hybrid methods. Leuven: K.U. Leuven.

Verbraken H, Lombaert G, Degrande G. 2011. Verification of an empirical prediction method for railway induced vibrations by means of numerical simulations. Journal of Sound and Vibration, 330(8): 1692-1703.

Villot M, Guigou C, Jean P, et al. 2012. RIVAS project deliverable D1.6-definition of appropriate procedures to predict exposure in buildings and estimate annoyance. Marne la Vallée: Marne-la-Vallée Centre Scientifique et Technique.

Wang L D, Zhu Z H, Bai Y, et al. 2018. A fast random method for three-dimensional analysis of train-track-soil dynamic interaction. Soil Dynamics and Earthquake Engineering, 115: 252-262.

Wu T X, Thompson D J. 2001. Vibration analysis of railway track with multiple wheels on the rail. Journal of Sound and Vibration, 239(1): 69-97.

Wu Y, Du X, Zhang H J, et al. 2017. Experimental analysis of the mechanism of high-order polygonal wear of wheels of a high-speed train. Journal of Zhejiang University: Science A, 18(8): 579-592.

Xu L, Ma M. 2020. Study of the characteristics of train-induced dynamic SIFs of tunnel lining cracks based on the modal superposition approach. Engineering Fracture Mechanics, 233(15):107069.

Xu Q Y, Ou X, Au F T K, et al. 2016. Effects of track irregularities on environmental vibration caused by underground railway. European Journal of Mechanics Solids, 59: 280-293.

Xu Q T, Xiao Z C, Liu T, et al. 2015. Comparison of 2D and 3D prediction models for environmental vibration induced by underground railway with two types of tracks. Computers and Geotechnics, 68: 169-183.

Yang J, Zhu S, Zhai W, et al. 2019. Prediction and mitigation of train-induced vibrations of large-scale building constructed on subway tunnel. Science of the Total Environment, 668: 485-499.

Yang Y, Liang X, Hung H H, et al. 2017. Comparative study of 2D and 2.5D responses of long underground tunnels to moving train loads. Soil Dynamics and Earthquake Engineering, 97: 86-100.

Yao J, Xia H, Zhang N, et al. 2014. Prediction on building vibration induced by moving train based on support vector machine and wavelet analysis. Journal of Mechanical Science and Technology, 28: 2065-2074.

Yuan Z, Boström A, Cai Y. 2017. Benchmark solution for vibrations from a moving point source in a tunnel embedded in a half-space. Journal of Sound and Vibration, 387: 177-193.

Yuan Z, Cao Z, Boström A, et al. 2018. The influence of pore-fluid in the soil on ground vibrations from a tunnel embedded in a layered half-space. Journal of Sound and Vibration, 419: 227-248.

Yuan Z, Boström A, Cai Y, et al. 2019. The wave function method for calculation of vibrations from a twin tunnel in a multi-layered half-space. Soil Dynamics and Earthquake Engineering, 125: 105716.

Zhang N, Xia H, Yang W G, et al. 2011. Prediction and control of building vibration under metro excitations// Proceedings of the 8th International Conference on Structural Dynamics: 705-711.

Zhou S, He C, Guo P, et al. 2020. Three-dimensional analytical model for coupled track-tunnel-soil system in a multilayered half-space. Journal of Engineering Mechanics, 146(2): 4019121.

Zhou S, Zhang X, Di H, et al. 2018. Metro train-track-tunnel-soil vertical dynamic interactions-semi-analytical approach. Vehicle System Dynamics, 56(12): 1945-1968.

Zhu Z, Wang L, Costa P A, et al. 2019. An efficient approach for prediction of subway train-induced ground vibrations considering random track unevenness. Journal of Sound and Vibration, 455: 359-379.

Zou C, Moore J A, Sanayei M, et al. 2018. Impedance model for estimating train-induced building vibrations. Engineering Structures, 172: 739-750.